Nowaja
Semlja
Waigatsch
Barentssee
rdkap
Varanger-
halbinsel
Vadsö
mark
Nickel
Murmansk
Kolgujew
Kanin
Narjan-Mar
Uralgebirge
Westsibirisches Tiefland
Ob
Petschora
Sergir
Timanrücken
Montschegorsk
Kirowsk
Halbinsel
Kola
Ponoi
Kandalakscha
Mesen
Uchta
Weißes
Meer
Sofporog
Archangelsk
Karpogory
Sewerodwinsk
Wendenga
Belomorsk
Onega
Kajaani
Kemi
Syktywkar
Serow
Plessezk
1569
Solikamsk
Kuopio
Kotlas
Nischni T
Nordrussischer Landrücken
Nordrussisches Tiefland
Petrosawodsk
Konoscha
Mikkeli
Perm
Kirow
FINNLAND
Wiborg
RUSSLAND
er Meerbusen
Wolchow
St. Petersburg
Wologda
ALLINN
Ischewsk
Narwa
Sarapul
Rybinsk
TLAND
Nowgorod
Ufa
Dorpat
Jaroslawl
Kasan
Nischnekamsk
Nabereschnyje
Tschelny
Pskow
Tscheboksary
Tuimasy
Waldai-
höhen
Twer
Kowrow
Nischni
Nowgorod
Salawat
Sergijew-
Posad
Wladimir
LETT-
LAND
Rschew
MOSKAU
Orechowo-
Sujewo
Arsamas
Welikije Luki
Simbirsk
Togliatti
Dünaburg
Kolomna
Saransk
Samara
Orenburg
Serpuchow
Rjasan
Sysran
Kaluga
Mittelrussische Platte
Wolgahöhen
LNIUS
Smolensk
Tula
Pensa
Orscha
Mogiljow
Balakowo
Uralsk
MINSK
Tambow
WEISSRUSSLAND
Brjansk
Orjol
Lipezk
Bobruisk
Saratow
Baranowitschi
Gomel
Woronesch
Pinsk
Kursk
Tschernihiw
Sumy
Belgorod
KASACHSTAN
Korosten

Wohnmobil-Highlights
Küstenstraßen Europas

Torsten Berning, Thomas Cernak,
Claus Keidel, Rainer Kröll, Petra Lupp,
Michael Moll, Hans Zaglitsch

WOHNMOBIL-HIGHLIGHTS KÜSTENSTRASSEN EUROPAS

Traumrouten zwischen Skandinavien und Italien

BRUCKMANN

INHALT

Das Meer kocht: stürmische See an der Côte de Granit Rose.

Hortensienpracht im Bretagne-Dorf Locronan

VORWORT

KÜSTENSTRASSEN – DIE HIGHLIGHTS EUROPAS

Nichts steht so sehr für Freiheit und Ungebundensein wie das Meer. Die Weite des Ozeans, der unendliche Horizont – das sind Sinnbilder für wahre Unabhängigkeit. Und wenn man dann noch die Möglichkeit hat, diese Erfahrung genau nach seinem eigenen, individuellen Rhythmus zu gestalten und sich ganz nach Lust und Laune treiben zu lassen, weil man mit dem eigenen Wohnmobil unterwegs ist, ist das für viele Menschen der wahrgewordene Traum.

NATUR UND KULTUR ENTLANG DER KÜSTEN

Und genau dieses Lebensgefühl möchten wir Ihnen in diesem Buch vermitteln. Kommen Sie mit auf eine Reise entlang der schönsten Küsten Europas, zwischen endlosem Meer, beeindruckenden Landschaften und spannender Kultur. Ganz egal, ob Sie eine Woche, vielleicht sogar einen ganzen Monat oder länger Zeit haben, um die vielfältigsten Regionen zu erkunden: Für jede Urlaubsplanung finden Sie in diesem Buch die passenden Routenvorschläge.

ZWISCHEN INSELHOPPING UND DÄNISCHEN DÜNEN

Was das Reisen mit dem Wohnmobil angeht, sind unsere Autoren wahre Experten. Sie haben für Sie die abwechslungsreichsten Touren entlang der europäischen Küstenstraßen herausgesucht und selbst abgefahren. Dabei wurde stets Wert darauf gelegt, dass natürlich alles uneingeschränkt mit dem Wohnmobil zu bewältigen ist. Um beispielsweise auf die verschiedenen Inseln Kroatiens oder Schottlands zu gelangen, muss man natürlich eine Fähre nutzen. Und auch manche Straße in Südeuropa kann sich schon einmal in Serpentinen den Berg hinaufwinden. Dafür geht es in den Niederlanden und Belgien gemütlich zwischen Dünen am Strand entlang. Aber all diese Vorschläge tragen dadurch umso mehr dazu bei, dass die Routen nie langweilig werden.

EUROPAS KÜSTEN – DAS HEISST VOR ALLEM: ABWECHSLUNG

Es gibt Strecken, die Sie zu den ursprünglichsten Fjorden des Nordens bringen. Aber sogar in Montenegro können Sie einen entdecken! Sehen Sie sich die geschichtsträchtigen Stätten der Antike an oder gehen Sie in Dänemark surfen. Fahren Sie durch die faszinierende Natur entlang der deutschen Ostseeküste – und als Nächstes reisen Sie dann in Spanien von Costa zu Costa. Ob Sie nach dem Bad im Meer gerne auch einmal einen Abstecher in eine größere Stadt wie Riga machen möchten oder lieber gemütlich durch kleine Fischerdörfchen fahren wollen: Diese Auswahl der schönsten Küstenstraßen Europas bietet Ihnen alles – eben die wahren Highlights.

Schwelgen Sie in kulinarischen Genüssen: von montenegrinischem Schinken über würzigen Käse aus

Ferragudo – Vorzeigefischerdorf an der Algarve

Zauberhafter Castelejo-Strand an Europas Südwestspitze

Alkmaar bis hin zum leckersten Seafood an den Küsten. Und wenn es doch mal ganz klassische Fish & Chips sein sollen, finden Sie entlang der Küsten von Wales oder Südengland bestimmt das Richtige. Mehr zum Thema Fisch erfahren Sie übrigens beispielsweise in Islands Herring Era Museum – um danach gleich in einen heißen Thermal Pool zu springen.

VON REGION ZU REGION

Um Ihnen von Anfang an einen guten Überblick zu geben, wurden die Touren in diesem Buch grob nach Regionen geordnet. So finden Sie hier Nord- und Osteuropa: Das sind zum einen Schweden, Norwegen, Dänemark und Island, aber auch Polen und das Baltikum können wunderbar entlang der Küste mit dem Wohnmobil erkundet werden. Die Touren im Kapitel West- und Mitteleuropa führen natürlich entlang der deutschen, niederländischen und belgischen Küste, daneben gehören aber, als noch westlicher gelegene Länder und Regionen, auch die Strecken in Großbritannien und der Bretagne dazu. In Südeuropa begleiten wir Sie nach Portugal, Spanien und Südfrankreich, an die italienische Riviera und Adria bis nach Slowenien und Kroatien. Südosteuropa heißt in diesem Buch: Montenegro, Peloponnes und Türkei.

DIE WICHTIGSTEN INFOS IMMER ZUR HAND

Bei leisem Wellenrauschen einschlafen – das ermöglichen Ihnen viele der in diesem Buch vorgeschlagenen Camping- und Stellplätze. Auch hier gilt wiederum: Vielfalt ist Trumpf. Vom einfachen, abgelegenen Parkplatz bis hin zum vollausgestatteten Campingplatz ist alles dabei. Der Info-Kasten zu jeder einzelnen Tour nennt kurz und knapp die wichtigsten Facts: Länge der Strecke in Kilometer, Streckenverlauf, Adresse, Homepage, GPS-Koordinaten sowie eine kurze Beschreibung der Stellplätze, die wichtigsten Highlights der Route, Tourist-Informationen und eventuelle Besonderheiten, die zu beachten sind. So wissen Sie auf einen Blick sofort, WO es lang geht und natürlich WIE Sie dorthin kommen.

Unser Tipp: Eine gute Ergänzung zu den einzelnen Touren sind die detaillierten Reiseführer zu den unterschiedlichen Ländern und Regionen, die ebenfalls im Bruckmann Verlag erschienen sind.

Im Namen aller Autoren wünschen wir Ihnen nun traumhafte Erlebnisse auf Europas Küstenstraßen.

Charlotte von Schelling

NORD- UND OSTEUROPA

Links: Stimmungsvolle Wetter- und Lichtspiele an Islands Küste
Oben: Außerhalb der Badeorte finden sich in Polen noch einsame Strände.
Unten: Blaue Pracht – Alaska Lupinen auf Island

1 AN FJORDEN VORBEI BIS ZUM ENDE EUROPAS

Norwegen – Von Geiranger zum Nordkap

Viel Zeit sollte man mitbringen, um mit einer der schönsten Landschaften Europas belohnt zu werden. Ab Geiranger geht die Tour zu Trollstigen, zur Atlantikstraße und zum Trondheimer Dom. Setzen Sie nördlich des Polarkreises auf die Lofoten über, bevor die Reise am berühmten Nordkap-Globus mit Blick auf die Mitternachtssonne endet.

Die Reise durch Norwegen beginnt in Geiranger, einem kleinen Ort mit nur 300 Einwohnern am Ende des gleichnamigen Fjordes. Eine gute Gelegenheit, die Nacht zu verbringen, ist der Campingplatz direkt am Ende des Fjordes, der seit 2005 auf der Weltnaturerbeliste der UNESCO eingetragen ist. Allerdings sollte man sich nicht wundern, wenn man morgens von einem Schiffshorn geweckt wird. Der Geirangerfjord ist ein beliebtes Reiseziel für den Kreuzfahrttourismus und steht natürlich auch auf dem Fahrplan der berühmten Hurtigruten, die traditionelle norwegische Postschifflinie. Auch wer kein Freund von Kreuzfahrtschiffen ist, wird zugeben müssen: Diese Schiffe zu beobachten, ist ein besonderes Erlebnis. Denn sie zeichnen sich durch eine imposante Größe aus und wirken dennoch in dem mächtigen Geirangerfjord sehr klein und überschaubar. Das zeigt, wie hoch die Berge rund um den schmalen Fjord sind.

Einen noch schöneren Ausblick inklusive Größenvergleich erhalten Sie, wenn Sie Geiranger verlassen und der Straße 63 nordwärts folgen. Dabei steigt man in elf Spitzkehren in die Höhe und gelangt zu einem Aussichtspunkt namens Ørnesvingen. Von hier haben Sie einen wunderbaren letzten Ausblick in den Geirangerfjord, der nun weit unten liegt. Auf der rechten Seite sieht man einen Wasserfall, der tosend in den Fjord stürzt und als »Sieben Schwestern« bezeichnet wird.

In Eidsdal bringt Sie eine Fähre auf die gegenüberliegende Seite des Talfjordes, wo Sie der Straße 63 weiter folgen.

Wohnmobil trifft Kreuzfahrtschiff – am Geirangerfjord keine Seltenheit.

KURVENREICHE ABFAHRT AM TROLLSTIGEN

Auf der Straße 63 fährt man durch ein Hochtal bis zu einem Großparkplatz, auf dem ein Stopp zum Pflichtprogramm der Norwegenreise gehört. Neben einer Gastronomie und Souvenirläden führt von hier nämlich ein kurzer Weg zu einer Aussichtsplattform, von der man einen wunderbaren Ausblick auf den nächsten Teil der Strecke hat. Direkt unter Ihren Füßen verläuft hier nämlich die Straße 63 in neun Spitzkehren hinab in das weiter untenliegende Tal. Dieser spektakuläre Straßenabschnitt nennt sich Trollstigen und zählt zu einem der beliebtesten Fotomotive Norwegens. Man sollte sich hier ein wenig Zeit nehmen und den Verkehr beobachten.

Mit Ruhe und Sorgfalt gelingt es aber natürlich auch, die Straße mit ihrer zehnprozentigen Steigung hinabzufahren. Sehr schön ist dabei noch der Anblick auf den über 300 Meter tiefen Stigfossen-Wasserfall, den man nach der fünften Kehre überquert. Am Ende des Tals treffen Sie auf die Straße E136. Die Route führt nach links Richtung Åndalsnes weiter.

AUF BRÜCKEN ÜBER DEN ATLANTIK

In Åndalsnes folgen Sie der Straße 64 und erreichen nach einiger Zeit Vevang. Jetzt sind Sie direkt an der norwegischen Küste! Auch die Fjorde gehören natürlich dazu, immerhin handelt es sich um Meeresbuchten, doch einen freien Blick auf den Ozean hat man erst hier. Und dieser wird dann auch noch mit einer weiteren eindrucksvollen Straße unterstrichen. Der Atlanterhavsveien – die Atlantikstraße – ist rund acht Kilometer lang und verläuft über mehrere Brücken, die kleine Inselchen miteinander verbinden. Die größte der Brücken ist die beeindruckendste: An einem Rastplatz an ihrem westlichen Ende schaut man auf die Brücke und bekommt den Eindruck, die Fahrbahn würde einfach irgendwo im Blau des Himmels enden. Die Atlantikstraße wird oftmals als Kulisse für Werbefilme genutzt und wurde zum Bauwerk des Jahrhunderts erklärt.

Wenn man den Straßen 64, 70 und E 39 folgt, erreicht man Kanestraum. Legen Sie dort erneut mit einer Fähre ab, um weiter auf der E 39 nach Trondheim

Links: Die Atlantikstraße gilt als eine der Traumstraßen Europas.

Rechts: Unbedingt sehenswert ist der Dom in Trondheim.

zu gelangen. Trondheim ist nach Oslo und Bergen die drittgrößte Stadt Norwegens und liegt von den dreien am nördlichsten. Der Nidarosdom entstand im 12. Jahrhundert als Nachfolgebau einer kleineren Kirche und war sowohl im Mittelalter als auch im 19. Jahrhundert Krönungsort für die norwegischen Könige. Heute gilt die Kathedrale als Nationalheiligtum und beeindruckt schon von außen mit der gotischen Westfassade. Zahlreiche Skulpturen, die Persönlichkeiten aus dem Alten Testament darstellen, wurden in die Fassade eingearbeitet. Im Inneren befinden sich zehn Gräber von norwegischen Königen, unter anderem das Grab von König Olav II., der nach seinem Tod im 11. Jahrhundert heiliggesprochen wurde. Seine Grabstätte im Nidarosdom ist seither Ziel zahlreicher Pilger, die auf dem Olavsweg in Norwegen unterwegs sind.

Durch Trondheim verläuft zudem die Europastraße 6, die zweifellos als wichtigste Verbindung zwischen Nord und Süd gilt. Sie beginnt bei Kirkenes an der Grenze zwischen Russland und Norwegen und reicht in Richtung Süden bis in das schwedische Trelleborg. Heute dient den Touristen die gut ausgebaute Straße vor allem dem zügigen Erreichen des Nordkaps, da man von Oslo kommend einfach an Fjordnorwegen vorbeifährt. Daher wird im Zusammenhang mit der E 6 oft auch vom Kilometerfressen gesprochen, was angesichts der weiten Strecke stellenweise unvermeidbar bleibt.

EIN LOCH IST IM BERG

Die Strecke führt nun auf der E 6 ein gutes Stück nach Norden, was bei einem Blick auf die schmale Landfläche Norwegens nur verständlich ist. Doch hin und wieder lohnt es sich, die Hauptroute zu verlassen. In westlicher Richtung zweigt die Straße 76 von der E 6 ab und führt nach Brønnøysund. Von dort ist es wiederum nur eine kurze Fahrt über eine Brücke auf die Insel Torg, wo sich der fast 260 Meter hohe Torghatten erhebt. Der Berg ist weniger wegen seiner Höhe, sondern vor allem durch ein natürliches Loch interessant, das tunnelförmig mitten durch ihn durch verläuft. Ein kurzer Wanderweg führt vom Parkplatz einmal halb um den Berg und dann mitten durch.

Zurück auf der E 6 sollten Sie einen kurzen Stopp in Mosjøen am Vefsnfjord einlegen. Dort begrüßt Sie die Sjøgata, also Seestraße, mit einer Reihe von Holzhäusern, die in der Mitte des 19. Jahrhunderts entstanden sind und ein interessantes Ensemble darstellen.

Im weiteren Verlauf der E 6 erreicht man Mo i Rana, wo Sie aber noch vor dem Ortseingang die Augen nach links wenden sollten. Dort befindet sich völ-

ROSENKIRCHE

Anstatt nach Eidsdal direkt der Straße 63 zu folgen, können Sie nach Verlassen der Fähre nach links abbiegen und der Straße 650 bis kurz vor den Ort Stordal folgen. Dort befindet sich am Ortseingang auf der rechten Seite eine sehenswerte Holzkirche aus dem Jahr 1789. Von außen wirkt sie beinahe unscheinbar und würde kaum auffallen, doch im Inneren sind Decken, Wände und Säulen reichhaltig mit Wandbemalungen verziert, was dem hölzernen Gotteshaus zum Beinamen »Rosenkirche« verhalf. Würde man übrigens der Straße weiter geradeaus folgen, käme man nach rund einer Stunde Fahrt in der beliebten Jugendstilstadt Ålesund an, die bei ausreichend vorhandener Reisezeit ebenfalls einen Abstecher wert ist.

lig überraschend eine reine Ver- und Entsorgungsstation für Wohnmobiltouristen. Hinter der Stadt gelangen Sie in einsamer und unwirtlicher Gegend zum Polarkreis-Zentrum, in dem es neben einer Gastronomie und einem Souvenirshop viele Informationen zum Polarkreis und mehrere Markierungen gibt.

MIT DER FÄHRE AUF DIE LOFOTEN

Das nächste Ziel ist Bodø. Verlassen Sie bei Fauske die E 6 vorläufig und folgen Sie der Straße 80 bis zum Küstenort, der sich am Ende einer Halbinsel erstreckt. Hier hoch oben im Norden, trifft man auf Folgen des Zweiten Weltkriegs: Bodø wurde von der deutschen Luftwaffe fast vollständig dem Erdboden gleichgemacht und besitzt deshalb keinen Bestand an historischen Bauten mehr. Die modern gestaltete Domkirche stammt aus den 1950er-Jahren. Große Bedeutung hat Bodø aber auch als Hafenstadt, weil hier die Fährschiffe zu den Lofoten ablegen und man die berühmte Inselgruppe je nach Schiffstyp in rund drei Stunden erreichen kann.

Schon die Anfahrt auf die Lofoten lässt erahnen, dass man sich auf den rund 80 Inseln gut länger aufhalten kann. Fast wirken sie wie eine Halbinsel, die vom norwegischen Festland aus in den Nordatlantik reicht. Dieser Eindruck wird dadurch vermittelt, dass die Hauptinseln über Brücken und Tunnel untereinander und mit dem Festland verbunden sind. Die Straße E 10 spielt dabei eine besondere Rolle, da sie sich einmal quer über die wichtigsten Inseln schlängelt. Sie erreichen die Lofoten auf einer der südlichsten Inseln fast am Ende der E 10. Bevor man jedoch der Straße nordwärts folgt, sollte man zunächst nach links abbiegen und hinter dem letzten Tunnel auf einem Parkplatz pausieren. Der Ort mit dem kurzen Namen Å hat nur wenige Dutzend Einwohner, ist aber komplett auf Tourismus ausgelegt. Beim Spaziergang durch die Orte der Lofoten merkt man, dass Stockfisch hier noch weit verbreitet ist – gut zu erkennen an den zahlreichen Trocknungsgestellen. Auffällig sind auch die dazugehörigen Rorbuer. Diese kleinen, meist roten Fischerhütten stehen oft auf Pfählen und geben vor der bergigen Kulisse ein schönes Bild ab.

Oben: Auch auf den Lofoten findet man immer wieder schöne Picknickplätze.

Linke Seite oben: Dass es in Norwegen Trolle gibt, steht natürlich völlig außer Frage.

Linke Seite unten: Von außen wirkt sie recht unscheinbar, die Rosenkirche.

Mit zahlreichen Wandermöglichkeiten und wunderbaren Aussichten reisen Sie dann entlang der E10 durch den Hauptort Svolvær, bevor Sie nach einiger Zeit wieder norwegisches Festland erreichen und auf die bekannte E6 stoßen. Direkt an der E6 befindet sich die kleine Ortschaft Alta, die sich mit ihrer über 6000 Jahre alten Felszeichnungen einen Namen bei der UNESCO gemacht hat, wo die prähistorischen Spuren auf der Weltkulturerbeliste eingetragen wurden. Zu sehen sind sie auf einem Wanderweg des Alta Museums, das sich gleich neben der Hauptstraße befindet.

WELTKULTURERBE KURZ VOR DEM NORDKAP

Ein letzter größerer Abstecher auf der Tour führt nach Hammerfest, wo man so weit im Norden sogar noch von einem Wohnmobilstellplatz am Hafen überrascht wird. Schon bei der Anfahrt sieht man, dass der Eisbär das Wappentier von Hammerfest ist. Auch vor dem Rathaus befinden sich zwei Bärenskulpturen, obwohl der Eisbär niemals auf dem europäischen Festland unterwegs war. Ein besonderer Spaß ist der Besuch im Eisbärenclub, wo man mit einer kleinen Spende Mitglied werden und sich den kostenlosen Eintritt auf Lebenszeit sowie ein Zertifikat erwerben kann.

Auch Hammerfest ist in der UNESCO-Welterbeliste eingetragen. Auf der gegenüberliegenden Seite der Bucht befindet sich eine Meridiansäule, die an den Struve-Bogen und der damit verbundenen Vermessung der Erde erinnert.

Zurück zur E6 geht es entlang des Porsangerfjords bis zu einem Tunnel, der Sie unter einem Meeresarm hindurch auf die Insel Magerøya führt. An der Abzweigung nach Honningsvåg biegen Sie links ab und steuern auf das Nordkap zu. Der Parkplatz und damit auch das Areal des Nordkaps sind zwar kostenpflichtig, doch mit dem Eintritt erwirbt man die Erlaubnis, 24 Stunden parken und dementsprechend übernachten zu dürfen. Allerdings gibt es weder Strom noch eine Ver- und Entsorgung, da es sich um einen reinen Parkplatz handelt. Wer noch länger bleiben möchte, für den empfiehlt sich die Mitgliedschaft

Der Globus am Nordkap ist das ersehnte Ziel aller Nordlandfahrer.

im »Royal North Cape Club«, mit der man sich ebenfalls auf Lebenszeit kostenlosen Zugang zum Parkplatz erkauft. Geprägt ist die Steilküste des Nordkaps durch die Nordkaphalle, in der sich neben einem großen Souvenirladen und gastronomischer Einrichtungen eine Kapelle, eine Ausstellung und ein kleines Kino mit einem sehr schönen Film befinden. Durch die verglaste Nordfassade der Halle blickt man direkt auf den berühmten Globus, der natürlich das Ziel aller Nordkapfahrer ist.

TOUR-INFO KOMPAKT

KILOMETER
2600

STRECKENVERLAUF
Geiranger – Åndalsnes – Trondheim – Brønnøysund – Bodø – Hammerfest – Nordkap

HIGHLIGHTS
Geirangerfjord, Ørnesvingen, Eidsdal, Stordal: Rosenkirche, Trollstigen mit Stigfossen-Wasserfall, Atlanterhavsveien, Nidarosdom in Trondheim, Brønnøysund mit Torghatten, Polarkreis, Lofoten mit den Ortschaften Å und Svolvær, Alta, Zentrum von Hammerfest mit Meridiansäule, Nordkap

CAMPING- UND STELLPLÄTZE
Geiranger Camping, 6216 Geiranger, Tel. 0047/70 26 31 20, www.geirangercamping.no, GPS: N62°6'5.7" E7°12'24.2"
Beliebter Campingplatz direkt am Ende des Geirangerfjords, wenige Meter vom Zentrum des kleinen Ortes, guter Ausblick auf die Kreuzfahrtschiffe.

Mo i Rana Camping, Hammerveien 10, 8626 Mo i Rana, Tel. 0047/75 14 41 44, www.nafcamp.com, GPS: N66°19'00.8" E14°10'43.8"
Einfacher Campingplatz des NAF (norwegisches Pendant zum ADAC) an einem kleinen Fluss in Mo i Rana.

Ver- und Entsorgungsstation Mo i Rana, GPS: N66°18'16.1" E14°07'25.2"

Lofoten Bobilcamping, Lyngvær, 8313 Kleppstad, Tel. 0047/76 07 77 78, www.lofoten-bobilcamping.no, GPS: N68°13'45.0" E14°12'58.4"
Sehr ruhiger Campingplatz, der sich selbst als Wohnmobilstellplatz versteht, sehr zentral auf den Lofoten direkt an der E 10 und vor traumhafter Kulisse gelegen.

Hammerfest, Moloen, GPS: N70°39'47.2" E23°40'31.1"
Vier Stellflächen des Parkplatzes am Hafen sind kostenpflichtig für Wohnmobile reserviert.

TOURIST-INFO
Tourismusbüro Trondheim, Nordre gate 11, 7011 Trondheim, Tel. 0047/73 80 76 60, www.visitnorway.com

Tourismusbüro Lofoten, Haakon Kyllingmarksgate 6, 8300 Svolvær, Tel. 0047/76 06 98 00, www.lofoten.info

Nordkaphalle, 9764 Nordkapp, Tel. 0047/78 47 68 60, www.visitnordkapp.net

Die Brücke verbindet Dänemark mit Schweden.

2 AN DER WESTKÜSTE SCHWEDENS NACH NORWEGEN

Von Malmö nach Oslo

An der Westküste Schwedens wechseln sich schwindelerregende Bauten bei Malmö, technische Weltkulturerben und grandiose Ausblicke auf die einmalige Schärenküste ab. Nach einem Blick auf die 3000 Jahre alten Felsritzungen, die ebenfalls als Weltkulturerbe geschützt sind, geht es über die Grenze in die Hauptstadt Norwegens.

Malmö ist ein beliebter Ausgangsort für eine Reise durch Schweden, denn immerhin ist das Land an dieser Stelle seit dem Jahr 2000 mit dem Nachbarland Dänemark über die Øresundsbroen, der Öresundbrücke, verbunden. Doch auch wer mit der Fähre in Trelleborg ankam und auf diesem Wege Malmö erreichte, sollte einen Abstecher zur Küste machen, um einen Blick auf dieses imposante Bauwerk zu genießen. Die acht Kilometer lange Brücke endet auf der künstlich aufgeschütteten Insel Peberholm, wo der Verkehr plötzlich unterseeisch fortgeführt wird, bis man schließlich in Kopenhagen herauskommt.

SPEKTAKULÄRES HOCHHAUS IN MALMÖ

Mit architektonischen Besonderheiten geht es aber auch in Malmö weiter. Im Hafenviertel erhebt sich der sogenannte »Turning Torso«, der erst 2005 fertiggestellt wurde und sich sofort als neues Wahrzeichen der Stadt entpuppte. Das Hochhaus bringt es mit seinen 54 Etagen zwar auf eine Höhe von 190 Metern, aber das würde im weltweiten Vergleich noch nicht mal für die Top 100 reichen. Das Besondere an dem Gebäude ist die Struktur, die es wie ein in sich gedrehtes Hochhaus aussehen lässt. Und immerhin handelt es sich hier um das höchste Gebäude aller skandinavischen Länder.

Nur wenige hundert Meter entfernt geht es architektonisch wieder klassisch zu. Am Rande der Malmöer Altstadt beherbergt Schloss Malmö das Naturhistorische Museum und das Kunstmuseum der Stadt in seinen Mauern, die aus dem 16. Jahrhundert stammen und das Gebäude mit seinem Wassergraben wie eine Festung wirken lassen. Gleich daneben schließt sich die Altstadt an, in der sich mehrere Gässchen um den Großen Marktplatz herum erstrecken.

ZU BESUCH IM ÄLTESTEN DOM SKANDINAVIENS

Über die E 22 erreicht man in nordöstlicher Richtung eine der ältesten Städte Schwedens: Lund. Noch heute findet man vereinzelt historische Fachwerkhäuser, doch das Stadtzentrum von Lund ist eher modern gehalten – abgesehen von den Straßen. Hier versucht man, mit Kopfsteinpflaster noch den mittelalterlichen Charme aufleben zu lassen. Am dreieckigen Stortorget, dem bedeutendsten Platz in der Innenstadt, erhebt sich das Rathaus. Es wird von zahlreichen Cafés und Geschäften gerahmt. Gleich dahinter sind es nur wenige Meter bis zum ältesten Dom ganz Skandinaviens. Die Bischofskirche wurde ab dem frühen 12. Jahrhundert im Stil der Romanik erbaut und präsentiert sich stolz mit zwei wehrhaften Kirchtürmen. Im Jahr 2016 hielt Papst Franziskus zusammen mit dem Präsidenten des lutherischen Weltverbandes einen Gottesdienst im Dom von Lund ab – das zweite Mal überhaupt, dass ein Papst nach Schweden reiste.

Um in Schweden nordwärts zu fahren, bietet sich an der Westküste die bereits erwähnte E 6 an. Teils vierspurig, ermöglicht sie es, die großen Strecken zwischen den Orten zu überwinden. Dabei passieren Sie Helsingborg, den dritten Ausgangspunkt für Schwedenreisende, der auch als Ziel der sogenannten Vogelfluglinie ab Puttgarden auf Fehmarn bekannt ist. Viele Reisende, die hier über Dänemark ankommen, fahren direkt weiter nach Schweden hinein. Dabei hat Helsingborg auch einige Sehenswürdigkeiten zu bieten. Dazu zählt beispielsweise das neogotische Rathaus aus dem Jahr 1897, das mit seinem Uhrenturm weithin sichtbar ist. Die Südfassade mit ihrer Freitreppe wird von zwei mächtigen Rundtürmen flankiert. Vor dem Gebäude erhebt sich das Reiterstandbild des ehemaligen Feldmarschalls Graf Magnus Stenbock.

Weiter nach Norden durchquert die Route eine Küstenlandschaft, die mit ihren weiten Stränden zahlreiche Besucher anlockt. Einige der Sandstrände können sogar mit dem Wohnmobil befahren werden, so zum Beispiel in Skummeslövstrand, südlich von Halmstad.

Links: Festung mitten in der Stadt – das Malmöhus

Rechts: Mit besonderer Architektur präsentiert sich der Turning Torso.

Links: Schweden präsentiert sich vielfältig: entweder mit prachtvoller Kulisse ...

Rechts oben: ... oder mit klassischen roten Holzhäusern.

Rechts unten: Die Felszeichnungen von Tanum stehen auf der Liste des Weltkulturerbes.

In Halmstad sind die Sehenswürdigkeiten wiederum recht überschaubar. Man kann aber behaupten, dass sich die Ortschaft in der Kunstszene einen Namen gemacht hat. So stammt zum Beispiel die Musikgruppe Roxette aus Halmstad. Und das Wahrzeichen des Ortes ist eine Skulptur am Ufer des Flusses Nissan, die nach einer Plastik von Pablo Picasso angefertigt wurde: Der Frauenkopf steht im Picasso-Park.

Bei Varberg lohnt es sich auch, die E 6 landeinwärts zu verlassen. Technikinteressierte werden Gefallen an dem dortigen Längstwellensender Grimeton finden. Es handelt sich um den einzigen noch funktionsfähigen Sender seiner Art, der aus sechs Türmen besteht, die einer Reihe von Hochspannungsmasten ähneln. 1925 erbaut, diente er der Funkverbindung in die USA. Heute wird der Sender nur noch zu besonderen Anlässen genutzt und durch die Weltkulturerbeliste der UNESCO geschützt.

BESICHTIGUNGSTOUR IN GÖTEBORG

Auf dem weiteren Weg nach Norden passiert die Tour die zweitgrößte Stadt des Landes, Göteborg. Links sieht man den Freizeitpark Liseberg. Kurz dahinter können Sie die E 6 verlassen, um der Stadt einen Besuch abzustatten. Für die Besichtigung von Göteborg sollte man sich ein wenig Zeit nehmen. Da wären zum Beispiel das Stadtzentrum rund um den Gustav Adolfs Torg, der Domkirche und dem Stadtmuseum, aber auch das Stadtviertel Haga mit seinen rechtwinklig angelegten Straßenzügen, in denen auch noch Kopfsteinpflaster dominiert. Cafés und Geschäfte bieten in Holzhäusern und Ziegelsteinbauten ihre Produkte feil.

Nördlich des Stadtzentrums wartet der Hafen Lilla Bommen. Man kann einen über einhundert Jahre alten Windjammer besichtigen.

Nördlich von Göteborg können Sie sehr einfach der E 6 folgen. Doch um die besondere Küste Westschwedens zu erleben, sollte man sie gelegentlich verlassen und eine der Inseln und Halbinseln mit ihren kleinen Ortschaften Marstrand, Lysekil, Hunnebostrand oder Hamburgsund ansteuern. Immer wieder findet man hier Möglichkeiten, an einer der Marinas oder auf einem Campingplatz zu übernachten und die klassische Schärenküste zu besuchen.

WELTKULTURERBE VOR DER GRENZE ZU NORWEGEN

Rund 40 Kilometer bevor Sie die Grenze zu Norwegen erreichen, lohnt sich ein Stopp im Landesinneren. Südlich der kleinen Ortschaft Tanumshede ist der Parkplatz am Viltycke Museum Ausgangspunkt für einen kurzen Spaziergang zu den Felsritzungen von Tanum. Mehr als 10 000 Gravuren entdeckte man auf dem hier üblichen Gestein, das sich in einem Wald verbirgt. Über einen Wanderweg sind viele der bis zu 3000 Jahre alten Felsritzungen zugänglich gemacht worden. Um sie besser erkennen zu können, sind sie mit roter Farbe nachgefärbt worden: Man sieht Boote, Reiter und Männer mit Streitäxten. Aufgrund ihrer hohen Bedeutung sind die Felsritzungen von Tanum in die Liste der UNESCO-Weltkulturerben aufgenommen worden.

Auf der Brücke über den Svinesund erreichen wir Norwegen und folgen der E 6 noch rund 100 Kilometer, um in die Landeshauptstadt zu gelangen. Dort lockt nicht nur die Innenstadt zu einem ausgiebigen Besuch, sondern auch der Berg Holmenkollen im Nordwesten von Oslo. Er wird von der Skisprungschanze geprägt und bietet zum Abschluss dieser Route einen wunderbaren Überblick über Norwegens Hauptstadt und den Oslofjord.

TOUR-INFO KOMPAKT

KILOMETER
560

STRECKENVERLAUF
Malmö – Lund – Helsingborg – Halmstad – Varberg – Göteborg – Tanum – Oslo

HIGHLIGHTS
Øresundsbroen, Turning Torso, Schloss und Altstadt in Malmö, Dom zu Lund, Helsingborg mit Rathaus, Frauenkopf von Picasso in Halmstad, Längstwellensender Grimeton, Göteborg mit Stadtzentrum, Windjammer Viking und Stadtmuseum, Felsritzungen von Tanum, Oslo mit Stadtzentrum und Holmenkollen

CAMPING- UND STELLPLÄTZE

Lomma Camping, Södra Västkustvägen, 23434 Lomma, Tel. 0046/04 04 11 21 0, www.lommacamping.se, GPS: N55°41'21.2" E13°03'25.6"
Großer Campingplatz mit Stellflächen auf Rasen, direkt am Meer mit Zugang zum Strand.

Haverdals Camping, Haverdalvägen 62, 30571 Haverdal, Tel. 0046/03 55 23 10, www.haverdalscamping.se, GPS: N56°43'37.8" E12°40'27.1"
Campingplatz am Ortsrand von Haverdalsstrand, rund 800 Meter vom Strand entfernt. Mit dem Fahrrad gute Möglichkeiten, in das 15 km entfernte Halmstad zu gelangen.

Stocken Camping, 47492 Ellös, Tel. 0046/30 45 11 00, www.stockencamping.se, GPS: N58°08'51.4" E11°25'14.6"
Großer Campingplatz, der sich zwischen den Granitfelsen der Schärenküste direkt am Meer erstreckt.

Topcamp Ekeberg Oslo, Ekebergveien 65, 1181 Oslo, Tel. 0047/22 19 85 68, www.topcamp.no, GPS: N59°53'54.3" E10°46'23.2"
Sehr großer Campingplatz auf Rasen, mit internationalem Flair durch Besucher aus ganz Europa. Schöner Ausblick über Oslo, der Fußweg ins Zentrum ist jedoch recht weit.

TOURIST-INFO

Malmö Tourism, Börshuset, Skeppsbron 2, 21120 Malmö, Tel. 0046/40 34 12 00, www.malmotown.com

Göteborg Tourismus, Massans Gata 8, 40120 Göteborg, Tel. 0046/31 36 84 00 0, www.goteborg.com

Oslo Visitor Centre, Østbanehallen, Jernbanetorget, 0154 Oslo, Tel. 0047/81 53 05 55, www.visitoslo.com

Visit Sweden, Voltvägen 32, 83148 Östersund, Tel. 069/22 22 34 96, www.visitsweden.de

Innovation Norway, Caffamacherreihe 5, 20355 Hamburg, Tel. 040/22 94 15 0, www.visitnorway.de

3 SCHWEDENS OSTKÜSTE

Von Trelleborg nach Stockholm

Bei dieser Reise besichtigen Sie Schiffssetzungen, wandeln in Ystad auf den Spuren Wallanders und genießen malerische Kleinstädte an der Küste von Skåne. Weltkulturerbestätten und schwedische Königsschlösser säumen diese Route auf dem Weg in die Hauptstadt Schwedens, wo man sich ebenfalls viel Zeit für eine Stadtbesichtigung nehmen sollte.

Dass es in Skandinavien gar nicht so kalt ist, wie die Vorurteile es immer behaupten, merkt man bereits bei der Ankunft in Trelleborg. Immerhin liegt die Südküste Schwedens auf einer Breite, die gerade mal 30 Kilometer nördlicher als Sylt ist. Nach Süden sind es nur 70 Kilometer Luftlinie bis zur Insel Rügen. Mit eiskalter und schneeweißer Landschaft muss man also auch im Winter nicht zwangsläufig rechnen. Aber dass an den Straßenrändern von Trelleborg Palmen in die Höhe wachsen, überrascht dann doch.

TOURBEGINN AM SÜDLICHSTEN PUNKT DES LANDES

Trelleborg ist einer der klassischen Ausgangspunkte für eine Reise durch Schweden, aber mangels Sehenswürdigkeiten für die meisten Skandinavien-Reisenden von eher geringem Interesse. Viele wechseln mit dem Wohnmobil gleich auf die E 6, die am Fährterminal beginnt und bis zum Polarmeer führt, genauer gesagt: bis nach Kirkenes kurz vor der russischen Grenze, vorbei an Göteborg, Oslo, Narvik und der Abzweigung zum Nordkap. Auch diese Route wird ihr später ein gutes Stück folgen, doch zunächst lohnt sich noch ein Umweg durch die südlichste Landschaft Schwedens – Skåne. Bei der Fahrt durch diese Provinz fällt der hohe Anteil der Landwirtschaft auf. Noch heute wird Skåne als Kornkammer Schwedens bezeichnet, weil rund ein Drittel der schwedischen Agrarprodukte auf dieser verhältnismäßig kleinen Fläche wachsen.

Wenn Sie Trelleborg auf der Straße 9 nach Osten verlassen, erreichen Sie schon nach 15 Kilometern

Anmutig und elegant – die Ölandbrücke

Links: Der südlichste Punkt Schwedens befindet sich in Smygehuk.

Rechts: Schweden besteht nicht nur aus Schärenküsten, sondern hat auch weite Sandstrände.

einen Wohnmobilstellplatz in Smygehuk, nur wenige Schritte vom südlichsten Punkt Schwedens entfernt. An dem kleinen Hafen weist eine Markierung im Boden auf diesen Extrempunkt hin. Ein Schilderbaum zeigt die Entfernungen zu bedeutenden Hauptstädten Europas. Lediglich der Hinweis auf Treriksröset ist für Schweden-Unerfahrene möglicherweise rätselhaft. Gemeint ist das Dreiländereck von Schweden, Norwegen und Finnland, bei dem es sich gleichzeitig um den nördlichsten Punkt des Landes handelt. Beeindruckend, dass die Kilometerangabe dorthin größer ist als in die russische Hauptstadt Moskau. Das verdeutlicht die Größe Schwedens bzw. Skandinaviens.

Auf dem weiteren Weg nach Osten geht es durch eine idyllische Landschaft. Nach rechts blickt man auf die blaue Ostsee, während sich links die Farbtöne der jeweiligen Anbaufläche vom gelben Raps bis zum hellbraunen Roggen abwechseln. Nächstes Zwischenziel ist die beschauliche Stadt Ystad, ein beliebtes Ziel von Freunden gemütlicher Altstädte und für Krimifans.

Aber auch ohne den Hintergrund von Wallander-Krimis lohnt sich ein Besuch durch die gemütliche Altstadt. Sie besticht durch einige historische Fachwerkhäuser, zum Teil noch aus dem 17. Jahrhundert, und durch das mitten im Stadtzentrum gelegene ehemalige Franziskanerkloster. Es entstand bereits in der Mitte des 13. Jahrhunderts, wurde jedoch keine 300 Jahre von Mönchen bewohnt. Später beherbergte es ein Krankenhaus, einen Kornspeicher und sogar eine Brennerei. Heute sind in dem Gebäude ein Museum und eine Bibliothek untergebracht. Umgeben ist es von Gärten, in denen eine kleine, steinerne Mönchsfigur an die einstige Nutzung der Anlage erinnert.

STEINSETZUNG MIT BLICK AUF DAS MEER

Nur eine gute Viertelstunde ist es von Ystad aus zu fahren, um weiter im Osten und ebenfalls direkt an der Küste die Ortschaft Kåseberga zu erreichen. Das Wohnmobil lässt man besser auf dem großen Schotterparkplatz am Ortseingang stehen und folgt der

Beschilderung zu Ales Stenar wenige hundert Meter zu Fuß.

Ales Stenar ist das Stonehenge von Skandinavien, zumindest auf den ersten Blick. Es handelt sich um eine Steinsetzung aus 50 aufrecht stehenden Steinen, die in der Gesamtheit die Form eines Schiffsrumpfes bilden. Zwei der Sandsteinfelsen sind deutlich höher als die anderen und bilden sowohl das Heck als auch den Bug des steinernen Schiffes. Es wird davon ausgegangen, dass es sich um eine Grabanlage handelt. Allerdings wurde die Steinsetzung in den letzten Jahrhunderten durch mehrere Restaurierungen deutlich verändert. Bei einer Ausgrabung vor rund 100 Jahren standen nur 16 Steine, der Rest wurde später wieder aufgerichtet. Aber nicht zuletzt durch die Lage auf einer Abbruchkante direkt an der Küste ist Ales Stenar ein beliebtes Ausflugsziel und weit über die Grenzen von Skåne hinaus bekannt.

Ganz im Osten der schwedischen Provinz Skåne sollte man auch der kleinen Ortschaft Simrishamn einen Besuch abstatten. Auf den Hafen der Stadt läuft ab der Ortskirche direkt die überschaubare Fußgängerzone zu, die ein schönes Stadtbild abgibt und den Ortskern sehr gemütlich wirken lässt.

Über die Straßen 9, 19 und 118 folgen Sie dann dem Küstenverlauf bis vor die Tore von Kristianstad. Dort biegt die Route ostwärts auf die E 22 ab und führt nach Karlskrona mit seinem Marinehafen. Dieser wurde in der zweiten Hälfte des 17. Jahrhunderts auf Geheiß des Königs Karl XI. errichtet und dient seither als Flottenhafen der schwedischen Marine. 1998 wurde er in die Weltkulturerbeliste der UNESCO aufgenommen und besticht durch zahlreiche ehemalige Werften und Verteidigungsanlagen. Die Stadt Karlskrona erstreckt sich über fast drei Dutzend Inseln, wobei das Eiland Trossö die Hauptinsel bildet und das historische Zentrum der Stadt beherbergt. Zentral gelegen ist der Stortorget mit dem Rathaus, Konzerthaus und gleich zwei Kirchen, der barocken Dreifaltigkeitskirche sowie der Frederikskirche, die beide aus dem frühen 18. Jahrhundert stammen und ebenfalls zum Weltkulturerbe zählen.

Die nächstgelegene größere Küstenstadt erreicht man, wenn man der E 22 weiter folgt: Kalmar hat ebenfalls eine sehenswerte Altstadt zu bieten, die am Rand von dem gleichnamigen Renaissanceschloss gekrönt wird. Die Geschichte des Schlosses begann mit einem einfachen Wehrturm im 12. Jahrhundert. Im Laufe der Zeit folgten mehrere umfangreichere Ausbauten. Heute präsentiert sich das Bauwerk mit seinem fast quadratischen Grundriss auf einer kleinen Insel vor der Altstadt. Zwar liegt Kalmar auch direkt an der Ostseeküste, doch ist der Blick auf die Weite des Meeres stark eingeschränkt, denn vor dem Festland erstreckt sich auf einer Breite von über 130 Kilometern die Insel Öland.

KURT WALLANDER

Dieser Name ist inzwischen weit über die Grenzen Schwedens hinaus bekannt: Bei Kurt Wallander handelt es sich um den Kriminalkommissar, der vom schwedischen Schriftsteller Hennig Mankell erfunden wurde. Obwohl der Autor selbst in Stockholm geboren wurde, siedelte er seinen Krimihelden in der südschwedischen Stadt Ystad an. Ein Dutzend Romane sind von Mankell erschienen, ein Großteil davon wurde sogar schon verfilmt. Das Besondere an den Werken ist die authentische Beschreibung der Schauplätze in der Stadt, was dazu führte, dass es mittlerweile geführte Touren nach und durch Ystad gibt, um zu den realen Orten fiktiver Ereignisse zu gelangen.

ABSTECHER AUF DIE INSEL DER WINDE

Öland ist über eine sechs Kilometer lange Brücke mit dem schwedischen Festland verbunden und wird als »Insel der Winde« bezeichnet. Früher befanden sich rund 2000 Windmühlen auf der Insel, von denen heute immer noch einige hundert erhalten geblieben sind. Besonders im Süden sind viele zu sehen, die die sogenannte Agrarlandschaft Südölands prägen. Unter dieser Bezeichnung ist der südliche Teil des Eilands im Jahr 2000 ebenfalls als Weltkulturerbe unter Schutz gestellt worden.

Zentral an der Westküste von Öland gelegen, befindet sich der Insel-Hauptort Borgholm. Am Südrand der ansonsten eher überschaubaren Ortschaft befinden sich gleich zwei bedeutende Bauwerke. In der weitläufigen Grünanlage Borgehage erheben sich die Überreste von Schloss Borgholm. Zwar sind seit einem schwerwiegenden Brand im 19. Jahrhundert nur noch die Grundmauern erhalten geblieben, doch diese lassen bis heute die frühere Bedeutung des Schlosses erahnen. Unweit von der Ruine liegt der Sommersitz der schwedischen Königsfamilie, Schloss Solliden. Es kann jedoch nur in den Sommermonaten von der Gartenanlage aus betrachtet werden.

Nach dem Besuch der Insel Öland geht es wieder über den Kalmarsund und weiter auf der E 22 nach Norden. Auf diesem Weg passieren Sie die Ortschaften Oskarshamn und Västervik. In dem idyllischen Hafenstädtchen Västervik können Sie das Fortbewegungsmittel wechseln und eine Schmalspurbahn besteigen. Mit dieser kann man nun rund 70 Kilometer durch die traumhafte Landschaft Ostschwedens bis in den Ort Hultsfred fahren.

Nach einem spannenden Eisenbahn-Ausflug erreicht man mit dem Wohnmobil Norrköping, wo im Stadtzentrum wieder interessante sowie imposante Bauwerke zu sehen sind.

Dazu zählt zum Beispiel die Sankt Olaikirche in der Altstadt Gamla Staden, die einen freistehenden

Oben: Auf dem Campingplatz in Löderup steht man direkt am Strand.

Linke Seite oben: Dieser kleine Mönch steht im Klostergarten von Ystad.

Linke Seite unten: Lädt zum Entspannen ein – Schwedens Küste.

Oben: Nach Abschluss der Tour lockt ein Spaziergang durch die Altstadt von Stockholm.

Rechte Seite: Der Turm vom Stadthaus ist eines von Stockholms Wahrzeichen.

Glockenturm besitzt. Er steht immerhin satte 60 Meter vom eigentlichen Kirchturm entfernt.

KÖNIGLICHE SCHLÖSSERTOUR IN SCHWEDEN

Nach einem Rundgang durch die Altstadt von Norrköping geht es wieder auf die E 4, die Sie theoretisch bis zur finnischen Grenze am nördlichsten Punkt der Ostsee bringen könnte. Doch zunächst führt die Tour an Nyköping und Södertälje vorbei. Man merkt bereits an der Dichte des Verkehrs, dass man sich der schwedischen Hauptstadt Stockholm nähert. Doch bevor es ins Zentrum geht, sollte man noch einen kurzen Abstecher nach Westen machen. Auf der E 20 erreichen Sie Mariefred und das dortige Schloss Gripsholm. Gustav I. Wasa ließ es Mitte des 16. Jahrhunderts an der Stelle einer früheren Burg errichten. Es ist, genauso wie Schloss Solliden, eines der neun Königsschlösser der schwedischen Royals. Bekannt ist es besonders im deutschen Raum durch die Liebesgeschichte »Schloss Gripsholm«, die von Kurt Tucholsky geschrieben wurde. Das Grab des deutschen Schriftstellers befindet sich seit seinem Tod im Jahr 1935 nicht weit vom Schloss entfernt auf dem Friedhof von Mariefred.

Ein drittes königliches Schloss befindet sich vor den Toren der schwedischen Hauptstadt. Schloss Drottningholm ist zugleich der Amtssitz des schwedischen Königs, allerdings ab Mariefred nicht so einfach auf direktem Wege zu erreichen. Daher führt die Route über Södertälje zurück und über die E 20 nach Stockholm, wo auf der Insel Långholmen ein Wohnmobilstellplatz wartet. Von dort haben Sie nach einer halben Stunde Fußweg am Ufer entlang die Altstadt

Stockholms erreicht. »Gamla Stan«, wie die Altstadt richtig heißt, liegt auf der Insel Stadsholmen und besticht durch malerische Gassen, in denen zahlreiche Souvenirläden und Restaurants Besucher aus aller Welt anlocken. Am Nordrand der kleinen Insel erhebt sich natürlich noch das königliche Schloss. Besonders die Palastwachen und die damit verbundene täglich stattfindende Wachablösung sind ein beliebtes Fotomotiv. Genauso toll ist der Blick von der westlich gelegenen Terrasse auf eine der vielen Buchten Stockholms, wo man am gegenüberliegenden Ufer das Stadthaus erkennen kann.

Selbstverständlich hat die schwedische Hauptstadt noch viel mehr zu bieten, doch das würde hier leider den Rahmen sprengen. Aber der Besuch der Metropole ist ein schöner Abschluss einer gemütlichen Fahrt durch den Süden Schwedens.

TOUR-INFO KOMPAKT

KILOMETER

850

STRECKENVERLAUF

Trelleborg – Ystad – Simrishamn – Karlskrona – Kalmar – Västervik – Norrköping – Mariefred – Stockholm

HIGHLIGHTS

Südlichster Punkt von Schweden in Smygehuk, Ales Stenar, Marinehafen, Altstadt, Dreifaltigkeitskirche und Frederikskirche in Karlskrona, Altstadt und Schloss Kalmar, Insel Öland mit Borgholm, Schloss Solliden und Agrarlandschaft, Schmal-spurbahn von Västervik nach Hultsfred, Altstadt von Norrköping, Mariefred mit Schloss Gripsholm, Stockholm mit Altstadt Gamla Stan, Schloss Drottningholm und Stadhus

CAMPING- UND STELLPLÄTZE

Stellplatz Smygehuk,
GPS: N55°20'22.2" E13°21'44.0"
Große Rasenflächen in der Nähe des südlichsten Punktes von Schweden.

Löderup Strandbads Camping, 27645 Löderup,
Tel. 0046/411 526311,
www.loderupscamping.se,
GPS: N55°22'55.4" E14°07'41.2"
Kleiner Campingplatz östlich von Ales Stenar, direkt an der Küste, traumhafte Lage an einem Naturreservat, Wohnmobile in erster Reihe stehen direkt am Strand, die Schiffssetzung kann von hier im Rahmen einer Wanderung entlang der Küste erreicht werden.

Wohnmobilstellplatz Stockholm, Långholmen,
Skutskepparvägen 1, 11733 Stockholm,
Tel. 0046/086 69 18 90, www.husbilstockholm.se,
GPS: N59°19'13.4" E18°01'57.4"
Großer Stellplatz, teilweise unter der Hochbrücke einer Hauptstraße, guter Ausgangspunkt für eine Stadtbesichtigung.

Wohnmobilstellplatz Stockholm, Tantolundens Husbilscamping, Ringvägen 24,
11867 Stockholm, Tel. 0046/07 60 50 66 08,
www.husbilstockholm.se.
Nette Alternative zum Stellplatz in Långholmen:
GPS: N59°18'45.1" E18°03'13.2",
wenn der oben genannte voll ist; der Weg zur Gamla Stan ist zwar etwas länger, dafür ist der Platz ein wenig ruhiger.

TOURIST-INFO

Visit Sweden, Voltvägen 32, 83148 Östersund,
Tel. 069/22 22 34 96, www.visitsweden.de

Ystad Tourist Center, St. Knuts Torg, 27125 Ystad,
Tel. 0046/41 15 77 68 12, www.visitystadosterlen.se

Stockholm Visitor Center, Sergels Torg 5,
Tel. 0046/08 50 82 85 08, www.visitstockholm.com

Stockholms Wohnmobilstellplatz ist natürlich immer gut besucht.

Sonnenuntergang an der Kurischen Nehrung

4 BALTISCHE STRÄNDE UND STÄDTE

Litauen, Lettland und Estland im Aufwind

Die Strände der Ostsee ziehen neuzeitliche Entdecker immer wieder zu Besuchen an. Tallin ist vom Mittelalter geprägt, beobachtet aber mit seinem offenen Hafen die Welt. Riga trägt das Kleid herrlicher Jugendstil-Architektur. Die Hafenstädte haben ihr eigenes bezauberndes Flair, sind aber trotz ihrer Traditionen modern und innovativ.

Auf der A1 oder mit der Fähre kommen Sie schnell nach Klaipėda am Ende der Kurischen Nehrung. Ein gern besuchter Ort ist der Theaterplatz, auf dem das vielbesungene »Ännchen von Tharau« auf dem Brunnen vor dem klassizistischen Theater verewigt ist. In Richtung Südwesten liegt über der Pilies gatvė, der Pilies-Straße, der geschichtsträchtige Burgberg, um den sich einst die Stadt gebildet hat.

IM NATIONALPARK KURISCHE NEHRUNG

Der Nationalpark Kurische Nehrung ist die größte Attraktion. Von Klaipėda aus gibt es Fähren, mit denen man bequem dorthin gelangen kann. Aber auch auf landschaftlich schönen Straßen oder auf ausgezeichneten Radwegen sind die wilde Natur und die schmucken Dörfer zu erobern. Kilometerlange, traumhafte Sandstrände stehen an der Ostsee zur Auswahl.

Die Dörfer Juodkrante und das malerische Nida (Neringa) haben ihre eigene Atmosphäre. Die schmucken Fischerhäuser sind sehr fotogen, und Fischrestaurants gibt es einige. Überall wehen die traditionellen Kurenwimpel, die einst an den Fischerbooten angebracht werden mussten.

Vom südlichen Ende Nidas führt ein Spaziergang auf die große Düne mit bester Aussicht. Nördlich von Nida steht auf einer Düne das Haus von Thomas Mann. Sehenswert ist auch das Bernsteinmuseum in der Pamario gatvė 20.

DAS LEBHAFTE PALANGA

Palanga ist ein quirliger Urlaubsort mit Patina und Moderne. Berühmt sind die makellosen Strände und die lange Seebrücke. Urlaubstreiben in allen kuriosen Formen beherrscht den Ort.

Wagen Sie den Sprung über die nahe Grenze nach Lettland und steuern Sie gleich Ventspils an. Die Straße P112 führt durch hügeliges Bauernland. Auf der Route liegen Aizpute und Kuldiga. Beide Orte bestechen durch ihre alten Holzhäuser. Die Sehenswürdigkeit ist nicht ein einzelnes Gebäude, sondern die Gesamtheit des Ortes. Gehen Sie auf jeden Fall durch den Ort bis zur langen, 1874 erbauten Backsteinbrücke über den Lachsfluss Venta. Dort fällt der breiteste Wasserfall Europas gerademal fast einen Meter tief abwärts.

DAS DYNAMISCHE VENTSPILS UND DIE HALBINSEL KOLKA

Obwohl Hafenstadt, schmückt sich Ventspils mit unglaublich vielen Blumen, Brunnen, sauberen Häusern und Grün. Das westliche Stadtviertel Ostgals besitzt noch ursprüngliche Holzhäuser. An der Venta steht die schmucklose Livländische Ordensburg, die ein überraschend modernes, interaktives Museum beherbergt. Einige Stadthäuser sind im Art-déco-Stil erbaut. Das Beste an Ventspils ist aber vor allem auch der herrliche Ostseestrand.

Ein Campingplatz so richtig zum Erholen liegt bei Liepene, elf Kilometer nördlich von Ventspils in Richtung Kolka an der P124. Die kilometerlangen Strände sind erstaunlich menschenleer.

Überhaupt ist die Halbinsel Kolka ein großer »Natur-Traum«. Fahren Sie hinaus bis zur Landspitze, wo sich Ostsee und Rigaer Bucht treffen (wegen der Strömungen gilt hier jedoch Badeverbot). Wunderschöne Strandspaziergänge an der wilden Küste des Slitere-Nationalparks prägen die Seele.

RIGA, PARIS DES NORDENS UND HAUPTSTADT DES JUGENDSTILS

Auf der P125 und A10 fahren Sie nun über Talsi nach Osten in die wunderschöne lettische Hauptstadt Riga. Aber wenn Sie mehr Zeit haben, dann sollten Sie wegen der Küstenlandschaft auf der Goldküstenstraße P131 nach Riga bummeln.

Links: Küstenwald an der wilden Halbinsel Kolka

Rechts: Petrikirche und Schwarzhäupter-Haus in Riga

Vor Riga liegt Jūrmala, die pompöse lettische Riviera. Für die Durchfahrt wird eine geringe Umweltabgabe verlangt. Geradewegs geht es auf den Stadtcampingplatz Riga, der nahe der Innenstadt auf der Insel Kipsala in der Daugava untergebracht ist.

Zur Innenstadt kommen Sie zu Fuß über die große Hängebrücke und dann nach rechts entlang der Daugava. An der nächsten Brücke nach links abgebogen, gelangt man auf den Rathausplatz mit dem Schwarzhäupter-Haus und dem beeindruckenden Okkupationsmuseum. In östlicher Richtung steht die Petrikirche, von deren Turm ein Blick über die Stadt lohnenswert ist. Im Südosten zeichnen sich deutlich die vier Zeppelinhallen ab, in denen täglich der größte Markt des Baltikums zu beobachten ist – unbedingt empfehlenswert!

Von der Petrikirche aus gelangt man nach Nordosten über die Tirgonu iela weiter in die Altstadt vor. Viele Restaurant-Terrassen laden zum Verweilen ein. Abends gibt es an vielen Ecken Live-Musik. Der Rigaer Dom ist die größte Kirche im ganzen Baltikum. Die Häuser 17, 19 und 21 in der nördlich gelegenen Maza pils iela sind die ältesten Häuser Rigas und werden die »Drei Brüder« genannt.

Im Nordosten der Altstadt liegt der alte Stadtgraben, der ein schöner Park geworden ist. Auch die hohe Freiheitsstatue aus dem Jahre 1935 steht auf dieser Seite. Am Livenplatz, zwischen Freiheitsdenkmal und Altstadt, pulsiert das Leben.

Das Stadtviertel mit den schönen Jugendstilhäusern liegt nördlich der Altstadt. Laufen Sie am Freiheitsdenkmal auf dem Brividas Bulvaris nach Nordosten. An der Elizabetas iela gehen Sie nach links bis zur Strelnieku iela. Auf dieser nach rechts und auf der Alberta iela schlendern Sie dann zurück nach Südosten. Damit haben Sie die herrlichsten Jugendstilhäuser Rigas auf einem Rundgang von fast drei Kilometer gesehen. Doch insgesamt besitzt Riga noch über 700 Gebäude aus der Zeit des Jugendstils. Diese Stadt ist also wirklich einige Tage Aufenthalt wert.

An der Ausfallstraße A 2 nach Nordosten liegt das Latvian Ethnographic Open Air Museum. Das große Freilichtmuseum beherbergt über 100 historische Gebäude aus allen Regionen Lettlands.

Nach dem Freilichtmuseum verlassen Sie die A 2 und fahren auf der A 1 entlang der Rigaer Bucht nach Norden und über die Grenze nach Estland. Machen Sie doch einmal Pause in Käbli an der Ostsee, denn

ÄNNCHEN VON THARAU

Anna Neander aus Tharau war die wirkliche Person hinter der Liedfigur von Simon Dach. Ein Herr namens Johann von Klingsporn umwarb sie und beauftragte den Poeten Dach zu diesem Liebesgedicht, das 1636 in samländischem Niederdeutsch verfasst wurde. Ein paar Jahre später wurde das Gedicht von Heinrich Albert vertont, aber erst nach mehr als hundert Jahren von Johann Gottfried Herder ins Hoch-deutsche übertragen und als deutsches Volkslied veröffentlicht.

*»Ännchen von Tharau ist's, die mir gefällt,
Sie ist mein Leben, mein Gut und mein Geld.
Ännchen von Tharau hat wieder
ihr Herz auf mich gerichtet in Lieb' und
in Schmerz. Ännchen von Tharau, mein
Reichtum, mein Gut, Du meine Seele,
mein Fleisch und mein Blut.«*

Verewigt ist Anna Neander im Lied und als Figur auf dem Brunnen am Theaterplatz in Klaipėda.

da gibt es am Strand einen Naturlehrpfad mit Aussichtsturm.

Weitere Station auf der Reise ist der alte Kurort Pärnu. Sehr gemütlich ist die Haupteinkaufsstraße Rüütli mit schönen Geschäften und Cafés. Ein Erlebnis ist die Markthalle in der Vana Turg.

SAAREMAA, DIE WUNDERSCHÖNE OSTSEEINSEL

Eine ruhige Übernachtung vor der Insel Saaremaa erleben Sie auf dem abgelegenen Campingplatz im Weiler Voose im Kreis Hanila. Zur Insel Muhu setzt eine Autofähre über. Von dort führt ein Damm auf die Insel Saaremaa. Wälder, Strände, malerische Dörfer, Windmühlen, ein Meteoritenkrater und die mittelalterliche Burg in Kuressaare geben ein abwechslungsreiches Bild der Insel Saaremaa ab.

Vorrangig sollte man hier am besten die Stadt Kuressaare besuchen, in der sich auch ein Wohnmobilstellplatz befindet. Sehenswert sind die Ordensburg und die schöne Holzhaus-Architektur in den Straßen der Stadt. Nordöstlich von Kuressaare liegt Kaali, bekannt wegen des großen Meteoritenkraters. Wenn sich in Ihrem Magen ein ähnlich großes Loch auftut, lohnt sich ein Besuch im urgemütlichen Restaurant Kaalitrather an der Straße. Als Souvenirs lassen sich hier zahlreiche Gegenstände aus Dolomit erstehen, der auch oft als Werkstoff der Häuser genutzt wird.

Weiter nördlich wurden bei Angla verschiedene Windmühlen zusammengetragen und aufgebaut. Zwei Kilometer nach Westen, und man steht vor der herrlichen mittelalterlichen Kirche von Karja aus dem 13. Jahrhundert.

Nun wieder runter von den Inseln und auf nach Tallinn. Auf dem Weg bietet das Städtchen Haapsalu interessantes für Eisenbahnfans. Das Estnische Eisenbahnmuseum ist nebst einem wunderbaren hölzernen Bahnhof in der Raudtee tänav zu finden. Einen ruhigen Campingplatz gibt es auch. Westlich der Stadt ziehen sich nette Strände entlang des Ufers der Ostsee. Die Stadt selbst ist recht klein, zeigt aber stolz ihre Bischofsburg aus dem 13.–16. Jahrhundert.

TALLINN, HAFENSTADT MIT MITTELALTERLICHEM FLAIR

Vor der Stadteinfahrt nach Tallinn ist das attraktive Freilichtmuseum Rocca al Mare angesiedelt. Zahlreiche

Links oben: An der Steilküste im Lahemaa Nationalpark

Links unten: Der Hafen von Tallinn

Rechts: Blick über den Moorlehrpfad von Viru

Linke Seite oben: Kleine Regatta vor der großen Düne

Linke Seite unten: Rigas Jugendstilhäuser sind echte Schmuckstücke.

Blick über Tallinn mit seinen zahlreichen Wehrtürmen

Häuser, Werkstätten, Mühlen und ein Dorfgasthaus aus vergangenen Jahrhunderten machen den Besuch zu einem Erlebnis. Auf dem gebührenpflichtigen Parkplatz kann auch im Wohnmobil übernachtet werden. Für die Besichtigung Tallinns ist der Stadtcampingplatz auf der anderen Seite der Stadt sehr viel besser geeignet.

Aber planen Sie die Stadtbesichtigung gut. Manchmal liegen fünf oder sechs Kreuzfahrtschiffe im Hafen, deren Passagiere durch die Gassen drücken. Gehen Sie lieber in der Nähe des Campingplatzes mit Blick auf den Hafen zum Baden. Am späten Nachmittag legen die Kreuzfahrtschiffe wieder ab.

Stadtbusse fahren auf der Pirita tee und Narva mantee zum Bus-Terminal am Platz Viru-fäljak nahe der Altstadt. Die Verlängerung der Narva mantee ist die Viru tee, die direkt in die wunderbare mittelalterliche Altstadt hineinführt. Die Altstadt hat in etwa einen Durchmesser von 700–800 Metern und kann daher gut in ihrer Gesamtheit erforscht werden.

Unbedingt sollten Sie den Rathausplatz besuchen, auf den Sie automatisch stoßen werden. Das gotische Rathaus wurde im 14. Jahrhundert erbaut. Vom spitzen Turm des Rathauses kann die gesamte Altstadt überblickt werden.

Auf dem Domberg (Toompea) liegt den Besuchern ebenfalls die gesamte Stadt zu Füssen. Blickfang ist die orthodoxe Aleksander-Nevski-Kathedrale gegenüber dem Parlament. Im kleinen Park neben dem Parlament steht der fotogene Turm »Langer Herrmann«. Der dicke Geschützturm »Kiek in de Kök« (Guck in die Küche) gewährte nicht nur im Mittelalter den Blick in die Küchen der unteren Häuser.

Eine große Auswahl an Restaurants finden Sie am Rathausplatz und in der gesamten Altstadt. Im Rotermann-Viertel haben sich gute Restaurants und Bars etabliert. Auf dem Platz Rotermani väljak findet von Mittwoch bis Samstag ein Lebensmittel- und Kunstgewerbemarkt statt.

Außerhalb der Altstadt ist im Osten der schöne Park Kadriorg mit dem Schloss und Kunstmuseum von Interesse. Zar Peter der Große ließ das Schloss für seine Frau Katharina I. errichten. Ein herrlicher Garten gibt dem Schloss einen würdigen Rahmen. Am Rande des Parks zeigt das futuristische KUMU (Kunstmuseum) moderne Kunst.

AUSFLUG ZUM GUT PALMSE UND NATIONALPARK LAHEMAA

Zurück zur Natur finden Sie im Nationalpark Lahemaa (Land der Buchten) östlich der Hauptstadt. In der ruhigen Landschaft mit Mooren und Steppen an der zerklüfteten Küste gibt es viele erholsame Campingplätze. Das Land und die Küste sind mit Granit-Findlingen übersät, die vom Eis der Kaltzeiten von Skandinavien über die Ostsee gebracht wurden. Bekannt sind die gut erhaltenen Landgüter, allen voran das Gut Palmse, das heute ein Museum in einem herrlichen Park ist. In der Nähe befinden sich ein Biber-Lehrpfad und der Moorlehrpfad Viru. Der Abschluss der Reise durch das Baltikum im Lahemaa-Nationalpark bringt Erholung und Kraft für die lange Heimfahrt.

So eng wird es nur, wenn Wohnmobilgruppen unterwegs sind.

TOUR-INFO KOMPAKT

KILOMETER

1460

STRECKENVERLAUF

Klaipėda – Palanga – Kuldīga – Ventspils – Kolka – Riga – Virtsu – Kuressaare – Haapsalu – Tallinn

HIGHLIGHTS

Kurische Nehrung, Holzhäuser in Kuldiga, Küste Halbinsel Kolka, Riga, Insel Saarema, Tallinn, Nationalpark Lahemaa

CAMPING- UND STELLPLÄTZE

Camping Klaipeda, Pajurio Kempingas, Šlaito gatve 3, 92281 Klaipėda (Giruliai), Tel. 00370/6/832 50 55, www.campingklaipeda.lt,
GPS: N55°45'58" E21°05'33"
Guter Platz in einem Kiefernwald, aber an der Bahnlinie, 800 m zum Strand, 6 km nördlich von Klaipėda, Bushaltestelle.

Camping Nida, Nidos kempingas, Taikos gatve 45a, 93121 Nida, Tel. 00370/6/824 11 50, www.kempingas.lt,
GPS: N55°17'55" E20°58'59"
Guter Platz in einem Kiefernwald, 400 m zum Strand und auf die große Düne, 1 km nach Nida.

Camping Liepene, Kempings Jeni, Liepene Ciems Targales Pagasts, 3601 Ventspils, Tel. 00371/2/638 27 06, www.campingjeni.lv,
GPS: N57°29'32" E21°39'35"
Guter und ruhiger Platz auf einer Wiese, 600 m zum Strand, 20 km nördlich von Ventspils.

Camping Riga, City Camping, Rietumu Street 2, 1048 Riga, 00371/6/706 75 19, www.rigacamping.lv,
GPS: N56°57'23" E24°04'45"
Gut ausgestattet an der Messehalle auf der Insel Kipsala, 3 km westlich der Altstadt.

Wohnmobilstellplatz Kuressaare, Saaremaa SPA Hotel Meri, Pargi tee 16, 93810 Kuressaare, 00372/6/07 65 00, www.merihotel.ee,
GPS: N58°14'53" E22°28'25"
Ohne Ausstattung auf asphaltiertem Parkplatz, 200 m neben der Burg.

Camping Haapsalu, Kamping Pikseke, Mänikuu tee 32, 90403 Paralepa Haapsalu, Tel: 00372/5/192 22 91, www.campingpikseke.com,
GPS: N58°55'41" E23°32'14"
Guter und ruhiger Platz auf einer Wiese, 2 km südlich vom Zentrum Haapsalus.

Camping Tallinn, City Camping, Pirita tee 28, 10127 Tallinn, Tel: 00372/6/13 73 22, www.tallinn-city-camping.ee,
GPS: N59°26'53" E24°48'30"
An der Sporthalle, nicht schön, aber nur 3 km nördlich der Altstadt an der Küstenstraße.

TOURIST-INFO

Tourismusbüro Klaipėda, Turgaus gatvė 7, 1247 Klaipėda, Tel. 00370/8/46 41 21 86, www.klaipedatravel.lt

Tourismusbüro Riga, Rātslaukums 6, 1050 Riga, Tel. 00371/6/703 79 00, www.liveriga.com

Tourismusbüro Tallinn, Vabaduse väljak 7, 15199 Tallinn, Tel. 00372/6/45 77 77, www.tourism.tallinn.ee

5 SAND UND BERNSTEIN

Die Goldküste und Hafenstädte Polens

Die kilometerlangen Goldstrände und die Nationalparks der polnischen Küste ziehen nicht nur polnische Urlauber an. Die Dichte der inzwischen recht guten Campingplätze ist hoch und das Wetter im Sommer beständig. Polen ist ein ideales Land für Campingurlauber. Danzig, die »Königin der Ostsee«, ist dabei mehr als einen Besuch wert.

Die Tour startet in einer Hansestadt mit schwerer Geschichte: Stettin gehört als einer der größten Häfen der Ostsee zur polnischen Küstenfahrt. Die Stadt wurde im 13. Jahrhundert im Hansebund zu einem bedeutenden Handelsplatz. 1815 wurde Szczecin Hauptstadt der preußischen Provinz Pommern, und mit der Bahnlinie nach Berlin entwickelte sich die Stadt zu einem wichtigen Industriestandort. 1944 aber zerstörten Bombenangriffe bis zu 90 Prozent der Altstadt.

Vor dem Campingplatz Marina befindet sich die Bushaltestelle für die Fahrt in das Stadtzentrum zum barocken Brama Portowa (Hafentor) aus dem 18. Jahrhundert. Auf der Wyszyńskiego nach Osten zur Oder dominiert auf der linken Seite die riesige Jakobskathedrale, deren Geschichte bis ins 12. Jahrhundert reicht. Kurz vor der Oder geht es links zum Stary Rynek (Alter Markt). Hier stehen die schönsten historischen Bürgerhäuser. Auch das alte Rathaus mit dem Ziergiebel steht auf dem Platz. Am gotischen Loitzenhof vorbei steht im Norden das Pommersche Renaissanceschloss der Herzöge. Der Glockenturm bietet Aussicht auf Stadtzentrum, Fluss und Hafen.

Etwas weiter nördlich befinden sich die gotische St.-Peter-und-Paul-Kirche und an der Oder dann das Wahrzeichen Stettins, die nach einem Oberbürgermeister der Stadt benannte Hakenterrasse mit dem Nationalmuseum. Eine große Freitreppe führt zum tiefer liegenden Fluss hinunter.

STETTINER HAFF UND OSTSEESTRÄNDE

Nördlich der Stadt weitet sich die Oder zum riesigen Stettiner Haff, auf dessen Ostseite Sie nach Wolin fahren. Dieser Ort ist bekannt für das schöne Wikin-

Einsamer Strand mit Treibgut außerhalb von Darłowo

germuseum. Weiter nördlich beginnt der Wolin-Nationalpark, eine bewaldete Moränenlandschaft mit Steilküste zur Ostsee. Touristische Ausgangsbasis ist das Seebad Międzyzdroje. Wanderwege, Aussichtspunkte, das Kliff und ein Wisent-Gehege sind die Höhepunkte.

Die Küstenwälder schirmen die Straße 102 nach Osten in Richtung Kołobrzeg gegen die Ostsee ab. Die Sandstrände sind lang, und Campingplätze gibt es auch. Die Kirchenruine von Hoff, das heute Trzęsacz heißt, ist eine bizarre Erscheinung. Als die Kirche im 15. Jahrhundert gebaut wurde, lag sie zwei Kilometer von der Küste entfernt. In großen Stürmen zehrte die See an der Steilküste, und es kam zu Abstürzen von Gebäudeteilen.

Das Ostseekurbad Kołobrzeg (Kolberg) wird seit dem 19. Jahrhundert von Gästen zur Gesundung belegt, denn Kołobrzeg verfügt auch über Solequellen. Die Strände und die Seebrücke der Stadt sind im Sommer stark frequentiert. Die Altstadt ist eine belebte Einkaufs- und Flaniermeile. Die wichtigste Sehenswürdigkeit der Stadt ist jedoch die Marienbasilika aus dem 14. Jahrhundert. Das Rathaus wurde im 19. Jahrhundert nach dem Entwurf des berühmten Architekten Karl Friedrich Schinkel erbaut. Vor und nach Kołobrzeg gibt es ruhigere Campingplätze mit herrlichen Stränden.

KLEINE BADEORTE UND ALTE FISCHERHÄFEN

Auf kleinen Straßen näher an der Küste lässt sich Ursprüngliches entdecken. Als Beispiel für viele kleine Badeorte, die von polnischen Urlaubern belegt sind, mag Sarbinowo gelten. Schöne Strände und geringeres Preisniveau lohnen den Besuch. Mielno am Beginn der großen Lagune von Jamno ist da schon wieder etwas vornehmer.

Darłowo, das frühere Rügenwalde, war einst Hansestadt und wurde im letzten Krieg nicht berührt. Die Bausubstanz ist in ihrer Gesamtheit authentisch. Ba-

Links: Bei Chłapowo sind die Sandstrände mit reizvollen Granitsteinen durchsetzt.

Rechts: Die schönsten Häuserfassaden Danzigs stehen am Langen Markt.

Links: Blick von der Brücke über die Motława auf die Promenade von Danzig mit dem Krantor

Rechts oben: Ruhige Picknickplätze finden sich in Polen viele.

Rechts unten: Danzig ist die Stadt des Bernsteins, und das Angebot ist riesig.

rockes Rathaus, gotische Kirche, Fischerhafen, Badestrände und ein zu besteigender Leuchtturm bescheren einen abwechslungsreichen Aufenthalt. Ustka (Stolpmünde) ist ein weitgehend echter Fischerhafen mit wohlhabenden Häusern.

Im Słowiński National Park ermöglicht ein bewachter Parkplatz bei Czołpino (GPS: N54°42'33.0" E17°14'26.9") die Übersicht von einem Leuchtturm über die Dünenlandschaft des Weltbiosphärenreservats. Touristische Ausgangsbasis ist weiter östlich das quirlige Łeba mit Zugang zu der 40 Meter hohen Wanderdüne. Łeba ist einer der beliebtesten polnischen Ferienorte mit entsprechender Infrastruktur.

Jastrzębia Góra, an nördlichster Stelle der Küstenstraße, wartet mit langen Sandstränden und einer Steilküste auf. Ebenso schön sind die Strände bei Chłapowo, hier jedoch mit verschieden farbigen Granitsteinen geschmückt, die die Eiszeit von Skandinavien herübertransportiert hat.

Mit Władysławowo beginnt die schmale Halbinsel Hel. Weiße Strände liegen vor den vom Wind zerrupften Kiefernwäldchen. Dies ist ein Küstenstrich, der sehr für Windsurfer und Badeurlauber geeignet ist. Es reihen sich die Ferienorte und dazugehörigen Einrichtungen wie hübsche Perlen einer Kette aneinander.

BERNSTEINSTADT DANZIG, »KÖNIGIN DER OSTSEE«

Der mondäne und nicht ruhige Badeort Sopot kurz vor Danzig ist stolz auf die längste Seebrücke Polens. Es ist eine Überlegung wert, hier auf dem Campingplatz Station zu machen, denn die Bahn bringt die Besucher schnell nach Danzig hinein.

Im Danziger Stadtteil Oliva steht der außergewöhnliche Dom zu Oliva. Die dreischiffige Basilika erstaunt durch ihre Fassade, die von zwei schlanken Türmen flankiert ist. Die Orgel ist ein bedeutendes Werk der barocken Schnitzkunst. Während die Orgel bespielt wird, bewegen sich die Figuren mit Posaunen und Glocken. Ein unentgeltliches Konzert findet jeweils zur vollen Stunde statt.

Vom Bahnhof in Danzig sind alle Sehenswürdigkeiten der Altstadt zu erwandern. Geradeaus über die verkehrsreiche Straße, dann die dritte Straße (Rajska) rechts erreichen Sie die Große Mühle, Katharinenkirche und Brigittenkirche aus dem 14. Jahrhundert. Die große Mühle ist heute ein anziehendes Ladenzentrum mit Cafés. Weiter auf der Straße kommt man zur ergiebigen Markthalle und zur gotischen Nikolaikirche, die mit ihrer reichen Barockausstattung prunkt. Am überaus geschmückten Zeughaus biegen Sie links in die Piwna, in der gleich links ganz empfehlenswerte Pirogi-Restaurants folgen. Die riesige Marienkirche ist eine der größten Kirchen Europas. Ihr Turm bietet eine herrliche Aussicht über die Stadt.

Hinter der Kirche gehen Sie zum Beispiel in die Mariacka oder Frauengasse. Hier stehen die typischen Häuser mit den auf die Straße ragenden Beischlägen (Terrassen). Bernstein ist hier in allen Formen und Farben im Angebot. Am Ende der Straße erreicht man durch das Frauentor die Promenade an der Motława. Links besuchen Sie am besten das weltberühmte Krantor aus dem 15. Jahrhundert. Auf der Promenade zurück findet man zur Brücke über die Motława, von der sich schöne Motive auf das Krantor und auf das Grüne Tor ergeben. Durch das Grüne Tor kann man weiter über den Langen Markt mit den reich verzierten Fassaden der Bürgerhäuser flanieren. Das Goldene Tor entlässt die Besucher aus der Altstadt. Es folgt die Erkenntnis, dass ein Tag nicht ausreicht, Danzig zu sehen.

Die Frische Nehrung östlich von Danzig ist auf der Seeseite durchaus für einen Ferienaufenthalt geeignet. »Frisch« wird sie genannt, weil hier frische Winde wehen, die ideal sind für alle Surfer und Sonnenanbeter.

TOUR-INFO KOMPAKT

KILOMETER

750

STRECKENVERLAUF

Szczecin (Stettin) – Wolin – Kołobrzeg (Kolberg) – Sarbinowo – Darłowo – Ustka – Łeba – Halbinsel Hel – Sopot – Gdańsk (Danzig) – Frische Nehrung

HIGHLIGHTS

Altstadt Szczecin, Słowiński National Park, kilometerlange Sandstrände, Bernsteinstadt Danzig

CAMPING- UND STELLPLÄTZE

Camping Marina, Przestrzenna 23, 70001 Szczecin, Tel. 0048/91/460 11 65, www.campingmarina.pl, GPS: N53°23'41.9" E14°38'11.1"
Gut ausgestatteter Platz auf einer Wiese am See, 6 km östlich der Altstadt, Bushaltestelle.

Camping Sarbinowo Pod Brzozka, Nadmorska 87, 76034 Sarbinowo, Tel. 0048/94/316 56 62, GPS: N54°14'48" E15°56'21"
Gut ausgestatteter Platz auf einer Wiese, 150 m zum Strand, 8 km westlich von Mielno in kleinem Dorf.

Camping Mielno Ada Pole namiotowe, Generała Karola Świerczewskiego 29, 76032 Mielno-Unieście, Tel. 0048/605/48 31 97, www.ada.strefa.pl, GPS: N54°16'11.3" E16°05'24.8"
Ebenfalls gut ausgestatteter Wiesenplatz, 150 m zum Strand, am östlichen Rand von Mielno.

Camping nr 243, Józefa Conrada 20, 76150 Darłowo, Tel. 0048/94/314 28 72, www.camping243.com, GPS: N54°26'18.1" E16°23'18.0"
Gut ausgestattet auf einer Wiese, 300 m zum Strand und Leuchtturm, am Hafen von Darłowo.

Camping nr 275 Łebski Kemping, Turystyczna 1, 84360 Łeba, Tel. 0048/59/866 14 35, www.lebskikemping.pl, GPS: N54°45'47.8" E17°32'03.1"
Gut ausgestattet, in lichtem Wald, 200 m zum Strand, 1,5 km westlich von Łeba.

Camping Metropolis, Zamkowa Góra 25, 81713 Sopot, Tel. 0048/509/60 60 55, www.domkisopot.pl, GPS: N54°27'36.8" E18°33'16.9"
Gut ausgestatteter Platz auf einer Wiese, 500 m zum Strand und zum Bahnhof, 2 km nördlich von Sopot und 15 km nördlich von Danzig an der DW468.

TOURIST-INFO

Polnisches Fremdenverkehrsamt, Hohenzollerndamm 151, 14199 Berlin, Tel. 0049/30/210 09 20, www.polen.travel

WÄHRUNG

Polnische Währung ist der **Złoty**, aufgeteilt in 100 Groszy. 1 € = 4,61 PLN (12.2021)

AUTOBAHNGEBÜHR

Die **Mautgebühr** wird im satellitengestützten e-TOLL-System kassiert. Die Registrierung im e-TOLL-System ist online unter etoll.gov.pl und in stationären Kundendienststellen möglich.

Kleiner Fischereihafen in Nørre Vorupør in abendlicher Stimmung

6 ENTLANG DÄNISCHER FJORDE

Dänemarks Westküste

Dänemarks Westküste gehört zu den schönsten Wohnmobiltouren. Diese Route an der Nordsee bietet einzigartige Ausblicke auf das Meer, wechselnde Landschaften und eindrucksvolle Fjorde. Der schönste Abschnitt der Westküste reicht von der »Mondlandschaft« um Nymindegap bis ins Zentrum des Surfsports Klitmøller, an dem sich die Weltbesten messen.

Bei Flensburg geht es über die dänische Grenze und weiter nach Norden Richtung Kolding. Von dort führt die E 20 nach Westen Richtung Esbjerg. Nehmen Sie kurz vor Esbjerg die Ausfahrt 73 auf die Fernstraße 11. Diese mündet bei Varde in die Hauptstraße 181, die weiter nach Norden führt. Auf der gesamten Tour wird die 181 Ihr »Wegbegleiter« sein. Sie liegt im Westen Jütlands, ist für Wohnmobile sehr gut befahrbar und folgt der Nordseeküste auf einer Länge von rund 180 Kilometer.

ENTLANG DER NEHRUNG HOLSLAND KLIT AM RINGKØBING FJORD

In Nørre Nebel, nordwestlich von Varde, befindet sich ein Stellplatz inmitten wunderschöner Natur, sogar mit See. Von dort kommend, beginnt bei Nymindegab die Nehrung Holmsland Klit am Ringkøbing Fjord. Die 30 Kilometer lange Nehrung ist erst in jüngster Erdgeschichte entstanden. Noch im 17. Jahrhundert bestand in der Mitte ein freier Zugang zur Nordsee. Der Ringkøbing Fjord hat im Durchschnitt eine Tiefe von nur 1,5 Metern und ist daher ideal für Wassersport. Die Straße 181 entlang der Holmsland Klit bietet immer wieder herrliche Ausblicke über den Fjord, mit circa 300 Quadratkilometer das größte Binnengewässer Dänemarks.

Direkt nach Nymindegab geht es also nördlich auf die Nehrung, zunächst durch eine fast mondähnliche Landschaft und vorbei am berühmten Vogelschutzgebiet Tipperne. Es folgen die kleinen Ferienorte Bjerregård und Skodbjerge, und man fährt, vorbei an der im Sonnenlicht weiß glänzenden Kirche von Haurvig, Richtung Hvide Sande, dem bekannten Fischereihafen. Noch vor Hvide Sande finden sich in Årgab beste Surfverhältnisse – ein Eldorado für alle Arten des Wassersports.

In Årgab hat man die Auswahl aus mehreren Campingplätzen. Zwei Stellplätze befinden sich nord-

und südseitig am Hafen, wobei der südliche wegen seiner Nähe zum Meer für Surfer besser geeignet ist und viel mehr Platz bietet.

Nach Hvide Sande, das in den letzten 25 Jahren zu einem regen Touristenort gewachsen ist, führt die Straße 181 gute 12 Kilometer weiter Richtung Søndervig, wo die Route die Nehrung verlassen wird. Kurz nach Hvide Sande erscheint links noch das Wahrzeichen von Holmsland Klit, der 36 Meter hohe Leuchtturm »Lynvig Fyr«. Er ist für wenige dänische Kronen begehbar, liegt in wunderbarer Natur auf einer 17 Meter hohen Braundüne und ist einen Besuch allemal wert. Oben hat man bei schönem Wetter eine grandiose Aussicht über den gesamten Holmsland Klit.

VON SØNDERVIG NACH THYBORØN

Bald ist der moderne Badeort Søndervig am Ende der Nehrung erreicht. An der großen Kreuzung lohnt es sich, den Tank noch einmal ganz voll zu machen, denn die nächste Tankstelle ist weit. Die Route folgt wieder dem Verlauf der Straße 181 gen Norden durch typisch dänische Landschaft und Dünen. Der nächste Zielpunkt ist Thorsminde am Nissum Fjord. Dieser Fjord verfügt über ausgedehnte Schilfflächen und ist als geschütztes Brut- und Rastgebiet für Vögel von besonderer Bedeutung.

Thorsminde ist ein liebenswertes, verträumtes Fischerdorf, das ebenfalls auf einer kleineren Nehrung, dem Bøvling Klit, liegt, die den Nissum Fjord von der Nordsee abgrenzt. Hier befindet sich seit 1866 ein später erweitertes Sperrwerk, das den Durchfluss zum Meer regelt, den Nissum Fjord vor der Gewalt der Nordsee schützt sowie den Außen- und Innenhafen des Ortes trennt. Am kleinen Jachthafen gibt es zehn gemütliche Wohnmobilstellplätze. Der Ort ist eine sehr entspannte Location, die überwiegend von Einheimischen geprägt ist und aufgrund ihrer engen Lage mit 200 Metern Breite nicht viel Entwicklungsmöglichkeiten bietet.

Am Ortsende von Thorsminde geht es auf der 181 weiter auf dem Bøvling Klit, bis man nach 12 Kilometern den Nissum Fjord verlässt und wieder Festland unter sich hat. Im Westen wird man vom Leuchtturm von Bovbjerg begleitet, den man in etwas Entfernung umfährt. In einer weiten Kurve führt die 181 etwas landeinwärts nach Lemvig am Nissum Bredning, im Gebiet des wunderschönen Limfjords. Wer hier einen Stellplatz sucht, sollte zum Hafen von Lemvig fahren, um sich direkt am Wasser des Lim Vig für eine Nacht zurückzuziehen.

Fünf Kilometer vor Lemvig biegt die Straße 181 im spitzen Winkel an einer Dreieckskreuzung weiter nach Norden. Es geht in das Ferienhausgebiet Vrist-Vejlby mit seinen Seen in Meeresnähe. Der bekannte Badesee Ferring Sø ist einzigartig, denn er ist nur durch eine schmale Düne von der Nordsee getrennt und wesentlich wärmer. Die Landschaft ist hier von

Links: Direkter Zugang zur Nordsee in Hvide Sande vom Stellplatz Süd

Rechts: Hafen von Nørre Vorupør

Links: Sturm an der Klippe am Bovbjerg Fyr

Rechts oben: Stellplatz in Hvide Sande Süd

Rechts unten: Berühmtes »Sneglehuset« in Thyborøn

Kiefernvegetation gekennzeichnet und lädt auf schönen Wegen zum Wandern ein. Über den kleinen Ferienort Harboøre geht es weiter auf der 181, die jetzt über einen schmalen Damm vorbei an einem Windpark mit gigantischen Windrädern führt. Nach einem Industriegebiet und kleineren Werften erreicht man Thyborøn auf der Halbinsel Harboøre Tange. Die Fahrt endet im 1915 gebauten alten Hafen. Hier steht man vor dem Thyborøn Kanal, der den Ausgang des Limfjords in die Nordsee bildet. Ein absolutes Muss ist der Besuch des berühmten »Sneglehuset«. Es ist von seinen früheren Besitzern komplett mit Muscheln ausgestattet worden und heute ein Museum. Bereits am Ortsanfang von Thyborøn weist ein Straßenschild an der 181 die Zufahrt zum Fähranleger. Mit der Autofähre, die selbst größte Wohnmobile sicher über den Thyborøn Kanal transportiert, gelangt man über den Nissum Bredning nach Agger Tange und zurück auf die 181.

DURCH DIE FABELHAFTE LANDSCHAFT THY

Nun wartet Nordwestjütland, das mit Nordjütland durch den Limfjord mit seiner einmaligen Fjordlandschaft zur Insel geworden ist: Die Ausläufer des Limfjords reichen bis nach Hals an der Ostsee und durchtrennen Jütland im Norden. Die 20-minütige Fährüberfahrt bringt Sie auf den Damm Agger Tange, der von einer Moorlandschaft und vom seichten Wasser der Krig-Vig-Bucht umgeben ist. Der Blick geht am Anleger über den weitläufigen Nissum Bredning, der direkt in die Nordsee mündet, zu den Sandbänken, auf denen sich im Sommer Seehunde tummeln. Nach Agger biegt die Straße 181 nach rechts, und kurz darauf hat man schon die bekannte romanische Kirche bei Vestervig im Blick, die noch aus dem 11. Jahrhundert stammt und als die größte Dorfkirche sogar ganz Skandinaviens angesehen wird. Genießen Sie hier die herrliche Landschaft Thy!

Ab Stenbjerg geht es zurück in Meeresnähe und in das kleine, heimelige Fischerdorf Nørre Vorupør. Hier gibt es einen Stellplatz mitten in den Dünen nahe am Meer. Der Ort hat trotz zahlreicher Ferienhäuser seine Ursprünglichkeit und Identität nicht verloren.

Nachmittags kommen die kleinen Fischerboote von der Nordsee zurück und werden traditionell mit Traktoren wie vor 100 Jahren an den Strand gezogen, bevor sie entladen werden können. Kurze Zeit später kann man den frischen Fisch bereits am Gasherd im Wohnmobil braten, denn die Verkaufsstände sind schnell geöffnet, und nirgends gibt es Fisch frischer als am Hafen. In Nørre Vorupør leben alte Tradition und Schnelllebigkeit der Surfer in Eintracht nebeneinander. Immer mehr Protagonisten dieses Sports verlassen das quirlige, 14 Kilometer entfernte Klitmøller, um hier in noch entspannter Atmosphäre ihrem Sport nachgehen zu können.

Auf der kleinen Straße aus dem Hafen, vorbei am neu renovierten Leuchtturm, geht es hinaus aus dem Ort in die Dünenlandschaft Richtung Vangså. Wenige hundert Meter weiter gibt es Parkplätze mit sauberen Toiletten, die täglich morgens gereinigt werden, und einen Frischwasseranschluss. Ein echter Geheimtipp! Es ist zwar kein offizieller Stellplatz, aber man ist dort wunderschön direkt am Meer in die Dünen eingebettet, um freie, lebendige Natur genießen zu können. Gegen eine Übernachtung mit dem Wohnmobil hat hier niemand etwas, sofern man den Platz sauber wieder am nächsten Morgen verlässt. Von dort fährt man, ohne in den Ort zurückzufahren, wieder auf die 181. Über Vangså mit seinen herrlichen Kiefernwäldern und Heidelandschaften geht es weiter ins Surferparadies Klitmøller: »Thylands Hawaii«, wie der Hotspot genannt wird, bietet durch seine Lage mit einer kleinen Bucht beste Bedingungen für Wassersportler, besonders für Surfer und Kiter. Der Ort hat sich in den letzten 25 Jahren vom gemütlichen Fischerdorf zum pulsierenden Badeort verändert, mit einer großen Anzahl an Ferienhäusern und zwei Campingplätzen, die in der Saison kaum freie Plätze haben.

TOUR-INFO KOMPAKT

KILOMETER

161

STRECKENVERLAUF

Nymindegap – Hvide Sande – Søndervig – Thorsminde – Lemvig – Tyborøn – Nørre Vorupør – Klitmøller

HIGHLIGHTS

Europäisches Vogelschutzgebiet Tipperne, Surferparadies Hvide Sande, Lynvig Fyr, Limfjord, Thyborøn Sneglehuset, Nørre Vorupør Museum und Hafen, Klitmøller Cold Hawaii Surfing

CAMPING- UND STELLPLÄTZE

Kløvergaardens Put and Take, Kollevej 50, Kolle, 6830 Nørre Nebel, Tel. 0045/20 20 00 26, www.kloevergaarden.com, GPS: N55°45'53" E8°18'10"
Privat betriebener Stellplatz für 20 Mobile, Plätze parzelliert auf einer Wiese, Ortszentrum zu Fuß erreichbar.

Hvide Sande Autocamperplads, Tungevej 6, 6960 Hvide Sande, Tel. 0045/97 31 12 18, www.hvidesandecamping.dk, GPS: N55°59'51" E8°07'20"
Strandparkplatz südlich des Hafens mit 50 Stellplätzen, der Stellplatz gehört zu Hvide Sande Camping, mit der Stellplatz-Zahlkarte bei Hvide Sande Camping Kassettenentsorgung und Frischwasser

Thorsminde Havn, Vesterhavsgade 1a, Thorsminde, 6990 Ulfborg, Tel. 0045/97 49 70 44, www.thorsmindehavn.dk, GPS: N56°21'56" E8°07'19"
10 Stellplätze am Jachthafen, Abwasser-, Kassettenentsorgung und Frischwasser kostenlos.

Lemvig Strand Camping, Vinkelhagevej 6, 7620 Lemvig, Tel. 0045/23 82 00 45, www.lemvigcamping.dk, GPS: N56°34'32", E8°17'39"
Der Campingplatz liegt perfekt am Limfjord mit Stellplätzen für einen "Pit Stop", auch in der kalten Jahreszeit zwischen Oktober und April für 24 Stunden.

Strandgaardens Camping, Vesterhavsgade 85, Nørre Vorupør, 7700 Thisted, Tel. 0045/97 93 80 22, www.strandgaardenscamping.dk, GPS: N56°57'15" E8°22'00"
155 Stellplätze in unmittelbarer Strandnähe und in den Dünen, Check-in im EUROSPAR Nørre Vorupør, Vesterhavsgade 44.

TOURIST-INFO

Tourismusbüro Hvide Sande, Kirkevej 6, 6960 Hvide Sande, Tel. 0045/70 22 70 01, www.hvidesande.dk

Touristenbüro Thyborøn, Kystcentervej 3, 7680 Thyborøn, Tel. 0045/96 90 02 00, www.visitvesterhavet.dk

Touristenbüro Nørre Vorupør, im Nørre Vorupør Museum, Vesterhavsgade 21, 7700 Thisted, Tel. 0045/97 92 19 00, www.visitthy.dk

7 IM LAND DER VULKANE

Islands atemberaubende Landschaften

Die wilde Natur der vulkanischen Landschaft, gepaart mit den Sagen von Elfen und Trollen, machen Island zu einem ganz besonderen Reiseziel. Gletscher, Wasserfälle, Geysire und heiße Quellen sind die Zutaten dieser einzigartigen Stimmung. Nahe am nördlichen Polarkreis taucht die Mitternachtssonne die Landschaft in bezauberndes Licht.

Der kleine Hafen Seyðisfjörður ist das isländische Tor für die Wohnmobilfahrer. Über den Verkehrsknotenpunkt Egilsstaðir schwenken Sie auf die Ringstraße 1 nach Norden ein. Eine Fahrt auf der Straße 864 zeigt den gigantischen Dettifoss, Europas volumenreichsten Wasserfall, dessen Wasser aus dem Vatnajökull, Europas größtem Gletscher, stammt. Noch weiter nördlich liegen Asbyrgi und Vesturdalur, auch im Jökulsárgljúfur/Vatnajökull-National-Park gelegen, mit Campingplätzen in wunderbarer Natur des Jökulsá-Canyon. Die bis zu hundert Meter tiefe Basalt-Schlucht prahlt mit ihren wunderschönen Felsformationen, in denen die seltenen Greifvögel Merlin und Gerfalke brüten. In der Umgebung von Asbyrgi befindet sich außerdem auch einer der wenigen nennenswerten Wälder auf Islands Boden, bestehend aus Birken, Weiden und Vogelbeeren.

WALE, MÜCKEN UND KREUZFAHRTSCHIFFE

Die Straße 85 führt über die Nordküste in den netten Hafenort Húsavík, Ausgangspunkt für die Whale-Watching-Touren. Die Veranstalter versprechen hier eine immense Erfolgsquote von 98 Prozent an Walsichtungen. Eine Tour ist also unbedingt zu empfehlen, genauso wie das Walmuseum. Selbst von der Küstenstraße aus lassen sich mit einem Fernglas oft Wale beobachten.

Reykjahlíð erreichen Sie über die Straße 87. Zu Füßen des Vulkans Krafla geben die stinkenden und

Die Bildung des Mývatn ist vulkanischen Ursprungs.

Links: Im bunten Hafen von Húsavík

Rechts: Die Papageientaucher haben keine Angst vor Menschen.

brodelnden Solfataren eine Vorstellung von der Hitze unter den Fußsohlen. Hier verläuft die Grenze zwischen der eurasischen und der amerikanischen Kontinentalplatte. Wirklich herrlich ist das Bad im warmen Mývatn Nature Bath. Am eigentümlichen Mývatn (Mückensee) befindet sich neben ausgedehnten Lavafeldern ein Campingplatz. Im Frühjahr machen dichte Mückenschwärme dem Namen des flachen Sees alle Ehre. Die hier vorkommenden Zuckmücken stechen nicht, die Kriebelmücken aber schon. Ornithologen umrunden den Mývatnsee, denn er ist das größte Brutgebiet für Enten auf Island. Das Nordwestufer ist Schutzgebiet, das zeitweise nicht betreten werden darf.

Auf der Ringstraße 1 nach Westen kommt man am Wasserfall Goðafoss vorbei, der zwar nur zwölf Meter hoch, aber in seiner Breite äußerst beeindruckend ist. Die Hafenstadt Akureyri ist die größte Stadt Islands nach Reykjavik. Hier legen schon mal Kreuzfahrtschiffe an, deren Passagiere die hübsche Kleinstadt überfluten. Die Besichtigung ist trotzdem empfehlenswert. Ruhe findet sich im bemerkenswerten Botanischen Garten, der 7000 Arten vorwiegend der nördlichen Breiten zeigt.

VON HERINGEN, HEXEN UND VÖGELN

Die Fahrt auf der Straße 82 nach Siglufjörður ist eine wunderschöne Küstenstrecke in einer der schönsten und eindrucksvollsten Landschaften Islands. Die nördlichste Stadt Islands mit den bunten Häusern vor den grauen Bergen an einem traumhaft schönen Fjord liegt nur 40 Kilometer vom Polarkreis entfernt. Der Hering-Boom Anfang des 20. Jahrhunderts ließ das Städtchen erblühen. Das Herring Era Museum erzählt alte Geschichten darüber.

Am Fjord Skagafjörður geht es nach Süden. An der Straße 75 kann man den Torfhof Glaumbær besichtigen. Die ältesten Teile dieses einst reichen Hofes stammen noch aus dem frühen 19. Jahrhundert. Bis dahin lebten die meisten Isländer in solchen Torfhäusern. Wieder auf der Ringstraße 1 nach Westen kommt man nach Blönduós mit einem Campingplatz am wilden Gletscherfluss Blanda.

Die Küstenlinie der abgelegenen Westfjorde ist stark zerfurcht, und manche Straßen bestehen aus Schotterpisten. Aber gerade die Einsamkeit der Westfjorde macht ihren großen Reiz aus. In Hólmavík befindet sich das Hexenmuseum, das sich mit der Hexenverfolgung im 17. Jahrhundert beschäftigt.

Látrabjarg ist die westlichste Landspitze, an deren 400 Meter hoher Steilküste die größte Seevogelkolonie der nördlichen Welt angesiedelt ist. Eine Million Seevögel brüten hier. Die putzigen Papageientaucher lassen sich aus einer Nähe von weniger als einem Meter Entfernung betrachten.

AUF IN DIE HAUPTSTADT

Der Wasserfall Hraunfossar bei Húsafell ist durch einen Abstecher zu erreichen. Er scheint direkt aus der porösen Lava zu entspringen. Danach geht es weiter nach Reykjavík. Diese Stadt ist die nördlichste Hauptstadt der Welt. Hier wohnt ein Drittel der Gesamtbevölkerung Islands. Die lange Hauptstraße Laugavegur ist tagsüber Shopping- und in der Nacht Ausgehmeile. Die Hallgrímskirkja ist das Wahrzeichen der Stadt. Das äußere Erscheinungsbild soll an Basaltsäulen erinnern. Von dem über 70 Meter hohen Turm bietet sich die beste Aussicht über die Stadt. Das Konzerthaus Harpa am Hafen veranschaulicht in seiner preisgekrönten Architektur ebenfalls Basaltsäulen. Südöstlich des Konzerthauses zeigt die moderne Skulptur an der Sæbraut die Besiedelungsgeschichte Islands durch die Wikinger. Das Perlan auf dem Hügel ist eigentlich ein Heißwasserspeicher. Das Gebäude bietet aber auch eine gute Aussicht auf Reykjavík und Umgebung. In dem Freilichtmuseum Árbæjarsafn befinden sich 30 Bürgerhäuser und Torfhütten aus dem 19. Jahrhundert. In Reykjavík gibt es für einige Tage etwas anzuschauen.

Ein Abstecher in die »Blaue Lagune« auf der Halbinsel Reykjanes im Südwesten der Stadt bringt ausdauernde Erholung. Die Landzunge zeigt sich als junge, raue Vulkanlandschaft, dessen Name »Rauchzunge« bedeutet. Auch hier gibt es Solfatarenfelder, deren Wärme zum Teil genutzt wird. Die Vegetation ist hier eher spärlich, weil das Regenwasser in den porösen Lavaböden schnell versickert.

DER GOLDENE KREIS

Der Goldene Kreis ist eine Fahrt zu den Höhepunkten jeder Islandreise mit entsprechender Frequentierung der Touristen. Þingvellir ist Nationalpark und UNESCO-Weltkulturerbe am Ufer des Sees Þingvallavatn. Der Ort Þingvellir hat besondere Bedeutung. Auf dem Thingplatz gab es bereits um 930 die gesetzgebende Versammlung Althing. Hier wurde auch 1944 in Anwesenheit von 30 000 Isländern die Repu-

ISLANDS THERMAL POOLS

Heiße Quellen bilden die Grundlage für eine der Lieblingsbeschäftigungen der Isländer: im angenehm warmen, meist mineralhaltigen Wasser zu liegen, zu rasten und sich zu unterhalten. Die Badeanlagen wie die »Blaue Lagune« bei Reykjavik oder das »Mývatn Nature Bath« nahe am Mývatnsee sind berühmt und kosten Eintritt. Fast 100 öffentlich zugängliche und meist natürliche Thermal Pools sind bekannt. Das kann ein heißes Wasserloch in der Wiese sein oder aber auch eine gefasste und in ein primitives Becken geleitete Quelle. Oft ist das Wasser zu heiß und mit Vorsicht zu genießen. Das auf Island günstiger zu bekommende Taschenbuch »Thermal Pools in Iceland« (Englisch) beschreibt und verzeichnet die Hot Pots des Landes GPS-genau.

blik Island ausgerufen. In einer Grabenbruchzone zweier tektonischer Platten gelegen, ist das Gebiet auch geologisch von Bedeutung. Das Auseinanderdriften der amerikanischen und eurasischen Platten ist durch imposante Felsspalten und Risse sichtbar. Nirgendwo sonst auf der Erde ist dieses Phänomen so zu beobachten. Die Schlucht wird jährlich um zwei Zentimeter breiter, und auch der Talboden senkt sich immer mehr ab.

Der Strokkur im Haukadalur bricht im Gegensatz zum nicht mehr tätigen Großen Geysir regelmäßig alle zehn Minuten aus. Erhitztes Wasser aus der Tiefe entlädt seinen Dampfdruck mit einer großen Blase, die schließlich zu einer 20 Meter hohen Fontäne emporschießt.

Der herrliche Gullfoss (Goldwasserfall), vielleicht Islands schönster Wasserfall, besteht aus zwei hohen Kaskaden, die rechtwinklig zueinanderstehen. Die schillernden Wassertröpfchen des Nebels haben ihm seinen Namen gegeben.

JUNGE VULKANE, WASSERFÄLLE UND STRÄNDE

Vor Sellfoss ist wieder die Ringstraße 1 erreicht. Von Hvolsvöllur aus gibt es Busausflüge mit geländegängigen Fahrzeugen in das Gletschertal Þórsmörk mit seiner wunderschönen Natur. Das Tal liegt zwischen den Gletschern Tindfjallajökull und Eyjafjallajökull, der 2010 ausbrach.

Am Ausgang des Tals von Þórsmörk liegt der über 60 Meter hohe Seljalandsfoss, hinter dem man durchspazieren kann. Durch den Wasservorhang lässt sich so die Landschaft betrachten. Vor der Küste liegen die vulkanischen Westmänner-Inseln.

Von der Ringstraße auf der Straße 242 nach Seljavellir abzuzweigen lohnt sich. Vom Endpunkt der Straße sind es vorbei an Basaltsäulen und durch ein Flussbett auf einem Pfad etwa 15 Minuten bis zum antiquierten Warmbad Seljavallalaug.

Etwas weiter auf der Ringstraße 1 ist der große Skógafoss mit dem Auto bequem zu erreichen. Vor

Oben: Glaumbær ist ein typischer islandischer Torfhof.

Linke Seite oben: Die Hallgrímskirkja ist das Wahrzeichen Reykjavíks.

Linke Seite unten: In der »Blauen Lagune« passt jedes Wetter.

Links: Die donnernden Wasser des Dettifoss

Rechts: Die Gletscherlagune Jökulsárlón wird mit Amphibienfahrzeugen erkundet.

Vík í Mýrdal an der Südspitze Islands zählt der Strand Dyrhólaey aus schwarzem Lavasand auf jeden Fall zu den schönsten Stränden der Welt. Der Halbinsel Dyrhólaey vorgelagert stehen drei schwarze Felsnadeln im Meer. Gemäß einer Sage sind dies drei versteinerte Trolle. In diesem Vogelschutzgebiet gibt es auch wieder die putzigen Papageientaucher zu sehen.

RIESIGE SANDER UND MAGISCHE GLETSCHERLAGUNE

Der höchst fotogene Systrafoss (Schwesternfall) ist schon von der Straße aus zu sehen. Hier befindet man sich nun auch im Gebiet der großen Sander vor der Kulisse der Gletscher. Kies, Sand und Geröll aus dem Gletscherabfluss des über 12 000 Quadratkilometer großen Vatnajökull Nationalparks breiten sich über große Ebenen aus und machen auch gelegentlich die Straße unpassierbar.

Der Svartifoss (schwarzer Wasserfall) liegt noch im Skaftafell-Nationalpark, der dem Vatnajökull-Nationalpark eingegliedert wurde. Das Besondere dieses Wasserfalls sind die umgebenden Basaltsäulen, über die das Wasser hinunterstürzt. Vom Skaftafell Campingplatz ist es eine etwa 30 Minuten dauernde Wanderung bis zum Svartifoss. Am Ausgangspunkt befindet sich auch das Vatnajökull-Nationalpark-Center. Hier können unterschiedliche Touren auf das 900 Meter dicke Eis des Vatnajökull-Gletschers gebucht werden.

Die Gletscherlagune Jökulsárlón ist weltberühmt. Nirgends auf Island kommen die Besucher den treibenden Eisbergen so nah. Verschiedene Farbreflexionen des Eises erzeugen eine fantastische Welt. Auf Wanderwegen um die Lagune sind die Eisberge und im Wasser lebende Robben zu beobachten. Der Höhepunkt ist eine Fahrt mit dem Amphibienfahrzeug zwischen den Eisbergen. Dieses Erlebnis zieht die Menschen unweigerlich magisch in seinen Bann.

In Seyðisfjörður ist die Rundreise durch wunderbare Landschaften beendet. Die MS Norröna wartet auf die Seereise in Richtung Heimat.

Camping auf Isländisch

TOUR-INFO KOMPAKT

KILOMETER
2400

STRECKENVERLAUF
Seyðisfjörður – Egilsstaðir – Húsavík – Akureyri – Siglufjörður – Glaumbær – Blönduós – Hólmavík – Látrabjarg – Reykjavík – Der Goldene Kreis – Húsafell – Skogar – Vík í Mýrdal – Höfn – Egilsstaðir – Seyðisfjörður

HIGHLIGHTS
Wilde Natur der vulkanischen Landschaft, Europas größter Wasserfall Dettivos, Whale Watching in Húsavík, Mývatn, Thermal Pools, Vogelkolonie Látrabjarg, Reykjavík, Der Goldene Kreis, Gletscherlagune Jökulsárlón

CAMPING- UND STELLPLÄTZE

Egilsstadir Campground, Kaupvangur 17, 700 Egilsstadir, Tel. 00354/470/07 50, www.visitegilsstadir.is, GPS: N65°15'32.6" W14°24'27.9"
Einfacher Kiesplatz mit guten Einrichtungen und Restaurant im Ort.

Húsavík Campground, 640 Húsavík, 00354/823 99 78, GPS: N66°03'07.2" W17°20'40.9"
Einfacher Wiesenplatz mit guter Ausstattung am nördlichen Ende des Ortes an der Küstenstraße.

Myvatn Campground, Rte 1, 660 Myvatn, Tel. 00354/899/62 03, www.myvatnaccommodation.is, GPS: N65°38'26.4" W16°54'42.5"
Terrassierter Wiesenplatz mit guten Einrichtungen am See.

Akureyri Campground, Þórunnarstræti, 600 Akureyri, Tel. 00354/461/22 64, www.hamrar.is, GPS: N65°40'42.9" W18°06'02.1"
Einfache Wiese am Hotel Akureyri in der Ortsmitte.

Hólmavík Campground, Hafnarbraut 25, 510 Hólmavík, Tel. 00354/451/35 60, www.strandabyggd.is, GPS: N65°42'09.0" W21°41'03.9"
Einfacher Wiesenplatz am Schwimmbad mit guter Ausstattung, 700 m vor dem Ort.

Breiðavík Campground, Patreksfjorour, Tel. 00354/456/15 75, www.breidavik.is, GPS: N65°32'57.8" W24°21'06.1"
Simpler Wiesenplatz am Hotel mit einfachsten Einrichtungen, 13 km vor den Vogelfelsen.

Reykjavík Campsite, Sundlaugavegur 32, 105 Reykjavík, Tel. 00354/568/69 44, www.reykjavikcampsite.is, GPS: N64°08'46.6" W21°52'33.5"
Stark frequentierter Stadtplatz mit allen Einrichtungen im nördlichen Stadtgebiet.

Skaftafell Camping, Möðruvellir 4, Möðruvallavegur, Tel. 00354/470/83 00, www.vatnajokulsthjodgardur.is, GPS: N64°00'58.6" W16°58'02.8"
Einfacher Wiesenplatz am Nationalpark-Zentrum mit guten Einrichtungen am Fuß des Gletschers.

TOURIST-INFO

Isländisches Fremdenverkehrsamt, Aðalstræti 2, 101 Reykjavík, Tel. 00354/590/15 50, www.visiticeland.com, www.visitreykjavik.is

Isländische Währung ist die **Isländische Krone**. 1 € = 146,7 ISK (12.2021)

WEST- UND MITTELEUROPA

Links: Bizarre Felsformationen an der Rosengranit-Küste in der Bretagne
Oben: Historische Fassade am Zijdam in Alkmaar
Unten: Reizvolle Boddenlandschaft an der Ostsee

Strand von Zingst mit Seebrücke im Hintergrund

8 DEUTSCHLANDS OSTSEEKÜSTE

Von der Lübecker Bucht bis zur Insel Rügen

Schleswig-Holstein und Mecklenburg-Vorpommern teilen sich den Verlauf der deutschen Ostseeküste. Die abwechslungsreiche Route durch zum Teil noch unberührte Natur gönnt Ihnen viel Raum zur freien Entfaltung. Erkunden Sie Landschaften und genießen Sie die Stille der Orte, die das Wohnmobil-Reisen hier zu etwas ganz Besonderem machen!

Die Route startet am Wohnmobilstellplatz von Travemünde mit seinen großen und gut befestigten Plätzen. Er liegt direkt am Hafen mit Blick auf die Trave und die vorbeifahrenden Schiffe. Schnell ist man zu Fuß in der kleinen Altstadt mit ihren alten Fischerhäusern, wo man auch gut Einkaufen kann. Dieser Stadtteil der Hansestadt Lübeck mit der Halbinsel Priwall trennt den Zugang zur offenen See und schützt den dahinterliegenden Hafen. Vom Schleswiger zum Mecklenburger Ufer gibt es eine Fährverbindung, mit der man einige Kilometer sparen kann. Sie ist für Wohnmobile ohne Gewichtsbeschränkung geeignet. Auf dem Priwall verlief außerdem bis zur Wiedervereinigung die Grenze zwischen BRD und DDR, die auf einem ausgeschilderten Rundgang besichtigt werden kann.

BECKERWITZ – GEHEIMTIPP NATUR

Der nächste Abstecher führt Sie dann von der B 105 an die Wohlenberger Wiek, eine halbrunde Bucht im Südwesten der Wismarer Bucht. Wenn Sie kurz vor Hohen Wieschendorf nach Beckerwitz abbiegen, erhaschen Sie schon einen Blick auf die sanften Wellen der Ostsee. Mutter Natur hat hier ein Stück Paradies stehen gelassen. Das kleine, familiär geführte Ostseecamping Beckerwitz verfügt auf der vorgelagerten Wiese über einen zusätzlichen Wohnmobilstellplatz für die Hochsaison. In der Vorsaison ist »freies Stehen« angesagt, und bei dieser Aussicht kann man gar nicht anders als zu bleiben. Auf einem sechs Kilometer langen Weg entlang und oberhalb des Ostseestrandes umrundet man, oftmals fast ganz für sich, die nördliche Spitze dieser Landzunge.

Am Abend fühlt es sich manchmal an, als befände man sich mitten in einer Werbung für Caravaning. Mit dem Fernglas kann man am Horizont, in der untergehenden Sonne, noch einige der riesigen Fährschiffe erkennen.

ABENDLICHER RUNDGANG DURCH WISMAR

Besonders reizvoll ist ein abendlicher Sommerrundgang durch die schöne Altstadt von Wismar, den man ruhig schon am späten Nachmittag beginnen sollte. Ein Mix quer durch alle Generationen belebt dann die Stadt mit ihren urigen Kneipen und schönen Cafés. Durch die vielen Studenten aus aller Herren Länder ist Wismar erstaunlich jung und aufgeschlossen. Ein Schiffsmodell, das irgendwo im Treppenhaus hängt, die Kneipe Volkskammer oder der Backfisch Maik am Hafenbecken gegenüber dem alten Zollhaus – überall gibt es Dinge, die nur darauf warten, von Ihnen entdeckt zu werden!

Apropos altes Zollhaus: In diesem historischen Gebäude lohnt ein kulinarischer Zwischenstopp. Hier befindet sich das italienische Restaurant Il Casale, das Sie mit Spezialitäten der sizilianischen Küche, Pizza und selbstgemachtem Eis verwöhnt.

Der schöne Stellplatz Wohnmobilpark Westhafen Wismar ist gut besucht, weshalb zur Übernachtung eine Anreise bis Mittag zu empfehlen ist. Die Sehenswürdigkeiten erreicht man von dort zu Fuß innerhalb von nur zehn Minuten.

INSEL POEL

Vom Stellplatz Westhafen geht es auf die L121, die auf direktem Weg zum nächsten Abschnitt der Tour führt: die Insel Poel. Diese Ostseeinsel ist ebenfalls noch Teil der Wismarer Bucht und nimmt mit einer Fläche von 36 km^2 unter den größten deutschen Inseln den siebten Rang ein. Über einen befahrbaren Damm ist sie außerdem mit dem Festland verbunden. In puncto Ruhe und Natur setzt die Insel Poel, ganz abseits der befahrenen Straßen, noch richtig eins obendrauf: Bei geöffnetem Fenster die Insel abzufahren und ihren einmaligen Duft zu atmen, ist wie ein Fest für die Sinne!

SALZHAFF, KÜHLUNGSBORN UND DIE »MOLLI«

Entlang einer schönen Route kommen Sie am Salzhaff und am Leuchtturm Bastorf vorbei. Der 20,8 Meter messende Leuchtturm steht auf einer 78 Meter hohen Erhebung, dem Bastorfer Berg, und befindet sich damit mit seiner »Leuchtfeuerhöhe« nach dem Leuchtturm in Travemünde an zweiter Stelle der deutschen Ostsee-Leuchttürme. Vom Café am Leuchtturm hat man einen tollen Blick über die Ostsee bis nach Kühlungsborn, und darüber hinaus ist die hausgemachte Walnuss-Krokant-Torte auch noch ein wahres Gedicht! Kühlungsborn selbst ist mit ca. 7800 Einwohnern der größte Bade- und Erholungsort Mecklenburgs und liegt direkt an der Mecklenburger Bucht. Der Titel »Seebad« wurde der Stadt 1996 ver-

Links: Der Marktplatz von Wismar

Rechts: Die Seebrücke von Kühlungsborn

liehen. Mit 3150 Metern Länge verfügt das Seebad über eine der längsten Strandpromenaden Deutschlands. Am westlichen Ende zieht sich der breite Sandstrand etwa sechs Kilometer hin, ein Traum für alle, die liebend gerne den Strand entlanglaufen.

Nicht verpassen sollte man eine Fahrt mit der dampfbetriebenen Bäderbahn »Molli« bis nach Bad Doberan. Die Fahrzeit auf der gut 15 Kilometer langen Strecke beträgt circa 40 Minuten. Innerhalb Bad Doberans fährt die Bahn auf Rillenschienen, die im Straßenpflaster liegen, ganz ähnlich wie eine Straßenbahn. Zwischen Heiligendamm und Kühlungsborn führt die Strecke parallel zur Ostseeküste durch die blühenden Rapsfelder.

WARNEMÜNDE, FISCHLAND, DARSS UND DIE INSEL RÜGEN

Wir halten uns treu an die Küstenstraße und kommen nach Warnemünde. Mit dem 150 Meter breiten Sandstrand verfügt das Seeheilbad über den breitesten der deutschen Ostseeküste und ist zugleich Deutschlands bedeutendster Kreuzfahrthafen. Allein die Warnemünder Woche und die Hanse Sail locken jeden Sommer mehr als zwei Millionen Besucher in den Hafen. Der Wohnmobilstellplatz Warnemünde ist zweckmäßig, aber ganz in der Nähe.

Von Warnemünde zur »Hohen Düne« überquert man mit der 40-Tonnen-Fähre bequem und schnell das Wasser. Es sind gerade mal 20 Kilometer, bis man auf dem schmalen Streifen des Fischlands angelangt ist. Sie können zum Beispiel den Wohnmobilstellplatz am Surfcenter Wustrow ansteuern, der sich in direkter Strandnähe befindet. Von dort aus führt ein wunderbarer Spaziergang zur Künstlerkolonie Ahrenshoop.

Damit ist es auch nicht mehr weit bis auf den Darß, der mit seiner unglaublichen Natur wahrlich nicht genug »protzen« kann. Genießen Sie das einmalige Naturschutzgebiet Darßer Ort mit der kleinen Nehrung. Von dort führt übrigens ein schöner, ca. 15 Kilometer langer Küstenradweg bis nach Zingst. Auch mit dem Wohnmobil fahren Sie entlang dieser Route weiter, über das dünn besiedelte Land mit seinen kleinen Ortschaften, bis an den Leuchturm von Barhöft. Dort werden Sie an der nördlichen Landspitze einen genussvollen Abend beim Stellplatz am Hafen verbringen!

Links: Stellplatz am Camping Darßer Ort

Rechts: Die Hafenmole von Warnemünde

Der abschließende Streckenabschnitt führt Sie dann zunächst in die Küstenmetropole Stralsund, deren Altstadt 2002 gemeinsam mit Wismar in die Weltkulturerbeliste der UNESCO aufgenommen wurde. Vom Caravanstellplatz An der Rügenbrücke ist man in nur zehn Minuten zu Fuß in der Altstadt. Über den gleichnamigen Damm kommen Sie dann nach Rügen. Das letzte Ziel ist die südliche Rügen-Halbinsel Mönchgut mit dem Bilderbuchhafen von Gager. Hier zeigt die Route nochmals ihre ganze Stärke und Vielfalt. Vom dortigen Stellplatz kommen Sie entweder zu Fuß an den Strand mit seinen Felsabbrüchen oder, nur wenige Kilometer mit dem Fahrrad, von der Boddenseite her an den langen Ostseestrand. Die Abendsonne spiegelt sich auf dem glatten Wasser, und die Ruhe ist Genuss pur!

TOUR-INFO KOMPAKT

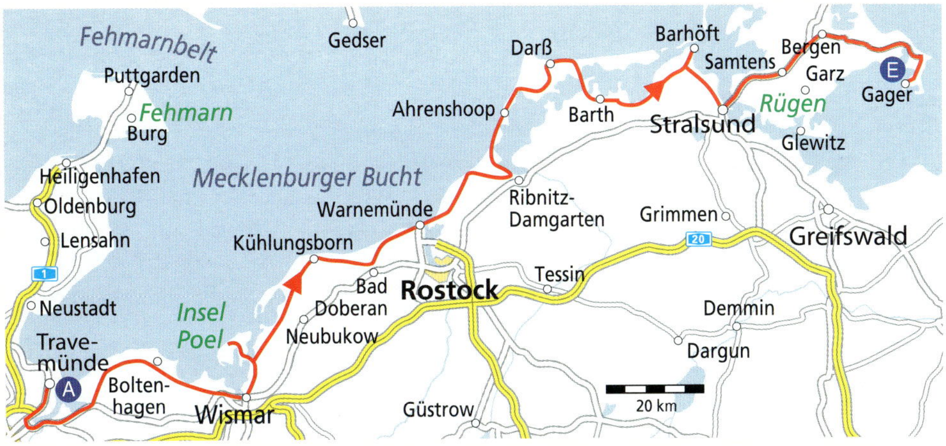

KILOMETER

300

STRECKENVERLAUF

Lübeck-Travemünde – Beckerwitz – Wismar – Insel Poel – Kühlungsborn – Darß – Barhöft – Stralsund – Insel Rügen – Hafen Gager

HIGHLIGHTS

Ehemaliger Grenzverlauf Priwall, UNESCO-Welterbe »Historische Altstädte Stralsund und Wismar«, Insel Poel, Leuchtturm Bastorf, Bäderbahn »Molli«, Hanse Sail Warnemünde, Künstlerkolonie Ahrenshoop, Naturschutzgebiet Darßer Ort, Biossphärenreservat Rügen

CAMPING- UND STELLPLÄTZE

Wohnmobilparkplatz Kowitzberg, Straße »Kowitzberg«, 23570 Lübeck-Travemünde GPS: N53°58'33" E10°52'40"
Der neue Wohnmobilstellplatz ist als Teil eines großen Parkplatzes für 49 Wohnmobile angelegt. Zum Strand sind es nur 400 m und die Buslinie 35 bringt Sie in 7 Minuten direkt in den Ortskern. Ebenfalls führt der Küstenradweg am Platz vorbei.

Ostseecamping Beckerwitz, Ostseestraße 10, 23968 Hohenkirchen (Ortsteil Beckerwitz), Tel. 038428/60265, www.ostseecampingbeckerwitz.de, GPS: N53°56'30" E11°18'58"
Naturnahes Stehen in seiner schönsten Form, ebene Wiesenfläche mit großzügigem Platz, unmittelbar am Strand, nur durch eine kleine Düne getrennt, der Küstenwanderweg führt hier vorbei.

Wohnmobilpark Westhafen Wismar, Schiffbauerdamm 12, 23966 Wismar, Tel. 0172/3905368 (Platzwart), 0172/3884003 (Büro), www.wohnmobilpark-wismar.de, GPS: N53°53'39" E11°27'01"
1 km Fußweg zum Marktplatz, locker angelegter Platz mit viel Raum für Campingausrüstung und Grill.

Wohnmobilstellplatz Warnemünde, Parkstraße 47, 18119 Rostock, Tel. 0381/548170, GPS: N54°10'32.45" E12°3'19.94"
Kostenloser Stellplatz für zehn Wohnmobile auf dem befestigten Parkplatz der Jugendherberge, keine Ver- und Entsorgung.

Wohnmobilstellplatz am Surfcenter Wustrow, An der Nebelstation 2, 18347 Wustrow, Tel. 038220/80250, www.surfcenter-wustrow.de, GPS: N54°20'26.85" E12°22'49.16"
Stellplatz auf asphaltiertem Untergrund für 30 Mobile, auf dem Parkplatz des Surfcenters.

Caravanplatz Hafen Barhöft, Am Hafen 13, 18445 Barhöft, Tel. 038323/531, www.hafen-barhoeft.de, GPS: N54°25'55" E13°01'40"
Angelegter Stellplatz mit 24 Plätzen oberhalb des Hafens mit Sanitäranlagen.

Caravanstellplatz an der Rügenbrücke, Werftstraße 9, 18439 Stralsund, Tel. 03831/6679777, www.caravanstellplatz-ruegenbruecke.de, GPS: N54°18'08" E13°05'54"
Neu angelegter Stellplatz für 40 Mobile, nur zehn Minuten zu Fuß in die Altstadt.

Stellplatz Hafen Gager, Hafen, 18586 Gager/Groß Zicker, Tel. 0152/04102227, GPS: N54°21,2' E13°39,3'
Platz für bis zu acht Wohnmobile direkt an der Kaimauer, vom Hafenmeister erhält man auf Wunsch Strom und Zutritt zu den Sanitäranlagen mit Duschen.

TOURIST-INFO

Tourismusbüro Travemünde, Strandbahnhof Bertlingstraße 21, 23570 Travemünde, Tel. 0451/8899700, www.travemuende-tourismus.de

Tourismusbüro Wismar, Lübsche Straße 23 a, 23966 Wismar, Tel. 03841/19433, www.wismar-tourist.de

Tourismusbüro Stralsund, Alter Markt 9, 18439 Stralsund, Tel. 03831/24690, www.stralsundtourismus.de

9 VON SYLT NACH EMDEN

Viel Strand und viele Inseln

Am nördlichsten Punkt Deutschlands starten Sie hier zu einer Reise, auf der Sie die deutsche Nordseeküste kennenlernen. Es geht auf die nord- und ostfriesischen Inseln und in interessante Museen. Genießen Sie lange Strandspaziergänge und Wanderungen auf grünen Deichen – oder sogar durch das Wattenmeer zu den Inseln der Nordsee.

Sehen Sie sich auf der nördlichsten der deutschen Inseln ruhig noch etwas genauer um, bevor Sie die Reise entlang der deutschen Nordseeküste starten. Spazieren Sie abends gemütlich am Strand von Westerland und beobachten die zahlreichen Vögel im Naturschutzgebiet bei Kampen. Lassen Sie sich am Ellenbogen den Nordseewind um die Nase wehen! Der Ellenbogen ist der nördlichste Teil der Insel Sylt und damit auch der nördlichste Punkt Deutschlands. Hier ist man sogar nördlicher als so manche dänische Stadt, und die deutsch-dänische Grenze befindet sich immerhin 15 Kilometer südlicher als dieser Strandabschnitt.

DIE REISE AN DER DEUTSCHEN NORDSEEKÜSTE BEGINNT IN DÄNEMARK

Über Dänemark reist man ohnehin an und ab, wenn man ein Wohnmobil mit mehr als drei Tonnen Gesamtgewicht oder länger als sechs Meter fährt. Denn die Deutsche Bahn befördert mit dem Shuttlezug auf dem Hindenburgdamm nur noch kleinere Wohnmobile bis zu dieser Größe. Nutzen Sie daher mit größeren Fahrzeugen die Sylt-Fähre von List hinüber nach Havneby auf der dänischen Nachbarinsel Rømø, von wo aus Sie über den Damm das dänische Festland erreichen und auf der Straße 11 nach Schleswig-Holstein gelangen.

Da will man sich am Hafen von Neuharlingersiel doch gleich dazu setzen.

Zurück an der deutschen Nordseeküste haben Sie beispielsweise ab Dagebüll die Möglichkeit, weitere nordfriesische Inseln zu besuchen. Föhr und Amrum liegen südlich von Sylt und sind bequem über eine Fährverbindung erreichbar. Sehenswert ist natürlich ganz besonders die Dünenlandschaft auf Amrum. Sie beginnt an einem See mit Naturlehrpfad im Süden und reicht bis zur zehn Kilometer entfernten Nordspitze der Insel.

Wieder auf dem Festland, geht es südwärts nach Wobbenbüll, wo die Pohnshalligkoogstraße als Damm auf die Halbinsel Nordstrand führt. Diese war bis ins letzte Jahrhundert eine eigenständige Insel, wurde jedoch eingedeicht. Von Nordstrand aus gelangt man ebenfalls mit einer Fähre auf die nächstgelegene Insel. Pellworm ist zwar weniger touristisch als Föhr oder gar Sylt, doch immerhin wird man hier mit einem Wohnmobilstellplatz überrascht, der ruhige Nächte verspricht und nur 400 Meter vom Deich entfernt ist.

Abseits der Inseln erreichen Sie auf dem Festland mit Husum die erste größere Stadt auf dieser Tour. In einer Grünanlage mitten in der Stadt erhebt sich das sogenannte Schloss vor Husum. Es ist das einzige Schloss an der Westküste Schleswig-Holsteins und entstand in der zweiten Hälfte des 16. Jahrhunderts. Zeitweise wurde es sogar als Residenz des dänischen Königshauses genutzt. Umgeben ist das Bauwerk von einem ebenfalls sehenswerten Schlosspark.

Außerdem lohnt sich in Husum auch ein Blick in das Schiffahrtsmuseum, das sich nur mit zwei »f« schreibt und über eine große maritime Ausstellung verfügt. Dazu gehört auch das Freigelände am Husumer Binnenhafen, wo Schiffbautechnik, Anker und Wrackfunde thematisiert werden. Währenddessen erhält man in den vier Etagen des Ziegelsteinbaus zahlreiche Informationen über einen 400 Jahre alten Frachtsegler, über Seezeichen, Schulschiffe und auch über die Schiffswerft in Husum.

MIT DEM WOHNMOBIL AUF DEN STRAND

Über die Bundesstraßen 5 und 202 gelangen Sie in das berühmte Sankt Peter-Ording, wo man in der Zeit von Mitte März bis Oktober gegen Gebühr sogar an drei Stellen den Strand befahren kann. Ein Übernachten am Strand ist zwar nicht erlaubt, doch ist es natürlich ein besonderes Erlebnis, zumindest tagsüber

Links: Der Wohnmobilstellplatz von Harlesiel liegt gleich zwischen Strand und Hafen.

Rechts: Deiche und Schafe prägen die deutsche Nordseeküste.

das Wohnmobil durch die Seitentür verlassen und direkt den Sandstrand betreten zu können. Berühmt ist Sankt Peter-Ording aber auch für die vielen Pfahlbauten, die am Strand in die Höhe ragen. Es gibt sie sowohl für die Badeaufsicht als auch für die Gastronomie. Außerdem existieren Pfahlbauten, auf denen man sich in einem Strandkorb niederlassen kann. Wer es sich zur Aufgabe machen möchte, sämtliche Pfähle zu zählen, wird ungefähr bei der Zahl 4000 ankommen. Prägend für den Ort sind aber auch die Salzwiesen, durch die man genauso schön und lange spazieren kann wie über den weiten Strand von Sankt Peter-Ording.

Über Tönning und Heide gelangt man nach Büsum, ein ebenfalls beliebter Küstenort. Jedoch muss man hier auf weite Sandstrände verzichten, dafür können Sie an begrünten Deichen entlangspazieren. Von denen lässt sich aber genauso gut der Blick auf das Meer genießen. Und auch hier stehen für den sonnenhungrigen Urlauber zahlreiche Strandkörbe zur Verfügung. Am Südrand des Ortes breiten sich die Becken des Hafens aus, der zu den größten der schleswig-holsteinischen Küste gehört. Eines dieser Hafenbecken ist als Museumshafen konzipiert und zeigt verschiedene Schiffstypen, die rund um Büsum im Einsatz waren. Dazu zählen zum Beispiel das Rettungsboot der Deutschen Gesellschaft zur Rettung Schiffbrüchiger oder auch die mehr als einhundert Jahre alten Fischerboote.

Durch die weite Küstenlandschaft hinweg erreichen Sie auf der Bundesstraße 5 Brunsbüttel und damit das nördliche Elbufer. Zahlreiche Fracht- und Kreuzfahrtschiffe fahren hier nur wenige Meter an Ihnen vorbei auf dem Weg zwischen Nordsee und Hamburger Hafen oder durch die Schleusen des Nord-Ostsee-Kanals, der hier sein westliches Ende findet. Der Kanal gilt als die meistbefahrene künstliche Wasserstraße der Welt. Jährlich fahren rund 30 000 Schiffe auf dem 100 Kilometer langen Kanal zwischen Brunsbüttel und der Kieler Förde an der Ostsee. Nicht nur für Wohnmobilisten ist der Nord-Ostsee-Kanal ein beliebter Ort, um »dicke Pötte zu gucken«.

FÄHRÜBERFAHRT AUF DER ELBE

Nur zehn Kilometer entfernt befindet sich der Wohnmobilstellplatz Brokdorf direkt am Elbufer. Er ist über die Bundesstraße 431 sehr leicht zu erreichen. Anschließend überquert man die Mündung des Flusses Stör in die Elbe und gelangt nach Glückstadt. Nach einem Rundgang durch die gemütliche Altstadt, die sich sechseckig um den zentralen Marktplatz erstreckt, überquert man mit der Fähre die Elbe und er-

WATTWANDERN – ABER RICHTIG!

Bei einer Wattwanderung zur Insel Neuwerk ist es enorm wichtig, sich vorher über die Wetterbedingungen und über das Zeitfenster zu informieren, in dem man wandern kann. Durch die Tidenzeit ändert sich dieses täglich. Außerdem sollte man bei guter Kondition sein, da eine Wanderung durch das matschige Watt anstrengender ist, als es scheint. Eine Abkehr von der Wegmarkierung ist zu vermeiden. Unterwegs sollte man sich auch nicht allzu sehr aufhalten, sondern zügigen Schrittes gehen, um die Insel noch rechtzeitig zu erreichen, bevor die Flut kommt und das Wasser damit wieder ansteigt. Tipps und Verhaltensregeln für eine Wattwanderung hält natürlich die örtliche Tourismusinformation bereit.

reicht auf niedersächsischer Seite Wischhafen, wo Sie gleich nach der Ankunft auf der linken Seite einen kleinen Wohnmobilstellplatz zur Übernachtung nutzen können.

Folgen Sie dem Elbufer nun wieder flussabwärts. So gelangen Sie am südlichen Teil der Elbmündung nach Cuxhaven. In der gemütlichen Altstadt sollte man unbedingt einen Blick in das liebevoll und privat geführte Pinguinmuseum werfen, das sich sogar einen Eintrag ins Guinnessbuch der Rekorde verdient hat. Als Wahrzeichen von Cuxhaven gilt die Kugelbake außerhalb des Stadtzentrums. Das hölzerne Seezeichen markiert das Ende des Flusses, womit Sie nun wieder an der Nordsee sind. Gleich gegenüber von Cuxhaven lockt die Insel Neuwerk mit einem Besuch, den man bei entsprechender Witterung und Kondition im Rahmen einer Wattwanderung zu Fuß machen kann. Alternativ wechselt man das Transportmittel und steigt vom Wohnmobil in eine Pferdekutsche, mit der man auf das kleine Eiland gebracht wird.

Über die Autobahn 27 gelangen Sie sehr einfach nach Bremerhaven, wo Sie mit der Fähre die Wesermündung überqueren können oder weiter südlich auf der Bundesstraße 437 das Flussufer wechseln. Bei Varel treffen Sie auf die Autobahn 29 und umrunden den Jadebusen, bis Sie in Wilhelmshaven stehen und die Möglichkeit nutzen können, das Deutsche Marinemuseum zu besichtigen. Mit drei Ausstellungsbereichen beleuchtet es die Geschichte der deutschen Marine seit der Mitte des 19. Jahrhunderts. Das Flaggschiff des Museums – im wahrsten Sinne des Wortes – ist der Zerstörer »Mölders«, der über drei Jahrzehnte im Dienst stand und heute schwimmendes Museumsstück ist.

DIE SIELE IM WANGERLAND UND IN OSTFRIESLAND

Entlang der Küste geht es zunächst nordwärts durch kleine Ortschaften wie Hooksiel und Horumersiel bis Carolinensiel und Harlesiel. Letzteres ist Ausgangs-

Oben: Mit dem Schaufelraddampfer Concordia II über die Harle

Linke Seite oben: Strandkörbe dürfen an Deutschlands Küste nicht fehlen.

Linke Seite unten: Wer durch das Wattenmeer bei Cuxhaven wandert, muss auf die Beschilderung achten.

Beliebt ist der Wohnmobilstellplatz am Cuxhavener Elbufer.

punkt für eine Überfahrt auf die Insel Wangerooge, das westlichste bewohnte Eiland der ostfriesischen Inseln. Es folgen, wie an einer Perlenschnur aufgereiht: Spiekeroog, Langeoog, Baltrum, Norderney, Juist und Borkum. Jede Insel für sich ist ein Kleinod der deutschen Nordseeküste und hat ihren eigenen Charakter. Gemeinsam sind ihnen aber allen die breiten Sandstrände im Norden der Inseln. Borkum und Norderney sind dabei die einzigen, die mit einem Wohnmobil befahren werden dürfen. Die anderen Inseln sind autofrei und bieten daher viel Ruhe und Erholung.

Entlang der Harle kann man zu Fuß zum Sielhafenmuseum nach Carolinensiel spazieren, oder man entscheidet sich für den weitaus längeren, aber einfachen Weg auf dem Deich in das westlich gelegene Neuharlingersiel. Nicht nur bei »Schietwetter«, wie der Einheimische sagen würde, lohnt sich hier der Besuch im kleinen Buddelschiffmuseum, in dem zahlreiche Schiffsmodelle als sogenannte Buddelschiffe in Flaschen zu bestaunen sind. Neuharlingersiel ist darüber hinaus auch der Ausgangspunkt für Touren auf die Insel Spiekeroog, entweder als geführte Wattwanderung oder als Tagesausflug mit dem Schiff. Aber natürlich auch Fahrten mit Krabbenkutter oder zu Seehundbänken werden hier an der ostfriesischen Küste angeboten.

Auf dem Weg nach Norden/Norddeich passiert man weitere idyllische Küstenorte wie Bensersiel, Dornumersiel und Neßmersiel, von wo aus man immer wieder die Ausblicke auf die vorgelagerten Inseln genießen kann.

Bei Greetsiel erhebt sich der berühmte rot-gelbe Pilsumer Leuchtturm, der zu den dortigen Wahrzeichen gezählt wird und große Bekanntheit durch einen der Filme des Komikers Otto Waalkes erhielt. Dieser wurde in Emden geboren, wo er Ende der 1980er-Jahre das sogenannte Otto Huus eröffnete. Gezeigt werden in dem Gebäude auf seine typisch humorvolle Weise Andenken an den ostfriesischen Künstler, und es wird auch an seine Erfolge auf der Bühne und im Film erinnert.

Entweder zu Fuß oder mit der Kutsche durch das Watt zur Insel Neuwerk

TOUR-INFO KOMPAKT

KILOMETER
560

STRECKENVERLAUF
Sylt – Rømø – Dagebüll – Nordstrand – Husum – St. Peter-Ording – Büsum – Brunsbüttel – Glückstadt – Cuxhaven – Wilhelmshaven – Harlesiel – Greetsiel – Emden

HIGHLIGHTS
Fähre nach Rømø, Überfahrten nach Föhr, Amrum und Pellworm, Schloss vor Husum und Schiffahrtsmuseum, Strand und Salzwiesen von Sankt Peter-Ording, Büsumer Museumshafen, Nord-Ostsee-Kanal bei Brunsbüttel, Fähre über die Elbe, Pinguinmuseum und Kugelbake in Cuxhaven, Wattwanderung zur Insel Neuwerk, Deutsches Marinemuseum in Wilhelmshaven, ostfriesische Inseln, Buddelschiff-museum, Pilsumer Leuchtturm, Otto Huus in Emden

CAMPING- UND STELLPLÄTZE
Wohnmobilstellplatz Brokdorf, Dorfstraße 53, 25576 Brokdorf, www.brokdorf-elbe.de/tourismus/wohnmobile, GPS: N53°51'51.9" E9°18'59.6"
Direkt am Deich, nur wenige Meter vom Elbufer entfernt.

Wohnmobilstellplatz Cuxhaven, Cassen-Eils-Straße, 27472 Cuxhaven, GPS: N53°52'24.7" E8°42'06.8"
Am Hafen gelegen mit Blick auf die Elbe, einer von mehreren Stellplätzen im Ort.

Wohnmobilstellplatz Harlesiel, Am Harlesiel 20, 26409 Wittmund-Harlesiel, Tel. 04464/94 93 98, GPS: N53°42'35.0" E7°48'33.2"
Gepflasterte Fläche zwischen Hafen und Strand, nur wenige Meter entfernt befindet sich der dazugehörige Campingplatz mit einem weiteren Wohnmobilstellplatz, Ver- und Entsorgung vorhanden. Anmeldung erfolgt in der Rezeption vom Campingplatz.

Wohnmobilstellplatz Greetsiel, Mühlenstraße, Krummhörn-Greetsiel, Tel: 04926/918 80, www.greetsiel.de, GPS: N53°29'53.0" E7°06'14.2"
Stellplatz am Ortsrand, gleich hinter einem Großparkplatz.

TOURIST-INFO
Die Nordsee GmbH, Postfach 2106, 26414 Schortens, Tel. 04421/95 60 99 1, www.die-nordsee.de

Tourismusbüro Sankt Peter-Ording, Badallee 1 und Maleens Knoll 2, Tel. 04863/99 90, www.st-peter-ording.de

Tourismusbüro Wilhelmshaven, Ebertstraße 110, 26382 Wilhelmshaven, Tel. 04421/91 30 00, www.wilhelmshaven-touristik.de

Tourismusbüro Emden, Bahnhofsplatz 11, 26721 Emden, Tel. 04921/97 40 0, www.emden-touristik.de

10 STRÄNDE, WINDMÜHLEN UND MEHR

Von Harlingen nach Vlissingen

Die kilometerlangen Sandstrände an der niederländischen Küste und ihre gute Infrastruktur locken verwöhnte Badeurlauber ebenso an wie Naturliebhaber und Wohnmobilisten. Spannend ist hier besonders, wie sich die Küstenlinie im Laufe der Jahrhunderte verändert hat. Das Ijsselmeer, Den Helder oder der Deltapark zeugen davon!

Harlingen, der Startpunkt dieser Route, ist das Zentrum der niederländischen Krabbenfischerei. Sehenswert ist der alte Stadtkern mit malerischem Hafen, reformierter Kirche, Rathaus und dem Stadtmuseum »Hannemahuis«. Acht Kilometer südlich beginnt der 32 Kilometer lange »Afsluitdijk«, der das IJsselmeer vom Wattenmeer trennt. Ein Museum und ein Infozentrum am Beginn und ein Aussichtsturm auf halber Strecke lohnen für einen Stopp. Bei Den Oever trifft man wieder auf Festland. Ab hier sind es noch etwa 25 Kilometer bis Den Helder, das Tor zur Insel Texel.

HÄFEN, SCHIFFE – UND PUPPEN

Vor etwa 1200 Jahren lag Den Helder noch auf einer Insel, doch durch Dünenverschiebungen erfolgte allmählich eine Angliederung an das Festland. Der Ort kam damals durch den Fisch- und Walfang und seine strategisch günstige Lage zu gewissem Wohlstand. Alle Schiffe, die von den IJsselmeer-Häfen hinaus auf die Nordsee wollten, nutzten diesen Hafen. Heute ist die wichtigste Einnahmequelle der Tourismus.

Nur ein paar Kilometer entfernt liegt das frühere Walfischfängerdorf Huisduinen. Interessant ist hier das Fort Kijkduin, das 1811 von Napoleon erbaut wurde. Eine Ausstellung zeigt die Geschichte des Forts. In einem Teil der Anlage wurde das Zee Aquarium eingerichtet. Außerdem gibt es noch ein Käthe-Kruse-Puppenmuseum sowie den nautischen Themenpark Cape Holland zu sehen. Blickfänger ist dort das Schiff *Prinz Willem*, ein Nachbau des größten Schiffes der historischen Niederländische Ostindien-Kompanie.

Eine Meisterleistung der niederländischen Ingenieurskunst, der Afsluitdijk

WUNDERBARE DÜNENWELT

Der Küstenweg von Den Helder nach Alkmaar ist gespickt mit Campingplätzen und Badeorten wie Callantsoog, das sich mit dem Museumsgehöft Tante Jaantje, der höchsten Düne von Nordholland, de Seinpost, und mit dem Naturgebiet 't Zwanenwater für einen Stopp lohnt. Südlich von Callantsoog verbreitern sich die Dünen enorm. Direkt dahinter liegt der Ferienort Sint Maartenszee und an seinem Rand das Naturreservat Het Wildrijk, bekannt für seine wilden Hyazinthen und das Duinrellenproject, das die Gegend mit Trinkwasser versorgt. Fast nur einen Steinwurf entfernt liegen Petten und Camperduin. Hier grenzt der Nationalpark Schoorlse Duinen an, der viele Rad- und Wanderwege besitzt.

KÄSE IN HOLLAND

Kunst und Architektur finden Sie in Bergen, dem »Mont Martre der Niederlande«. Seit etwa 1900 haben sich hier Künstler niedergelassen, angezogen durch die Ruhe und Natur. Sehenswert sind die Häuser im Architekturstil der Amsterdamer Schule sowie das Museum Kranenburgh. Direkt in den Dünen liegt das Seebad Bergen aan Zee, das 1906 am Reißbrett konstruiert wurde. Ein kleines Seeaquarium sorgt für Abwechslung.

Alkmaar zählt zu den bekanntesten Käsestädten Hollands. Der traditionelle Käsemarkt jeden Freitag ab 10 Uhr lockt jährlich etwa 300 000 Besucher an. Alles zum Thema Käse gibt es im Kaasmuseum in der Waag aus dem 14. Jahrhundert. Grachten mit charakteristischen Zugbrücken, rund 400 historische Gebäude mit stilvollen Innenhöfen, enge Gassen und schmale Einkaufsstraßen verleihen dem Stadtkern eine ganz besondere Atmosphäre. Sehenswert sind das Haus mit der Kugel (Holzgiebel), das Rathaus (16. Jahrhundert) und die Sankt Laurenskirche (Schwalbenorgel). Haben Sie noch Zeit, dann sollten Sie auch einen Blick ins Stedelijkmuseum mit Gemälden alter Meister aus dem 16. und 17. Jahrhundert werfen. Für

Links: Blick auf die historische Altstadt von Haarlem mit der Groten Kerk im Hintergrund

Rechts: Mit viel Geschick und schwer beladen laufenden die Träger während des Käsemarktes in Alkmaar

Links: Einfahrt in den alten Fischerhafen von Vlissingen mit dem Zentrum in Hintergrund

Rechts oben: Eine beliebter Tagesstellplatz für Wohnmobilisten nahe dem Straßenbahnmuseum in Zeeland

Rechts unten: Die Deltawerke schützen seit Jahrzehnten das Hinterland Hollands von der Nordsee.

Musikliebhaber ein Muss: das Beatles-Museum – und für Bierliebhaber: das Museum de Boom in einem Brauereigebäude aus dem 17. Jahrhundert.

VON ALKMAAR NACH HAARLEM

Wieder an der Küstenstraße N 511 erreichen Sie kurz nach Alkmaar Egmond aan Zee, ein ehemaliges Fischerdorf, das sich zu einem schönen Badeort mit Boulevard und breitem Sandstrand entwickelt hat. Landeinwärts gibt es noch Egmond-Binnen, mit einer noch heute bewohnten Abtei, und Egmond aan den Hoef, in dem sich die Ruine des Schlosses des Grafen von Egmond befindet. Wenige Autominuten südlich liegen Castricum und Castricum aan Zee. Im Besucherzentrum De Hoep gibt es Informationen zum Dünenreservat. Der letzte Badeort vor dem Noordzeekanal ist Wijk aan Zee mit dem breitesten Strand der gesamten Küste. Von der Düne Paasduin hat man einen fantastischen Panoramablick! Durch den A 9-Tunnel oder mit der Fähre kommen Sie an das Südufer des Kanals und in die Hafenstadt IJmuiden. Diese ist ein guter Ausgangspunkt für den Besuch des 1250 Hektar großen Nationalparks Zuid-Kennemerland, den man auf Rad- und Wanderwegen erkunden kann. Südlich davon liegt Haarlem, das mit seinen denkmalgeschützten Häusern, Brücken und Grachten zu einem Bummel einlädt. Ein guter Startpunkt ist der Marktplatz mit Rathaus, Hoofdwacht, Grote Kerk, Vishal (Fischhalle) und der Vleeshal (Fleischhalle). Beide Hallen sind heute Außenstellen des lohnenswerten Frans-Hals-Museums.

TYPISCH: TULPEN

Richtung Küste geht Haarlem nahtlos in Bloemendaal aan Zee über. Südlich davon schließt Zandvoort an, einst Fischerdorf, heute eines der größten Seebäder und bekannt wegen der Rennstrecke »Circuit Park Zandvoort«. Dahinter knickt die Uferstraße nach Osten ab, und man gelangt über Heemstede und Bennebroek, wo mit dem Linnaeushof der größte Spielplatz Europas liegt, nach Hillegom und zum Den Hartogh Fordmuseum. Ab Hillegom geht es an die Küste zurück und über Noordwijk aan Zee, einem Badeort mit internationalem Flair, weiter nach Katwijk aan Zee, das an der ursprünglichen Mündung des Rheins liegt. Von beiden Badeorten aus kann man den Keukenhof bei Lisse besuchen, wo jährlich im Frühjahr die Tulpenschau abgehalten wird.

Fahren Sie durch die Dünen weiter nach Wassenaar, einem schmucken Wohnort mit prächtigen Villen und dem Freizeitpark Duinrell. Nur einen Steinwurf entfernt liegt Den Haag, königliche Residenz und politisches Zentrum des Landes. Das Stadtbild ist geprägt von modernen Büro- und Verwaltungsbauten mit viel Glas und Stahl. Sehenswert sind die spätgotische Grote Kerk, das Mauritshuis mit alten Meistern, das Oude Raadhuis, der Rittersaal im Binnenhof, das Botschaftsviertel und Madurodam, eine Miniaturstadt im Maßstab 1:25 mit markanten Bauwerken Hollands.

Fast nahtlos an Den Haag schließt das Seebad Scheveningen an. Blickfänger sind der 400 Meter lange, 1901 erbaute Pier und das prächtige Kurhaus im Jugendstil. Eine weitere Attraktion ist das National Sea Life Center Scheveningen. Über verschiedene kleine Badeorte wie Kijkduin und Monster kommen Sie weiter nach Hoek van Holland, an dessen Rand sich das Sturmflutwehr De Maeslantkering befindet.

DIE PROVINZ ZEELAND

Der erste interessante Stopp in Zeeland ist der Deltapark Neeltje Jans mit dem Informationszentrum der Deltawerke, das größte Schutzprojekt gegen das Meer. Unterwegs können Sie noch das RTM-Museum (Straßenbahnmuseum) besuchen, im schönen Städtchen Burgh-Haamstede einen kurzen Stopp einlegen oder am Strand bei Westenschouwen die Füße in den Sand stecken. Bei Molenperk führt die Straße an die Küste ins ehemalige Künstlerdorf Domburg, wo man sein Wohnmobil direkt am Deich in Strandnähe parken kann. Über das beschauliche Westkapelle gelangen Sie schließlich zum Endpunkt der Route: Vlissingen, wo der malerische Fischerhafen, das Arsenal und das maritime MuZEEum lohnen.

TOUR-INFO KOMPAKT

KILOMETER
440

STRECKENVERLAUF
Harlingen – Den Helder – Alkmaar – Haarlem – Den Haag – Hoek van Holland – Burgh-Hamstede – Vlissingen

HIGHLIGHTS
Alter Stadtkern in Harlingen, Afsluitdijk, Architektur in Bergen, Käsemarkt in Alkmaar, Altstadt von Haarlem und Den Haag, Kurhaus in Scheveningen, Deltapark Neeltje Jans

CAMPING- UND STELLPLÄTZE
De Zeehoeve, Westerzeedijk 45, 8862 PK Harlingen, Tel. 0031/517/41 34 65, www.zeehoeve.nl, GPS: N53°16'30.3" E05°41'66.4"
Großer Campingplatz am Südrand von Harlingen, direkt am Meer, gute Infrastruktur.

't Noorder Sandt, Noorder Sandt 2, 1787 CX Julianadorp aan Zee, Tel. 0031/223/64 12 66, www.noordersandt.nl, GPS: N52°54'22" E04°43'32"
Platz mit großzügiger Bepflanzung, Wiesengelände mit ein paar befestigten Standplätzen.

Tempelhof, Westerweg 2, 1759 JD Callantsoog, Tel. 0031/224/58 15 22, www.tempelhof.nl, GPS: N52°50'48" E04°42'54"
Fünf-Sterne-Platz auf Wiesengrund, beste sanitäre Einrichtungen.

De Liede, Lieoever 68, 2033 AD Haarlem, Tel. 0031/535/86 66, www.campingdeliede.nl, GPS: N52°22'38" E04°40'31"
Etwa 800 m vom Platz gibt es einen Bus (Sowetostraat/Vrijheidsweg) ins Zentrum.

Recreatiecentrum De Zuidduinen, Zuidduinseweg 1, 2225 JS Katwijk aan Zee, Tel. 0031/71/401 47 50, www.zuidduinen.nl, GPS: N52°11'32" E04°23'19"
Kleiner Platz hinter der Düne.

Ginsterveld, Maireweg 10, 4328 GR Burgh-Haamstede, Tel. 0031/111/65 15 90, www.ginsterveld.nl, GPS: N51°42'58.5" E03°43'46.0"
Gepflegter Platz mit guter Infrastruktur.

PARKEN
Zwischen Den Helder und Julianadorp: mehrere Deichparkplätze am Dijkweg; in Alkmaar: P&R links neben dem Bahnhof (N52°38'14" E04°44'17"); entlang der N 57 gibt es einige Tagesparkplätze direkt am Grevelingenmeer.

TOURIST-INFO
Tourismusbüro Harlingen, Grote Bredeplaats 12, Tel. 0031/517/43 02 07, www.harlingenwelkomaanzee.nl

Tourismusbüro Den Helder, Willemsoord 52a, Tel. 0031/223/61 61 00, www.willemsoordbv.nl

Tourismusbüro Bergen, Hoflaan 26, Tel. 0031/72/589 89 27, https://bergenaanzee.org/de/

Tourismusbüro Alkmaar, Waagplein 2, Tel. 0031/511/42 84, www.alkmaarprachtstad.nl

Tourismusbüro Zandvoort, Swaluestraat 1, Zandvoorts Museum, 0031/23/571 79 47, www.visitzandvoort.de

Tourismusbüro Noordwijk, Jan Kroonsplein 4, Museum Noordwijk, Tel. 0031/713/61 93 21, https://www.noordwijk.info

Den Haag Info Store, Spui 68, www.denhaag.com/de

Tourismusbüro Vlissingen, Spuistraat 46, Tel. 0031/118/71 53 20, www.vlissingen.com/de

Zwischen Middelkerke und Oostende

11 DIE BELGISCHE NORDSEEKÜSTE

Erlebnisreicher Wechsel von Dünen und Strand

Die belgische Nordseeküste ist überschaubar. Auf einer Länge von nur 67 Kilometern geizt sie dafür aber ganz und gar nicht mit Natur, Kultur und Gaumenfreuden, die man sonst vielleicht eher in Frankreich vermuten würde. Anziehend ist hier aber vor allem auch die Freundlichkeit der Menschen, für die das Wort »Stress« nicht existiert.

Die Tour beginnt in De Panne an der Grenze zu Frankreich und endet in Knokke-Heist nahe den Niederlanden. Wie auf einer Perlenkette aufgezogen reihen sich dazwischen insgesamt 14 namhafte Badeorte aneinander: etwa alle 4,8 Kilometer berührt ein Badeort, jeder durch seinen eigenen, besonderen Charme und Charakter ausgezeichnet, die Sinne der Urlauber.

DEICHLOS GLÜCKLICH

Im Gegensatz zur niederländischen oder deutschen Nordseeküste gibt es an der belgischen Küste keine Deiche. Man kann hier auf diesen Hochwasserschutz verzichten, weil die Küstenlinie schnell ansteigt und einen natürlichen Flutschutz bietet. Deshalb besitzt die belgische Küste einen fast durchgehenden Sandstrand, nur unterbrochen vom Hafen in Zeebrugge. Das macht auch den einzigartigen Reiz dieses Küstenabschnittes aus: Es ist der Mix aus vielen verschiedenen quirligen Badeorten, breiten Strandpromenaden mit unzähligen Cafés, Restaurants und Geschäften sowie der einzigartigen Dünenlandschaft zwischen den Ortschaften mit breiten, einsamen Sandstränden. Der Küstenbereich ist bestens mit Campingplätzen ausgestattet, und die Anzahl der Wohnmobilstellplätze steigt zusehends.

EINE SENKE IN DEN DÜNEN

Der für deutsche Ohren recht lustig klingende Name des Ortes De Panne soll auf den Begriff »duinpan« zurückgehen, was in etwa so viel heißt wie »Senke in den Dünen«. Die benachbarte Dünenlandschaft wird auch »Flämische Sahara« genannt. Insgesamt laden hier vier Naturschutzgebiete zu verschiedenen Wanderungen ein. Im 2013 neu gestalteten Dünenpark Kykhill, was sich recht drollig mit »vom Berg schauen« übersetzen lässt, spaziert man auf extra angelegten Laufwegen durch die Sanddünen mit ihrem typischen Bewuchs.

Gerade mal 500 Meter vom Ortskern von De Panne nach Osten, in Richtung Koksijde, befindet sich der große Campingplatz Zeepark. Seine Lage direkt in den Dünen mit direktem Zugang zum Strand ist einzigartig!

Im weiteren Verlauf der Strecke müssen Sie sich einfach nur an der Straße N 34 orientieren. Diese verläuft immer, soweit möglich, entlang der Uferlinie.

KURZER AUSFLUG INS HINTERLAND

Nur 15 Kilometer weiter erreichen Sie den nächsten Stopp: Nieuwpoort. Dieser Ort teilt sich auf in Nieuwpoort-Bad und -Stadt. »Stadt« liegt etwas im Landesinneren und besitzt einen schönen alten Ortskern. Gleich in der Nähe kann man wunderbar mit dem Wohnmobil stehen, fußläufig durch die Altstadt schlendern und eines der vielen Restaurants besuchen. Vor allem das Angebot an frischem Fisch überzeugt: Vier große Händler bieten gegenüber dem Fischerhafen eine schier unendliche Auswahl! Zum Strand und dem alten englischen Holzpier sind es nur drei Stationen mit der Küsten-Straßenbahn, die hier »Kusttram« heißt. Sie fährt entlang der ganzen Küste und macht zwischen De Panne und Knokke-Heist 69 Mal Halt. Für zwölf Euro kann man drei Tage nach Herzenslust hin und her fahren. So hat man auch die Option, das Wohnmobil abzustellen und sich bequem chauffieren zu lassen.

MIDDELKERKE UND OOSTENDE

In Middelkerke gibt es zwei schöne Wohnmobilstellplätze, die ganzjährig geöffnet haben, sowie einen feinen, neun Kilometer langen Sandstrand, der in den Sommermonaten größtenteils bewacht ist und sich für Familien mit Kindern besonders gut eignet.

Auf der weiteren Strecke wird die Straße nur durch die Tramschienen vom Meer getrennt. Bei ordentlichem Wind und geöffnetem Fenster kommt die Gischt schon einmal bis in das Wohnmobil! Kurz vor Oostende ragen rechts Kanonenrohre der »Domeine Raversijde« aus den Dünen heraus, ein Teil des Atlantikwalls, eine deutsche Verteidigungsstellung aus dem Zweiten Weltkrieg. Heute ist es ein hochinteressantes Freilichtmuseum, das nachdenklich macht.

Stellen Sie Ihr Wohnmobil auf dem Parkplatz im Jachthafen in Oostende ab, wo man auch über Nacht bleiben darf. Nur die breite Strandpromenade trennt Meer und Stand von den nicht immer idyllischen Hotel- und Appartement-Anlagen, die in den Himmel ragen. Dazwischen stehen aber immer wieder sehr hübsche Jugendstilhäuser und ein äußerst imposantes Bauwerk aus den 1930er-Jahren, das Thermae Palace Hotel mit seinem tollen Säulengang. Für Frühaufsteher ist der Besuch des Fischmarktes am Visserkaai zu empfehlen.

Links: Stellplatz am Camping De Heide in De Haan

Rechts: Am Strand von Middelkerke

VON OOSTENDE NACH BLANKENBERGE

Der Küstenabschnitt des sich östlich anschließenden Oostende ist leider von hohen Appartement-Anlagen und Hotelkomplexen aus den 1960er-Jahren zugebaut. Böse Zungen sprechen hier sogar vom »zweiten Atlantikwall«. Deshalb geht es hier ohne Zwischenstopp einfach weiter nach De Haan, denn das blieb dank strenger Bauauflagen des belgischen Königs aus dem Jahr 1889 vom Bauboom verschont, ganz im Gegenteil: Hier entdeckt man Belle Epoque im Stadtzentrum und entlang der Promenade. Weiße, herrschaftliche Villen und kleine, reizende Ferienhäuser machen dieses Örtchen auf Anhieb liebenswert. Im Zentrum steht das noch ursprüngliche, aus Holz gebaute Trambahnhöfchen, das heute der Kusttram dient. Ringsherum sieht man schmucke Häuser, fast alle mit roten Dächern und hübsch bepflanzten Balkonen. Besonders stolz ist man hier auf den Ehrenbürger Albert Einstein: Er verbrachte hier im Jahr 1933 ein paar Monate im Exil. Ihm zu Ehren befindet sich in der Normandiëlaan eine bronzene Statue. Sein früheres Wohnhaus kann besichtigt werden. Von De Haan nach Wenduine ist es ein Katzensprung. Fahren Sie gleich bis nach Blankenberge, stellen Sie dort Ihr Wohnmobil auf dem Stellplatz Verblijfpark de Wielen neben dem gleichnamigen Campingplatz ab und fahren Sie einfach mit der Kusttram oder dem Fahrrad nach Wenduine zurück.

In Wenduine gäbe es eigentlich nicht viel Besonderes – außer einem Aussichtspunkt. Auf einer 31 Meter hohen Düne steht ein weißer Pavillon mit einem knallroten Dach, der sogenannte Spioenkop, der einen herrlichen Panorama-Ausblick bietet.

UND ZUM SCHLUSS NACH KNOKKE-HEIST

Weiter geht es auf der Kustlaan N 34 von Blankenberge nach Zeebrugge (auf Deutsch gerne »Seebrügge« genannt). Zeebrugge ist der Hafen, ein Stadtteil und der Strand von Brügge. Der neue Hafen dient als Containerumschlagplatz, Fährhafen nach England und Anlegestelle für Kreuzfahrtschiffe. Daneben befindet sich der alte Hafen, in dem noch ein paar Krab-

Links: Der alte englische Holzpier in Nieuwpoort

Rechts: Frachtschiffe vor der Küste

benkutter liegen. Einen Besuch loht hier außerdem auch das Museum Seafront Zeebrugge in der alten Fischauktionshalle.

Wieder auf der N 34, können Sie nun das letzte »Perlchen« dieser Küste ansteuern, den mondänen Küstenort Knokke-Heist kurz: Knokke. Ob Knokke seinen Reichtum und edlen Schick durch das Spielcasino, das von 1929–1931 erbaut wurde, sowie die Nähe zu den Niederlanden und Deutschland erlangt hat? Vielleicht. Sicher ist, dass die Anzahl der teuren Designer-Boutiquen, Juweliere, Sterne-Restaurants und Champagner-Bars so enorm ist, dass man meinen könnt, an der Côte d'Azur oder in Monaco zu sein.

Der Wohnmobilstellplatz am Camping Holiday liegt am Ortsausgang von Knokke, aber fußläufig zum Zentrum und zur Endhaltestelle der Kusttram.

TOUR-INFO KOMPAKT

KILOMETER

90

STRECKENVERLAUF

De Panne – Oostduinkerke/Koksijde – Nieuwpoort – Westende – Middelkerke – Oostende – Bredene – De Haan – Wenduine – Blankenberge – Zeebrügge – Knokke-Heist

HIGHLIGHTS

Kusttram, Domeine Raversijde, Fischmarkt Oostende, Jahrhundertwendehäuser De Haan, Düne »Hoge Blekker« Koksijde, Sandskulpturenfestival Blankenberge (Juli-September), Spioenkop Wenduine, Museum Seafront Zeebrugge

CAMPING- UND STELLPLÄTZE

Camping Zeepark, Nieuwpoortlaan 149, 8660 De Panne, Tel. 0032/58 42 01 38, www.zeepark.be, GPS: N51°06'22" E2°36'06"
Einmalige Lage direkt am Strand hinter den Dünen, keine Straße stört das Vergnügen.

Stellplatz Nieuwpoort, Brugse Steenweg 29, 8620 Nieuwpoort, Tel. 0032/474 66 95 26, GPS: N51°07'47" E02°45'54"
Angelegtes Areal für 28 Mobile auf Rasengittersteinen an einem Gartenbaubetrieb, ganzjährig nutzbar.

Camperpark Westende, Heidestraat 18, 8434 Middelkerke, Tel. 0032/58 23 32 54, www.kemperparkwestende.de, GPS: N51°09'21.1" E2°45'58.6"
Neu angelegter Stellplatz mit großen Plätzen auf Asphalt/Wiesenstücken und neuen Sanitärgebäuden.

Wohnmobilstellplatz Oostende, Zinnialaan 8400, Oostende, www.oostende.be, GPS: N51°13'25" E02°55'14"
Einfacher Platz, toll gelegen zu Hafen und Stadt, max. Aufenthalt 24 Stunden.

Camping De Heide, Driftweg 210a, 8420 De Haan, Tel. 0032/59 23 77 65, www.deheide.be, GPS: N51°15'25" E2°59'28"
Sehr ruhig, der Fußweg zur Innenstadt beträgt nur zehn Minuten, fünf Minuten zur Kusttram.

Campingplatz Verblijfpark De Wielen, Zeebruggelaan 135, 8370 Blankenberge, Tel. 050/41 22 67, www.dewielen.be, GPS: N51°18'40" E3°09'06"
Auf einer schönen Wiese gelegen, viel Platz für die Campingausrüstung, und der Spielplatz für Kinder ist in Sichtweite.

Wohnmobilstellplatz Zeebrugge, Paardenmarkt-straat/Graaf-Jansdijk-Straat, Haven, 8380 Zeebrügge, Tel. 0032/50 44 46 46, GPS: N51°20'07" E03°12'20"
Gebührenfreier Stellplatz für 16 Mobile am Leuchtturm, einfacher Platz ohne Ver- und Entsorgung für alle, die gerne über Nacht bleiben möchten.

Wohnmobilstellplatz am Holiday Village Knokke, Natiënlaan 70–72, 8300 Knokke-Heist, Tel. 0032/50 60 12 03, www.holidayknokke.be, GPS: N51°20'10" E3°17'20"
Liegt weg vom Verkehr im hinteren Teil einer befestigten Wiese, großzügige Sanitäranlagen.

TOURIST-INFO

Tourismusbüro Oostende, Monacoplein 2–9, 8400 Oostende, Tel. 0032/59 70 11 99, www.visitoostende.be

Tourismusbüro Knokke, Zeedijk-Knokke 660, 8300 Knokke-Heist, Tel. 0032/50 63 03 80, www.myknokke-heist.be

Tourismusbüro De Panne, Zeelaan 21, 8660 De Panne, Tel. 0032/58 42 18 18, www.toerisme.depanne.be

12 INSELHOPPING IM ATLANTIK

Von den Orkneys zu den Hebriden

Die Route führt von den Orkney-Inseln in die Einsamkeit und Ruhe der Highlands, und dann zu den Äußeren Hebriden. Einsame Straßen, rauer Wind und eine tolle Landschaft prägen hier die Eindrücke von diesem Teil Schottlands. Immer wieder stößt man auf Wanderwege und Schutzgebiete, in denen man sich stundenlang der Vogel- und Wildtierbeobachtung hingeben kann.

Die bedeutendsten Kulturdenkmale der Orkney-Inseln befinden sich auf Mainland und wurden 1999 in die UNESCO-Welterbeliste aufgenommen. Beim »Heart of Neolithic Orkney« handelt es sich um mehrere Fundstücke, die älter sind als das bekanntere Stonehenge im Süden Englands. Zu ihnen gehören zum Beispiel die »Stones of Stenness« direkt am Ufer des Loch of Stenness. Die Steine bilden aufrecht stehend einen Kreis und sind bis zu 5,70 Meter hoch. Folgt man der B 9055 zwischen dem Loch of Stenness und dem Loch of Harray nach Norden, sieht man schon nach wenigen Augenblicken weitere Steine auf der linken Seite. Sie bilden den Ring von Brodgar. Er ist einige Jahrhunderte jünger als die Steine von Stenness, aber trotzdem vermutlich älter als Stonehenge und vor allem größer, denn der Durchmesser des Steinrings beträgt etwas über 100 Meter.

Im Südwesten von Mainland erreicht man mit Stromness die zweitgrößte Stadt der Orkneys. Von der gemütlichen Stadt mit ihrer Victoria Street führt die Route mit der Fähre zum schottischen Festland nach Scrabster, wo Sie auf der Schnellstraße M 9 nach wenigen Augenblicken Thurso erreichen.

VON HÖHLEN, VOGELINSELN UND TEKTONIK

Westlich von Thurso geht es auf der A 836 und der A 838 stets in Küstennähe entlang. Genießen Sie den gelegentlichen Ausblick auf den Atlantik bis zum Parkplatz an der Smoo Cave. Die Höhle befindet sich

Malerischer Campingplatz auf den Orkney-Inseln

am Ende einer 500 Meter langen Bucht und ist sowohl eine Meeres- als auch eine Süßwasserhöhle, da sich von der Landseite her ein Bach durch ein Loch in der Decke in die Höhle ergießt.

Folgen Sie weiter der A 838. Rund acht Kilometer hinter der Abzweigung nach Kinlochbervie geht es nach rechts auf die A 894. Wenig später erreichen Sie die Abzweigung zum Küstenort Tarbet, von wo aus Sie mit einem Schlauchboot auf die Insel Handa übersetzen. Handa ist gerade einmal zweieinhalb Kilometer lang und etwas weniger als zwei Kilometer breit. Im Süden ist die unbewohnte Insel relativ flach und bietet sogar Sandstrände, während sie im Norden ansteigt und mit einigen Steilküsten abrupt endet. Die geschützte Insel wird vom Scottish Wildlife Trust betreut, da hier zahlreiche Meeresvögel in großen Kolonien beheimatet sind. Handa bietet gute Möglichkeiten, Papageitauchern zu begegnen.

Im weiteren Verlauf der Reise durch die schottischen Highlands erreichen Sie die Abzweigung auf die A 835 in Richtung Ullapool, der Sie nach rechts folgen. Sie durchqueren einen Weiler namens Knockan und erleben, wie sich zur Linken steile Felswände erheben. Am Lochan an Ais beginnt an einem Parkplatz ein kurzer, knapp zwei Kilometer langer Rundwanderweg zu einem geologischen Aufschluss. Er wurde im Jahr 1907 entdeckt und gehört zur kaledonischen Gebirgsbildung, bei der sich während der tektonischen Plattenverschiebung die Rumpfgebirge Großbritanniens, Skandinaviens sowie die Appalachen im Osten der USA gebildet haben. Auf dem Rundweg am Knockan Crag wurde ein kleiner Geopark angelegt, in dem die geologischen Vorgänge näher erläutert werden.

Weiter geht es in südlicher Richtung. Sie erreichen mit Ullapool die größte Siedlung in der weiteren Umgebung, obwohl hier gerade einmal rund 1500 Einwohner leben. Die Auswahl an Sehenswürdigkeiten ist in Ullapool überschaubar, doch man hat hier im Supermarkt Tesco ausreichend Möglichkeiten, die Schränke im Wohnmobil wieder mit Vorräten aufzufüllen. An dem wohl schönsten Teil der Stadt befindet sich ein Campingplatz mit direktem Blick auf die Fähren zu den Äußeren Hebriden. Ab Ullapool pendeln

Links: Überdachter Zugang zur Smoo Cave

Rechts: Die Insel Handa ist eine Vogelschutzinsel mit beeindruckenden Steilküsten.

die Schiffe von »Caledonian MacBrayne« mehrmals täglich nach Stornoway.

ÜBERFAHRT ZU DEN ÄUSSEREN HEBRIDEN

Die Reise über die Äußeren Hebriden beginnt nach einer zweieinhalbstündigen Überfahrt nach Stornoway auf der Insel Lewis and Harris, die größte Insel der Hebriden. Auf der gegenüberliegenden Seite der Hafeneinfahrt erhebt sich auf einem bewaldeten Hügel das aus dem 19. Jahrhundert stammende Lews Castle, das als Herrenhaus errichtet wurde und in dem heute ein Museum und ein Kulturzentrum beheimatet sind.

Nördlich von Stornoway ist die Insel relativ flach und wird von einer Heide- und Moorlandschaft dominiert. Richtung Westen, auf der A 858, gelangt man dann zu den »Callanish Stones«, bei denen es sich um eine Anlage aus mehreren Steinsetzungen handelt: Ein zentraler Stein wird von einem Steinring umgeben, auf den wiederum fünf Reihen mit aufrecht stehenden Menhiren zulaufen. Die Menhire wurden vermutlich vor rund 5000 Jahren aufgestellt und brauchen den Vergleich mit Stonehenge in Südengland nicht zu scheuen.

Südlich von Callanish geht die Insel Lewis and Harris in den hügeligen Teil über und besticht mit einer schönen Küstenlandschaft und tollen Blicken auf die Hügel. Die Hauptroute der A 859 verläuft südwärts bis Tarbert, wo man nach Uig auf die Isle of Skye übersetzen könnte.

Auf der nur teilweise zweispurigen A 859 geht es nun weiter gen Süden. Genießen Sie hier einfach die einsame Landschaft der Hebriden! Dabei passieren Sie gelegentlich weite Sandstrände, an denen das Wasser manchmal sogar in türkisfarbenen Tönen an karibische Strände erinnert. Nach einiger Zeit erscheint auf der rechten Seite ein Parkplatz des Seallam Visitor Centre. In dem überschaubaren Gebäude gibt es neben einem kleinen Café eine informative Ausstellung über die Natur und Geschichte der Hebriden. Wenig später erreichen Sie Leverburgh. Hier verlassen Sie Lewis and Harris und setzen mit der Fähre auf die nächste Insel über.

Links: Der Ring of Brodgar gehört zum Weltkulturerbe.

Rechts: Skulptur im Hafen von Stornoway auf den Äußeren Hebriden

Rechte Seite oben: Straße auf den Hebriden

INSELHOPPING IM ATLANTIK

Gleich neben dem Fähranleger auf Berneray befindet sich ein Damm, auf dem man zur nächsten Insel, North Uist, gelangt. Neben der Landschaft und natürlich einer umfassenden Vogelwelt bietet die Insel mehrere archäologische Stätten wie Brochs, Menhire und die »Cairn« genannten Steinhügel. Die A 865 verläuft als Ringstraße einmal um das Zentrum der Insel herum und bringt Sie nach Süden, wo Sie mit einem weiteren Damm auf die Insel Grimsay und kurz darauf auf die Insel Benbecula gelangen.

Südlich von Benbecula erreicht man über einen weiteren Damm die zweitgrößte Insel der Äußeren Hebriden namens South Uist.

Kurz hinter Loch Bì sieht man auf einer Anhöhe zur Linken die neun Meter hohe Marienstatue »Our Lady of the Isles«. Die aus weißem Granit bestehende Madonna hält das Jesuskind auf ihrem Arm, das seine Hand segnend nach oben hält. Ansonsten hält auch South Uist einige vorzeitliche Ausgrabungsstätten bereit. Im Süden der überwiegend flachen Insel gelangen Sie nach Lochboisdale, von wo aus Sie mit der Fähre zur letzten nennenswerten Insel der Äußeren Hebriden, Barra, mit den Ruinen von Kisimut Castle gelangen können.

TOUR-INFO KOMPAKT

KILOMETER

580

STRECKENVERLAUF

Kirkwall – Stromness – Scrabster – Thurso – Durness – Ullapool – Stornoway – Tarbert – Leverburgh – Lochboisdale

HIGHLIGHTS

Weltkulturerbe Heart of Neolithic Orkney mit Stones of Stenness, Thurso Castle, Dunnet Head, Smoo Cave in Durness, Vogelinsel Handa, Knockan Crag, Fähre zu den Äußeren Hebriden, Callanish Stones, Seallam Visitor Centre

CAMPING- UND STELLPLÄTZE

Thurso Bay Caravan & Camping Park, Smith Terrace, Thurso KW14 7JY, Tel. 0044/1847/89 01 55, www.thursobaycamping.co.uk, GPS: N58°35'52.8" W3°31'47.1"
Platz mit Blick auf die Bucht von Thurso, einige wenige Mobilheime sowie größere Wiesen zwischen Steilküste und der Hauptstraße, ein deutscher Supermarkt (Lidl) gegenüber.

Sango Sands Oasis, Sangomore, Durness IV27 4PZ, Tel. 0044/1971/51 17 26, www.sangosands.com, GPS: N58°34'06.9" W4°44'36.0"
Schöner Ausblick auf das Meer, gleich neben dem Durness Besucherzentrum, rund 1,5 km westlich von der Smoo Cave, idealer Ausgangspunkt für eine Wanderung über die Halbinsel.

Broomfield Holiday Park, West Lane, Ullapool IV26 2UT, Tel. 0044/1854/61 20 20, www.broomfieldhp.com, GPS: N57°53'41.5" W5°09'46.8"
Großer Campingplatz direkt an der Küste und in Hafennähe, Einkaufsmöglichkeit (Tesco) in fußläufiger Erreichbarkeit, guter Ausgangspunkt für eine Übernachtung, bevor man auf die Äußeren Hebriden übersetzt.

Balranald Hebridean Holidays, Balranald Nature Reserve, Hougharry, North Uist HS6 5DL, Tel. 0044/1876/51 03 04, www.balranaldhebrideanholidays.com, GPS: N57°36'20.5" W7°31'06.3"
Einfacher Übernachtungsplatz mit zehn Stellflächen inkl. Strom und Sanitärgebäude, ganz im Westen der Insel North Uist.

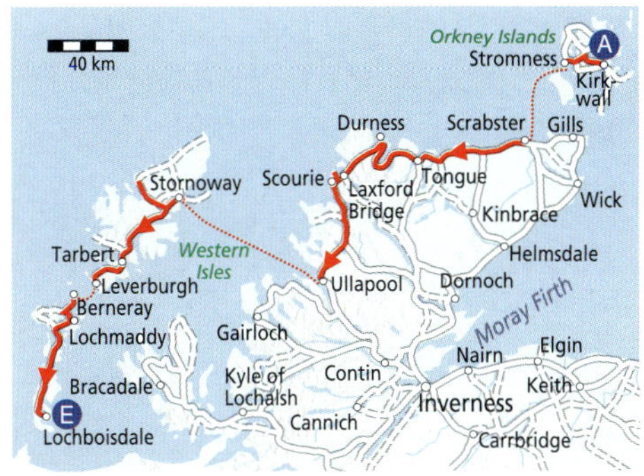

TOURIST-INFO

Tourismusbüro Thurso, Caithness Horizons, High Street, KW14 8AJ, Tel. 0044/1847/89 31 55, www.visitscotland.com

Tourismusbüro Ullapool, 6 Argyle St, IV26 2UB, Tel. 0044/1854/61 24 86, www.visitscotland.com

Tourismusbüro Stornoway, 26 Cromwell Street, Isle of Lewis HS1 2DD, Tel. 0044/1851/70 30 88, www.visitscotland.com

Tourismusbüro Tarbert, Harbour Street, Tarbert PA29 6UD, Tel. 0044/1880/73 91 38, www.visitscotland.com

Hinweis: Keine Mautstrecken, aber mehrere Fährüberfahrten (Orkney-Festland; Festland-Hebriden; innerhalb der Hebriden).

Mit Fähren wie dieser erreicht man die Äußeren Hebriden.

Der Aussichtspunkt Dundee Law ist auch mit dem Wohnmobil erreichbar.

13 DER OSTEN VON SCHOTTLAND

Von Edinburgh nach Inverness

Nach einem ausgiebigen Besuch in der schottischen Hauptstadt Edinburgh führt die Route an der Nordseeküste entlang, wo neben Vogelinseln und dem sehenswerten Dunnottar Castle die Region Speyside mit ihren Whisky-Destillerien lockt. Zum Abschluss der Tour geht es nach Inverness, um im nahegelegenen Loch Ness das berühmte Ungeheuer Nessie zu suchen.

Die berühmteste Sehenswürdigkeit der schottischen Hauptstadt ist Edinburgh Castle, das mehrfach belagert, zerstört und wiederaufgebaut wurde. Daher besteht die Burganlage aus mehreren militärischen Gebäuden, in denen das Scottish National War Museum untergebracht ist, und den New Barracks mit einer Ausstellung über die Royal Scots Dragoon Guards. Dieses einzige schottische Kavallerie-Regiment der britischen Streitkräfte wurde in den 1970er-Jahren durch einen friedvollen Einsatz berühmt, als seine Dudelsackkapelle mit dem Lied »Amazing Grace« die Hitparaden stürmte.

WELTKULTURERBE IN DER SCHOTTISCHEN HAUPTSTADT

Vor dem Castle beginnt die Royal Mile als Teil der Edinburgher Innenstadt, die auf die Liste der Weltkulturerben gesetzt wurde. Abseits der Royal Mile gibt es natürlich noch zahlreiche weitere Sehenswürdigkeiten, wie zum Beispiel die Grünanlage Princes Street Gardens, die sich nördlich der Burg befindet. Folgt man der Princes Street nach Osten, erreicht man an ihrem Ende den Calton Hill. Der Hügel zählt ebenfalls zum Weltkulturerbe und beherbergt verschiedene Monumente und Gebäude. Das bedeutendste hiervon ist zweifellos das National Monument of Scotland. Es wurde in den 1820er-Jahren gestaltet und erinnert optisch an den Parthenon in Athen.

Rund dreieinhalb Kilometer nördlich des Hauptbahnhofs befindet sich der Hafen des Ortsteils Leith mit der einstigen Königlichen Jacht *Britannia*. Sie wurde 1954 durch Queen Elizabeth II. getauft und diente ihr in den nächsten 43 Jahren für fast 700 Auslandsbesuche. Kein Wunder also, dass die Königin sichtlich bewegt war, als in ihrem Beisein die *Britannia* im Jahr

1997 außer Dienst gestellt wurde, und dabei sogar eine Träne vergoss, was bekanntlich sehr selten vorkommt. Mit der Außerdienststellung endete die seit 1660 bestehende Ära der königlichen Jachten.

ÜBERQUERUNG DES FIRTH OF FORTH

Nach Überquerung des Firth of Forth mit einem Blick auf die Eisenbahnbrücke Forth Bridge, einem weiteren Welterbe, erreicht man Dunfermline, das in Schottland für seine Abtei berühmt ist. Seit 1329 liegt hier der Anführer der Schotten, Robert the Bruce, begraben. Der Vierungsturm der Abteikirche wird von einem durchbrochenen Gesims bekrönt, das aus den vier Wörtern »King Robert the Bruce« besteht, eines auf jeder der vier Seiten des Turmes.

In den kleinen Ortschaften Anstruther und Crail entlang der Küstenstraße der Halbinsel Fife haben Sie Gelegenheit, mit einem Schiff auf die Isle of May überzusetzen. Die zwei Kilometer lange Insel steht unter Naturschutz und ist im Westen von steilen Klippen geprägt, in denen zahlreiche Seevögelarten brüten. Rund um ein Besucherzentrum wurden einige Wege angelegt, von denen aus man die Vogelwelt beobachten kann. Ebenso beherbergt das Eiland die Ruinen eines ehemaligen Klosters sowie den ältesten Leuchtturm Schottlands.

Im Norden der Halbinsel befindet sich mit St. Andrews eine Ortschaft, die für den wohl ältesten noch existierenden Golfplatz der Welt bekannt ist. Die »Old Course« genannte 18-Loch-Anlage geht mindestens auf das Jahr 1552 zurück, doch heute sind rund um St. Andrews natürlich zahlreiche Golfclubs anzutreffen.

Nach der Überquerung des River Tay führt die Tour nach Dundee mit dem Dundee Law, einem erloschenen Vulkankegel, den man bereits bei der Anreise von der Brücke aus gut sehen kann, da man direkt auf ihn zufährt. Er ragt bis zu 170 Meter über den Dächern der Stadt hoch und bietet eine wunderbare Rundumsicht.

Links: Auf der Liste der Weltkulturerben steht auch die Eisenbahnbrücke Forth Bridge.

Rechts: Klischeehaft, aber so wird man nun mal in Edinburgh begrüßt.

Oben: Ausblick über Dundee im Osten Schottlands

Rechte Seite: Aberdeen präsentiert sich mit historischen Gebäuden und Bauwerken.

Sehenswert ist auch das hölzerne Forschungsschiff *RRS Discovery* aus dem Jahr 1901 unweit des nördlichen Brückenkopfs. Das Dreimastschiff konnte bei einer Polarreise erst nach Jahren durch Sprengungen aus dem Eis befreit werden.

In Stonehaven befindet sich der Parkplatz für das an der Küste gelegene Dunnottar Castle. Die Ruinen dieser Burganlage liegen auf einem Felsen, der in das Meer hineinragt und vermutlich schon von den Pikten bewohnt war. Sie geben vor der Kulisse der Nordsee ein stimmungsvolles Bild ab und sind ein beliebtes Fotomotiv.

STADTRUNDGANG DURCH ABERDEEN

Ihren Aufschwung hatte die Stadt Aberdeen ab dem 12. Jahrhundert, als die Bürger unter Wilhelm dem Löwen frei handeln und Geschäfte betreiben durften. Die Stadt war mehrfach Schauplatz diverser Kampfhandlungen und Belagerungen, so unter anderem durch Robert the Bruce. Heute ist Aberdeen unter anderem eine der florierendsten Städte Großbritanniens, was nicht zuletzt an der Erschließung einiger Ölfelder in der Nordsee liegt. Ein spezielles Wahrzeichen besitzt die Stadt nicht, daher ist es vielmehr ein gemütlicher Stadtbummel, den man in den modernen Straßen rund um den Castlegate-Platz machen wird. Noch gemütlicher geht es im nördlichen Old Aberdeen zu, wo sich die Saint Machar's Kathedrale befindet und die Straßen der kleinen Altstadt noch mit Kopfsteinpflaster ausgestattet sind. Die beiden Westtürme der Kathedrale sind mit ihren Sandsteinspitzen sehr markant. Doch auch ein Blick in das Innere lohnt sich, um die Holzdecke zu betrachten, an der 48 Wappen in drei Reihen angebracht sind.

EIN EDLER TROPFEN SINGLE-MALT

Besonders Liebhaber des Whiskys werden ihre Freude an der weiter nördlich gelegenen Region Speyside haben. Auf relativ engem Raum befindet sich alleine hier mit knapp 50 Destillerien rund die Hälfte der schottischen Whiskybrennereien. Es geht entweder über kleine Küstenstraßen an den Ortschaften Peterhead und Fraserburgh vorbei oder auf dem direkten Weg über die A 96 in das Herz dieser Whisky-Landschaft. Als Hauptort kann man Dufftown etwas weiter im Landesinneren bezeichnen, denn hier entstanden im 19. Jahrhundert gleich sieben Whiskybrennereien. Rund um den kleinen Platz mit dem Uhrenturm be-

finden sich ein Whiskymuseum und ein Whisky-Geschäft. Am Nordrand von Dufftown liegt die Destillerie Glenfiddich, die eine der bekanntesten Whiskymarken der Welt produziert.

Ostwärts gelangt man weiter nach Inverness, dem Tor zum weltberühmten Loch Ness. Das Schloss erhebt sich am östlichen Ufer des Flusses auf einem kleinen Hügel, wurde jedoch erst in der ersten Hälfte des 19. Jahrhunderts im viktorianischen Stil gebaut. Es ersetzte die mittelalterliche Verteidigungsanlage aus dem 11. Jahrhundert an gleicher Stelle und beherbergt heute das Gericht. Doch eigentliche Sehenswürdigkeit ist das südlich der Stadt gelegene Loch Ness, das in weniger als einer halben Stunde auf der A 82 erreicht wird.

Dieser See ist rund 1500 Meter breit, dafür jedoch bis zu 37 Kilometer lang. Seine Besonderheit ist die Tiefe von immerhin 230 Metern, was ihn zum zweittiefsten See Großbritanniens macht. Der touristisch interessante Teil befindet sich mit der Ortschaft Drumnadrochit und dem Urquhart Castle am westlichen Ufer, ungefähr auf halber Strecke zwischen Nord- und Südzipfel von Loch Ness. Mal sehen, ob Sie das Ungeheuer erspähen können! Was wäre das für ein krönender Abschluss.

TOUR-INFO KOMPAKT

KILOMETER

450

STRECKENVERLAUF

Edinburgh – Dunfermline – Dundee – Stonehaven – Aberdeen – Dufftown – Inverness

HIGHLIGHTS

Altstadt von Edinburgh, Abtei in Dunfermline, Dundee Law und *RRS Discovery* in Dundee, Dunnottar Castle, Old Aberdeen, Whiskymuseum und Destillerie Glenfiddich in Dufftown, Loch Ness

CAMPING- UND STELLPLÄTZE

Edinburgh Caravan Club Site, 35-37 Marine Drive, Edinburgh EH4 5EN, Tel. 0044/131/312 68 74, www.caravanclub.co.uk,
GPS: N55°58'39.4" W3°15'52.9"
Für die Besichtigung von Edinburgh unbedingt zu empfehlen, direkt am Firth of Forth, mit dem Bus in 40 Minuten am Edinburgh Castle.

Mortonhall Caravan and Camping Park, 38 Frogston Road East, Edinburgh EH16 6TJ, Tel. 0044/131/664 15 33, www.meadowhead.co.uk,
GPS: N55°54'11.6" W3°10'50.0"
Ähnlich weit vom Edinburgh Castle entfernt wie der Caravan Club-Campingplatz, allerdings im Süden der Stadt, günstig zur Ringstraße A 720 gelegen.

Stonehaven Queen Elizabeth Park Caravan Club Site, Stonehaven AB39 2RD, Tel. 0044/1569/76 00 88, www.caravanclub.co.uk,
GPS: N56°58'15.3" W2°12'13.2"
Klingt majestätischer als er ist, der Platz befindet sich in einem Wohnviertel und hat keinen direkten Zugang oder freien Blick aufs Meer, obwohl er fast direkt an der Küste ist.

Huntly Castle Caravan Park Caravan Club Site, Huntly AB54 4UJ, Tel. 0044/1466/79 49 99, www.caravanclub.co.uk,
GPS: N57°27'07.8" W2°47'23.3"
Großer Campingplatz, den man sich mit Mobilheimen teilt, wenige Meter von einer historischen Burganlage entfernt, günstig gelegen für Besuche der Destillerien in Speyside.

Loch Ness Shores Camping and Caravanning Club Site, Monument Park Lower, Foyers, Inverness IV26YH, Tel. 0044/1456/48 63 33, http://lochnessshores.com,
GPS: N57°15'17.8" W4°30'00.4"
99 Stellflächen direkt am Seeufer, jedoch auf der etwas aufwendiger zu erreichenden Ostseite.

TOURIST-INFO

Tourismusbüro Edinburgh, 3 Princes Street, Edinburgh EH2 2QP, Tel. 0044/131/473 38 68, www.visitscotland.com

Tourismusbüro Dunfermline, 1 High Street, Dunfermline KY12 7DL, Tel. 0044/1383/72 09 99, www.visitscotland.com

Tourismusbüro Dundee, 16 City Square, Dundee DD1 3BG, Tel. 0044/1382/52 75 27, www.visitscotland.com

Tourismusbüro Speyside, 9a The Square, Huntly AB54 8BR, Tel. 0044/1466/79 22 55, www.visitscotland.com

Tourismusbüro Aberdeen, 23 Union Street, Aberdeen AB11 5BP, Tel. 0044/1224/26 91 80, www.visitscotland.com

Tourismusbüro Inverness, Castle Wynd, Inverness IV2 2BJ, Tel. 0044/1463/25 24 01, www.visitscotland.com

Tourismusbüro Drumnadrochit, The Car Park, Drumnadrochit IV63 6TX, Tel. 0044/1456/45 31 65, www.visitscotland.com

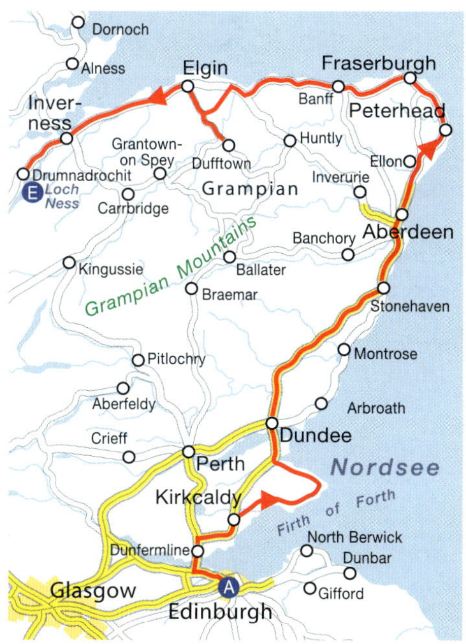

14 AN DER KÜSTE VON WALES

Von Cardiff nach Chester

Die walisische Küste präsentiert zahlreiche Burgen, die auf der Welterbeliste der UNESCO verzeichnet sind. Beinahe schon außergewöhnlich ist eine Flussüberquerung mit einer Schwebefähre. Außerdem geht es zu einer tollen und spannenden Küstenlandschaft mit großer Artenvielfalt wie im Pembrokeshire-Nationalpark oder auf der Insel Holy Island.

Zu den Sehenswürdigkeiten der walisischen Hauptstadt Cardiff zählt das Cardiff Castle, das aus einem Burghügel mit einer Ruine besteht, der wiederum von einer Ringmauer umgeben ist. Östlich von Cardiff befindet sich Newport, das zwar weniger Sehenswürdigkeiten zu bieten hat, aber Technikfreunde haben hier die Möglichkeit, mit einer Schwebefähre den Fluss Usk zu überqueren. Auf der fast 200 Meter langen Strecke können von Mittwoch bis Sonntag bis zu 120 Personen und sechs Pkw mitgenommen werden. Wohnmobile müssen jedoch am Ufer stehen bleiben. Auf der gut zu befahrenden M 4 erreichen wir den Pembrokeshire Nationalpark, in dem zahlreiche Seevögel brüten. Der Park erstreckt sich entlang der gesamten gleichnamigen Küste und beherbergt zahlreiche Sehenswürdigkeiten mit tollen Fotomotiven. Kein Wunder, dass der *National Geographic* diesen Küstenabschnitt im Jahr 2011 zu einem der schönsten der Welt kürte! Alleine um die Naturschönheiten dieses Nationalparks kennenzulernen, würde man mehrere Wochen benötigen. Dazu sollte man dem Pembrokeshire Coast Path folgen. Der 300 Kilometer lange Fernwanderweg verläuft von St. Dogmaels im Norden, immer der Küste folgend, bis Amroth im Süden. Einer der schönsten Abschnitte im Süden beherbergt Steinbögen und malerische Felsbuchten.

AUF SCHLÖSSERTOUR IN WALES

Weiter nördlich liegt in Harlech eine von vier Burgen in Wales, die zum Weltkulturerbe der UNESCO erhoben wurde. Da der Parkplatz am Harlech Castle zu

Über eine steile Treppe gelangt man zur Holy Island im Westen von Wales.

klein ist, empfiehlt es sich, den etwas abseits gelegenen Parkraum in der Straße Parc Bron y Graig zu nutzen. Von dort sind es zu Fuß weniger als zehn Minuten zur Burg. Sie präsentiert sich in ihrer fast quadratischen Bauweise auf einem Felsen oberhalb der Stadt und ermöglicht daher einen wunderbaren Rundumblick über die nahe gelegene Bucht.

Weiter an der Küste erreicht man an der Menaistraße die Ortschaft Caernarfon, wo sich die nächste walisische Burg befindet, die auf der Liste der UNESCO steht. Sie kontrollierte zusammen mit Beaumaris Castle die Schifffahrt in der Meerenge, denn auch Caernarfon Castle befindet sich direkt an der Küste und zudem an der Mündung des kleinen Flusses Afon Seiont.

Ursprünglich bestand die Burg aus einem oberen und einem unteren Burghof, die durch eine Mauer voneinander getrennt waren. Auffällig sind noch heute die sieben massiven Türme, auf denen jeweils noch ein kleinerer Turm aufgesetzt wurde. Lediglich der westlichste Turm besitzt sogar noch drei kleinere Aufbauten. Einen besonders schönen Blick auf die Festung hat man, wenn man über die kleine Fußgängerbrücke über den Fluss Afon Seiont auf das südliche Ufer geht. Im Jahr 1301 war die Burg Schauplatz der Krönung des ersten Prince of Wales. Dieser Titel, den in der Regel die englischen Thronfolger innehaben, wurde zum ersten Mal an den Sohn von Eduard I. verliehen.

ÜBER DIE KETTENBRÜCKE NACH ANGLESEY

Etwas weiter nördlich überspannt die Menai-Kettenbrücke die Meerenge zur Insel Anglesey, die im Westen noch die kleinere Holy Island zum Nachbarn hat. Vom äußersten Westen Holy Islands gelangt man am steilen Fels über 400 Stufen hinab zu einer schmalen Fußgängerbrücke, auf der man das kleine Eiland South Stack betreten kann. Die kargen Felsen an diesem Ort beherbergen mehrere tausend Vogelnester, in denen auch Papageitaucher beobachtet werden können.

Links: Die Altstadt von Conwy ist von einer Stadtmauer umgeben, die bis zur Burg reicht.

Rechts: Zur Abwechslung mit der Schwebefähre über den Fluss

Oben: Zeit zum Picknick findet man an vielen Burgen.

Rechte Seite: Blick von der Insel Anglesey hinüber zum walisischen Festland

Ganz im Osten von Anglesey lädt die Ortschaft Beaumaris zur Besichtigung der Burgruine ein. Beaumaris Castle besteht aus einem quadratischen Innenhof, der von neun Türmen umgeben wird. Um diese Anlage ist eine Ringmauer errichtet worden, die mit einem weiteren Dutzend Türmen aufwartet. Zusammen mit der nur 150 Meter entfernten Menaistraße gibt die Burgruine ein wunderbares Bild, insbesondere beim Blick zurück über die Meerenge, wenn sich auf der Festlandseite von Wales die Berge des Snowdonia-Nationalparks am Horizont abzeichnen.

UNAUSSPRECHLICHE ORTSNAMEN AUF DEN STRASSENSCHILDERN

Bevor der Lauf der Route Anglesey wieder hinter sich lässt, sollte man noch einer Ortschaft einen Besuch abstatten, die in Kurzform »Llanfair« geschrieben wird. Komplett ausgeschrieben lautet der Name jedoch »Llanfairpwllgwyngyllgogerychwyrndrobwllllantysiliogogogoch«. Wer nicht nachzählen möchte: Es sind 58 Buchstaben, die diesen längsten Ortsnamen Europas ergeben. Übersetzt heißt der Ort »Marienkirche (Llanfair) in einer Mulde (pwll) weißer Haseln (gwyn gyll) in der Nähe (ger) eines schnellen Wirbels (chwyrn drobwll) und der Thysiliokirche (llantysilio) bei der roten Höhle (ogo goch)«. Sehenswert ist der kleine Bahnhof von Llanfair, der ein dementsprechend langes Schild am Bahnhofsgebäude und auf dem Bahnsteig präsentiert. Gleich daneben befinden sich die Touristinformation und ein Souvenirladen, in dem der Name natürlich gut vermarktet wird. Wer also die Rückwand seines Wohnmobils mit einem kreativen Ortsnamen schmücken will, findet hier recht breite Autoaufkleber.

An der Nordküste von Wales entlang gelangt man ganz automatisch nach Conwy, wo eine weitere Burg das Stadtbild dominiert. Sie besteht auch aus einer massiven Ringmauer, die von acht Rundtürmen dominiert wird. Im 17. Jahrhundert verfiel die Burg zu einer Ruine und zog bereits im 18. Jahrhundert zahlreiche Besucher und Künstler an, die die stolzen Mauern porträtierten.

Die Ortschaft Conwy ist indes recht überschaubar und wird noch heute von der alten Stadtmauer umrahmt. Sie besitzt mehr als 20 weitere Türme und kann fast auf ihrer kompletten Länge von 1,3 Kilometern begangen werden. Folgt man ihr von der Burg bis zum kleinen Hafen im Norden der Stadt, so kommt man auch zum kleinsten Haus Großbritanniens, das es mit seiner Breite von gerade mal 1,82 Meter ins Guinnessbuch der Rekorde geschafft hat. Bis 1900 wurde es von einem Fischer bewohnt, danach sollte es bereits mehrmals abgerissen werden, was aber immer wieder verhindert werden konnte. Heute kann man es gegen eine geringe Gebühr von

innen besichtigen - aber nur zwei Personen gleichzeitig, mehr passen auf einmal nicht in das Haus.

RUNDGANG DURCH DIE ALTSTADT VON CHESTER

An der Küste weiter entlang gen Osten erreicht man Chester. Diese Stadt liegt genau an der Grenze zu Wales, aber schon auf der englischen Seite. Auch Chester ist heute noch in weiten Teilen von einer massiven Stadtmauer umgeben, die im Wesentlichen aus der Zeit der Römer stammt. Zum damaligen Zeitpunkt war Chester ein Kastell und damit eine der wichtigsten Besiedlungen in England. Neben der Mauer sind auch noch einige weitere römische Spuren in der Stadt zu finden, unter anderem ein kleines, aber interessantes Amphitheater.

Ein spezielles Wahrzeichen bietet die Stadt zwar nicht, doch auffällig sind bei einem Spaziergang durch die Stadt die verandaartigen Vorbauten, die die Häuser auf Höhe der ersten Etage miteinander verbinden. Meistens sind drei, vier Häuser mit solchen Arkadengängen, »Rows« genannt, verbunden, die wiederum nur durch eine Treppe an einem der Häuser erreichbar sind. Somit kann man in den meisten Straßen gleich auf zwei Etagen einen Schaufensterbummel einlegen. Die Rows unterstreichen zusammen mit den gemütlichen Fachwerkhäusern das mittelalterliche Flair dieser Stadt.

TOUR-INFO KOMPAKT

KILOMETER
560

STRECKENVERLAUF
Newport – Cardiff – Pembrokeshire – Harlech – Caernarfon – Beaumaris – Llanfair – Conwy – Chester

HIGHLIGHTS
Schwebefähre Newport, Pembrokeshire Nationalpark, Harlech Castle, Insel Anglesey, Beaumaris Castle, Caernarfon Castle, Conwy Castle, Altstadt von Chester

CAMPING- UND STELLPLÄTZE
Tredegar House Country Park Caravan Club Site, Tredegar House, Coedkernew, Newport NP10 8TW, Tel. 0044/1633/81 56 00, www.caravanclub.co.uk, GPS: N51°33'39.6" W3°01'57.3"
Campingplatz am westlichen Rand von Newport, nach Cardiff nur noch 17,5 km, neben dem Campingplatz erhebt sich das Tredegar House, ein Landhaus aus dem 17. Jahrhundert.

Freshwater East Caravan Club Site, Trewent Hill, Freshwater East, Pembroke SA71 5LJ, Tel. 0044/1646/67 23 41, www.caravanclub.co.uk, GPS: N51°38'42.5" W4°52'19.6"
Langgestreckter Campingplatz an einer kleinen Bucht im Süden der Pembroke-Halbinsel, nur 400 Meter bis zum Wasser.

Merthyr Farm Campsite, Harlech, Gwynedd Wales LL46 2TP, Tel. 0044/1766/78 08 97, www.merthyrfarm.co.uk, GPS: N52°51'59.8" W4°04'45.2"
Enge Zufahrt, aber dafür eine tolle Lage mit traumhafter Aussicht auf die Flussmündung bis Porthmadog, nur 4 km bis Harlech Castle.

White Lodge Caravan Park, White Lodge Penlon, Newborough LL61 6RS, Isle of Anglesey, Tel. 0044/1248/44 02 30, www.whitelodgecaravanpark.com, GPS: N53°09'33.3" W4°20'55.5"
Campingplatz mit Café im Süden der Insel Anglesey.

Stellplatz auf dem Parkplatz am Conwy Castle, GPS: N53°16'44.8" W3°49'40.6"
Nicht schön, aber zweckmäßig.

Stellplatz auf dem Parkplatz am Castle Drive, GPS: N53°11'03.7" W2°53'36.4"
In Chester, von dort ist die historische Altstadt schnell zu Fuß zu erreichen.

TOURIST-INFO
Tourismusbüro Cardiff, Cardiff Castle, Castle Street, Cardiff CF10 3RB, Tel. 0044/2920/87 81 01, www.visitcardiff.com

Conwy Tourist Information Centre, Muriau Buildings, Rose Hill Street, Conwy LL32 8LD, Tel. 0044/1492/57 75 66, www.visitllandudno.org.uk

Visitor Information Centre Chester, Town Hall, Northgate Street, Chester CH1 2HJ, Tel. 0044/845/647 78 68, www.visitchester.com

Segelboote in der Menai Strait, die Anglesey vom Festland trennt

15 DIE KÜSTE IM SÜDEN VON ENGLAND

Von Dover zum Land's End

Gleich bei der Ankunft in Großbritannien kann man den Ausblick auf die weißen Klippen von Dover genießen! Dann geht es weiter zu den Seebädern der englischen Küste, die eng mit der Geschichte Wilhelms des Eroberers in Verbindung stehen. Nach dem Besuch der QE2-Mile in Southampton führt die Tour zur Jurassic Coast und zur zerklüfteten Küste von Cornwall.

Rau, aber schön zeigt sich die Nordküste von Cornwall.

Die Reise entlang der englischen Küste beginnt gleich mit den berühmten weißen Klippen von Dover, die 100 Meter steil abfallen. Entstanden sind diese Kreidefelsen vor rund 80 Millionen Jahren durch Ablagerungen von Skeletten kleiner Meereslebewesen. Da dieser Kalkstein sehr weich ist, sind die Klippen noch heute von Erosion betroffen, und man sollte zur Klippenkante unbedingt ausreichend Abstand halten. Durch ihre Höhe sowie das charakteristische Aussehen gelten sie als eine Art Bollwerk an der Stelle, wo England dem europäischen Festland am nächsten liegt.

Der erste Blick an den Klippen geht natürlich nach unten, wo man auf den Hafen von Dover hinabblickt. In der Ferne erkennt man bei klarer Sicht die Küste Frankreichs und hat einen schönen Eindruck von dem vielen Schiffsverkehr im Ärmelkanal.

AUF DEN SPUREN DER BRITISCHEN GESCHICHTE

Die erste nennenswerte Ortschaft entlang der Küste nach Westen ist Hastings mit einer Jahreszahl, die nicht wegzudenken ist: 1066, das Jahr, als Wilhelm der Eroberer aus der Normandie übersetzte und seinen Eroberungsfeldzug durch England begann. Nach der eintägigen Schlacht von Hastings am 14. Oktober 1066 zog der Herzog der Normannen weiter und wurde bereits zwei Monate später in der Westminster Abbey zum König Wilhelm I. von England gekrönt. Das damalige Schlachtfeld kann in der High Street in

Battle besichtigt werden. Ansonsten ist Hastings das erste Seebad auf dieser England-Reise und besticht mit einem mehrere Kilometer breiten Sandstrand, einer Promenade und einem Pier.

Westlich von Eastbourne lohnt ein Ausflug zum Beachy Head, wo der höchste Kreidefelsen der britischen Insel rund 160 Meter über dem Meeresspiegel emporragt. Zusammen mit dem Leuchtturm, der im Ärmelkanal steht, gibt die weiße Felswand ein tolles Bild ab. Die hoch gelegene Landspitze lässt sich auf mehreren Wanderwegen erkunden. Seit 2011 ist dieses Gebiet Teil des damals gegründeten Nationalparks, der nach der hiesigen Landschaft »South Downs« benannt wurde. Dazu gehören auch die folgenden »Seven Sisters«, die hier am Birling Gap beginnen und sich westwärts bis Seaford erstrecken. Gemeint sind damit sieben Täler, die sich zwischen acht Kuppen der Kliffküste erstrecken. Von Birling Gap aus kann man eine schöne Wanderung über die Klippen bis zur Mündung des Cuckmere Rivers machen, wo man zurückblickend einen wunderbaren Blick auf die sieben Schwestern hat.

INDISCHE ARCHITEKTUR IN BRIGHTON

Auf der A 259 sind es nur noch wenige Kilometer bis Brighton, dem größten und wohl bekanntesten Seebad Englands. Das Hauptaugenmerk richtet man zunächst auf den Brighton Pier. Er wurde Ende des 19. Jahrhunderts erbaut und diente dem Zweck der Unterhaltung. Zu Beginn beherbergte er noch ein Theater und eine Konzerthalle. Heute ist die Unterhaltung etwas anspruchsloser geworden, und auf dem Pier bewegt man sich wie auf einem Kirmesplatz. Brighton verfügt zudem über einige Museen, von denen eines besonders ins Auge sticht: Der Royal Pavilion präsentiert sich in der Mogul-Architektur, die in Europa sonst eher nicht anzutreffen ist. Bekannt ist sie auf dem indischen Subkontinent, besonders durch das weltberühmte Taj Mahal. Mit Kuppeln, Minaretten und deutlicher Symmetrie ist der Royal Pavilion in genau diesem Stil in der ersten Hälfte des 19. Jahrhunderts im Auftrag des damaligen Prince of Wales, dem späteren König Georg IV., erbaut worden. Der asiatische Stil zeigt sich auch in den pompös ausgestatte-

Links: St. Michaels Mount ist bei Ebbe zu Fuß erreichbar.

Rechts: Klassischer kleiner Privat-Campingplatz auf der Isle of Wight

ten Räumlichkeiten, die man besichtigen kann. Gleich um die Ecke, im Garten des Royal Pavilion, befindet sich das Brighton Museum und die Kunstgalerie, die ein ganzes Potpourri aus verschiedenen Epochen und Regionen bereithält.

In Brighton sollte man sich vielleicht doch von der A 259 abwenden, die sich nun mühsam durch die folgenden Küstenstädtchen schlängelt. Zügiger geht es auf der weiter im Landesinneren gelegenen A 27, die Sie nach Portsmouth bringt.

BERÜHMTE SCHIFFE LEGTEN AN DER SÜDKÜSTE ENGLANDS AB

Portsmouth beherbergt mit dem gleichnamigen Marinestützpunkt einen der wichtigsten militärischen Häfen Europas. Schon im 12. Jahrhundert wurden an dieser Stelle auf Geheiß von König Richard Löwenherz Schiffe gebaut. Verschiedene Museen der Stadt befassen sich dementsprechend mit militärischen Themen. Zu nennen wären das Royal Naval Museum, das Royal Marines Museum und das D-Day-Museum, das die Landung der Alliierten in der Normandie beleuchtet. Nicht minder sehenswert sind die Museumsschiffe der Stadt. Bei der *Mary Rose* handelt es sich um ein Kriegsschiff, das im frühen 16. Jahrhundert in Portsmouth gebaut wurde. Nachdem es schon nach drei Jahrzehnten versenkt wurde, konnte es 1982 geborgen und ausgestellt werden. Deutlich frischer wirkt hingegen die HMS *Victory*. Sie ist das älteste Schiff, das sich noch im Marinedienst befindet – und das, obwohl es bereits 1765 gebaut wurde! Der legendäre Admiral Lord Nelson nahm mit diesem Schiff im Jahr 1805 an der Schlacht von Trafalgar teil.

Innerhalb von 45 Minuten erreicht man ab Portsmouth mit der Fährgesellschaft WightLink die vorgelagerte Isle of Wight. Im Osten der Insel befinden sich die Orte Sandown und Shanklin, die beinahe ineinander übergehen und sich als Seebäder mit einem breiten Sandstrand zeigen. Schon Richard Strauss und Charles Darwin entdeckten diese Gegend für sich und verbrachten mehrere Urlaube in Sandown. Das Wahrzeichen der Insel sind jedoch die »Needles«. Hierbei handelt es sich um drei sehr schmale Felseninseln im Westen, die sich über eine Länge von 350 Metern erstrecken und bis zu 27 Meter aus dem Wasser ragen.

Nördlich der Isle of Wight und der Meerenge Solent erstreckt sich eine weitere bedeutende Hafenstadt, die besonders als Startpunkt der Jungfernfahrt der RMS *Titanic* bekannt wurde. Am 10. April 1912 verließ sie Southampton – zum ersten und letzten Mal. Heute erinnern hier zwei Denkmale an die Maschinisten und die Musiker, die angeblich bis zur letzten Minute spielten. Die beiden Denkmale stehen sich am Cumberland Place beinahe gegenüber. Heute wird Southampton ungefähr alle zwei Wochen von der

WEIT IN DEN SÜDEN

Auf den typischen kleinen Straßen Englands erreicht man, an den Luftwaffenstützpunkten Culdrose und Predannack vorbei, den südlichsten Punkt der britischen Inseln. Das Wohnmobil lässt man besser auf dem zentralen Parkplatz in der kleinen Ortschaft Lizard stehen, da die Zufahrtsstraße zum Lizard Point nur einspurig ist und keine Ausweichmöglichkeiten für den Gegenverkehr bietet. Der südlichste Punkt Englands ist im Gegensatz zum westlichsten Punkt, Land's End, ganz bescheiden ausgestattet. Der National Trust betreut den Küstenabschnitt, an dem noch nicht einmal eine Markierung diesen Extrempunkt als solchen ausweist. Mit wenigen Schritten erreicht man von Lizard Point den Lizard-Leuchtturm, der noch in Betrieb ist und besichtigt werden kann.

ebenfalls legendären *Queen Mary 2* angesteuert, die hier regelmäßig für ihre Transatlantiküberquerung nach New York ablegt.

KÜSTENSTREIFEN ALS WELTNATURERBE

Die Old Harry Rocks südlich von Poole sind zwei Kreidefelsen am Ende einer Halbinsel, die den Beginn der Jurassic Coast markieren. Diese Küste ist in die Liste der Weltnaturerben der UNESCO eingetragen und besticht durch kleine Buchten, Strände und sehenswerte Felsformationen. Der Name erinnert an das Jura-Zeitalter, in der die meisten geologischen Strukturen des Küstenabschnitts entstanden sind. Herausragend ist die sogenannte Durdle Door bei West Lulworth, ein aus Kalkstein bestehender und ins Meer hineinragender Torbogen. Nach nur wenigen Gehminuten entlang der Küste gelangt man zum Lulworth Cove, einer schönen und kreisrunden Bucht. Nach Westen hin reicht die Jurassic Coast bis zur sogenannten Geoneedle bei Orcombe Point, zwischen Sandy Bay und Exmouth gelegen. Diese »Nadel« ist ein pyramidenförmiger Pfeiler, in den verschiedene Gesteine der Küste eingearbeitet wurden. Als im Jahr 2002 die Jurassic Coast zum Weltnaturerbe erklärt wurde, enthüllte Prinz Charles die Geoneedle höchstselbst.

An Exeter vorbei geht es nun über die A 380 weiter südlich in das Küstenstädtchen Torquay, Geburtsort von Agatha Christie. Bereits im 19. Jahrhundert war Torquay ein beliebter Ort für die Sommerfrische. Torquay ist allerdings weniger für kulturelle Sehenswürdigkeiten bekannt, sondern für Natur: Es präsentiert sich sehr malerisch mit mehreren Stränden und Buchten, die sich zwischen den zahlreichen Hügeln, auf denen die Stadt errichtet wurde, erstrecken.

Westlich vom Dartmoor-Nationalpark mit seinen zahlreichen Wandermöglichkeiten erreichen Sie dann die Grafschaft Cornwall. Dadurch, dass Cornwall praktisch in den Golfstrom hineinragt, ist das Klima hier

Oben: Kilometerlanges Wandern ist an Englands Steilküste möglich.

Linke Seite oben: Der Leuchtturm im Ärmelkanal steht am Beachy Head.

Linke Seite unten: Nach der Ankunft in Dover erst mal zum Besucherzentrum der Weißen Klippen

Links: Fußweg bei Ebbe am St. Michaels Mount

Rechts oben: The Needles liegen ganz im Westen der Isle of Wight.

Rechts unten: Der südlichste Punkt von Großbritannien ist Lizard Point.

teilweise sehr maritim, und nicht selten findet man hier auch Pflanzen, die man eher in südlicheren Gefilden erwarten würde. In der Grafschaft sollte man auch die Nordküste von Cornwall kennenlernen.

MYTHEN UND SAGEN IN CORNWALLS PRACHTVOLLER LANDSCHAFT

Dazu gehört zum Beispiel der sagenumwobene Ort Tintagel. Die dortigen Überreste des Tintagel Castle befinden sich auf einer Halbinsel, die nur durch einen schmalen Übergang mit dem britischen Festland verbunden ist. Vermutlich wurde das Schloss im 13. Jahrhundert erbaut und bereits zwei Jahrhunderte später wieder verfallen lassen. Heute sind noch einige Ruinen erkennbar. Da Tintagel Castle an einer wenig strategischen Lage gebaut wurde, ist die Legende entstanden, dass die Burg dort errichtet worden wäre, wo König Artus gezeugt wurde. Andere Quellen behaupten, hier wäre er nicht gezeugt, sondern geboren worden. Außerdem ist Tintagel Castle einer der Orte, der als Camelot, dem Hof von König Artus, beschrieben wird.

Rund 26 Kilometer Luftlinie südwestlich von Tintagel präsentiert sich der Küstenabschnitt mit einer Steilklippe, die als Höhepunkt die sogenannten Bedruthan Steps bereithält: Zahlreiche massive Felsen liegen wie Stufen unterhalb der Klippe und können bei Ebbe durch eine angelegte Treppe erreicht werden. In der englischen Mythologie soll der Riese Bedruthan diese Felsenstufen erklommen haben.

Auf dem weiteren Weg nach Westen sollte man noch einen Stopp in Marazion einlegen. Schon vom Parkplatz am Ortsrand aus hat man einen tollen Blick auf die Sehenswürdigkeit des Ortes. St. Michael's Mount besteht aus einer Insel, die über einen Damm mit dem Festland verbunden ist und beherbergt eine Kapelle aus dem 15. Jahrhundert. Zu Fuß kann die Insel nur bei Ebbe erreicht werden, ansonsten befindet sich der Damm unter dem Wasserspiegel, und dann bleibt einem nur die Überfahrt mit der Fähre. Der anschließende steile Aufstieg über den kopfsteingepflasterten Weg wird mit einem tollen Ausblick über die Bucht von Penzance belohnt.

Nun sind es nur noch wenige Fahrminuten bis zum legendären Land's End, dem westlichsten Punkt der britischen Hauptinsel. Der hiesige Parkplatz ist kostenpflichtig, doch dafür kann man mit dem Ticket die in den nächsten sieben Tagen jederzeit wieder dort parken. Hinter dem Parkplatz betritt man schließlich eine Art Vergnügungspark mit Besucherzentrum, 4D-Kino, umfangreicher Gastronomie und Andenkenläden. Das hört sich zunächst vielleicht ein wenig abstoßend an, doch wer diesen Rummel hinter sich lässt, lernt einen weiteren schönen Küstenabschnitt Englands kennen. Durch eine wunderbare Heidelandschaft kann man auf gut ausgebauten Wanderwegen oberhalb der Klippen spazieren und die nördlich gelegene Ortschaft Sennen erreichen.

Heidelandschaft am Land's End, soweit das Auge reicht

TOUR-INFO KOMPAKT

KILOMETER

650

STRECKENVERLAUF

Dover – Hastings – Birling Gap – Brighton – Portsmouth – Southampton – Torquay – Tintagel – Marazion – Land's End

HIGHLIGHTS

Weiße Klippen, Schlachtfeld von Hastings, Pier, Royal Pavilion und Aussichtsturm »BritishAirways i360« in Brighton, Museen in Portsmouth, Isle of Wight, Jurassic Coast, Tintagel Castle, Bedruthan Steps, St. Michael's Mount in Marazion, Land's End

CAMPING- UND STELLPLÄTZE

Brighton Caravan Club Site, East Brighton Park, Brighton BN2 5TS, Tel. 0044/1273/62 65 46, www.caravanclub.co.uk, GPS: N50°49'21.1" W0°05'49.7"
Großer Campingplatz mit geräumigen Parzellen am Ostrand von Brighton, rund 4 km vom Pier entfernt, den überwiegenden Teil davon spaziert man am Strand entlang.

Hillhead Caravan Club Site, Hillhead, Brixham TQ5 0HH, Tel. 0044/1803/85 32 04, www.caravanclub.co.uk, GPS: N50°22'12.4" W3°32'41.9"
Campingplatz mit großen asphaltierten Stellflächen, rund 2 km von der Küste entfernt, südlich von Torquay.

Sennen Cove Camping and Caravanning Club Site, Higher Tregiffian Farm, St Buryan, Penzance TR19 6JB, Tel. 0044/1736/87 15 88, www.campingandcaravanningclub.co.uk, GPS: N50°05'23.1" W5°40'09.7"
Stellflächen auf Rasen, bis Land's End sind es noch rund 5 km, bis zum Ort Sennen noch 3 km, von wo aus man gut bis Land's End spazieren kann.

TOURIST-INFO

Dover Visitor Information Centre, Dover Museum, Market Square, Dover CT16 1PH, Tel. 0044/1304/20 10 66, www.whitecliffscountry.org.uk

Hastings Tourist Information Centre, Aquila House, Hastings TN34 3UY, Tel. 0044/1424/45 11 11, www.visit1066country.com

Visitor Information Point Southampton im SeaCity Museum, Havelock Road, Southampton S014 7FY, Tel. (Museum) 0044/23/8083/45 36, www.discoversouthampton.co.uk

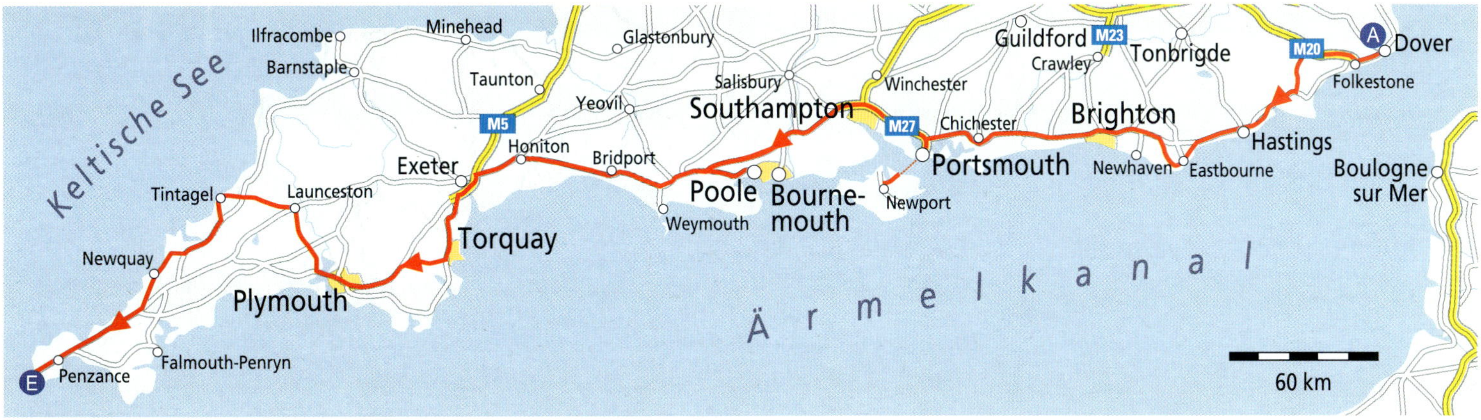

Alter Kern von Carnac, umgeben von Lagunen

16 DIE KÜSTE DER BRETAGNE

Immer eine frische Brise

Magisches Land am Rand Europas: die Bretagne – mal lieblich, mal herb, dabei immer etwas eigenwillig. Der Westzipfel Frankreichs ist reich an Natur- und Kulturschätzen, ihn umweht eine Aura des Geheimnisvollen. »Breizh« nennen die Bretonen ihr salzgetränktes Land. Es klingt wie eine Einladung, ins Abenteuer Bretagne einzutauchen.

Zwei reizende Knirpse mit rotem Schopf und lustigen Sommersprossen auf der Nase hüpfen ausgelassen hin und her. Es scheint, als wollten sie, ausgerüstet mit bunten Schaufeln und Eimerchen, den Strand für sich alleine in Besitz nehmen. Das kann man gut nachfühlen, denn der Plage de Légnèse in Carnac an der bretonischen Südküste ist in der Tat ein hinreißend schönes Fleckchen Erde: Aus dem puderzuckerfeinen, perlmuttschimmernden Sand ragen immer wieder seltsam geformte Granitsteine hervor.

VIELES LIEGT IM DUNKELN

Noch eigenartiger aber wirken die vor Urzeiten von Menschenhand gestalteten Steinsetzungen, die sich am Ortsrand ausbreiten. Die Bedeutung der rund 3000 Menhire (keltisch für »lange Steine«) ist unbekannt. Waren die grob behauenen Blöcke Ausdruck eines religiösen Kultes, oder dienten sie astronomischen Berechnungen? Wie konnten die tonnenschweren »Hinkelsteine« überhaupt transportiert werden? Fragen über Fragen, die kein seriöser Wissenschaftler bislang beantworten kann. Ebenso wenig weiß man, welche bis heute namenlose Zivilisation dahintersteckt. Sie besiedelte vermutlich vor rund 4500 Jahren die Küsten Europas. Womöglich wird die Megalithkultur (von griechisch »megas« für groß und »lithos« für Stein) für immer ein Rätsel bleiben.

Die ominöse Herkunft bietet natürlich auch Stoff für zahllose Legenden: So soll etwa der heilige Cornelius, früherer Oberhirte in Rom, sich strikt geweigert haben, dem antiken Kriegsgott Mars ein Opfer darzubringen, woraufhin er Hals über Kopf in die Bretagne floh. Doch das römische Heer heftete sich an seine Fersen. In seiner Not erbat der Geistliche Beistand vom Christengott. Mit Erfolg: Die Armee erstarrte zu den mysteriösen Ansammlungen.

Große Steine stehen normalerweise in Gruppen, kleine meist geordnet in langen Reihen.

VOM SEGELTUCH ZUR LEINWAND

Weiter geht es zum Badeort Bénodet, der wie Carnac sowohl mit feinen Stränden als auch mit gut geführten Campingplätzen aufwartet. Weitere Stationen am Weg sind die aussichtsreiche Pointe du Raz, die westlichste Landspitze Europas, und das Dorf Locronan, das sich zu den »Schönsten Dörfern Frankreichs« zählen darf. Der Wohlstand des Ortes gründete in der Segeltuchweberei, wovon die eleganten Steinhäuser zeugen. Der Ort diente des Öfteren als Filmkulisse, wie etwa in »Tess« von Roman Polanski. Die prächtigen Glasfenster in der Kirche (15. Jahrhundert) erzählen vom heiligen Ronan, der als Eremit in den Wäldern lebte. Man schreibt ihm viele Wunder und die Erfindung der Webkunst zu. Jedes Jahr am zweiten Sonntag im Juni findet eine Wallfahrt zu Ehren des Heiligen statt.

Noch beeindruckender als die vorhin besuchte Pointe du Raz sind vielleicht die steilen Felsenklippen auf der benachbarten Halbinsel Crozon: 70 Meter hoch, mit tiefen Schluchten und engen Buchten. Hier kocht das Meer. Selbst bei Windstille brechen sich die Wellen mit Wucht am Granit, Gischtschleier sprühen auf, kurz darauf erreicht der Donnerhall der Brandung jene, die das Naturspektakel von oben fasziniert verfolgen.

GEPRÄGT VON WIND UND WETTER

Während im Südteil eher milde Temperaturen vorherrschen, ist das Klima im Norden der Bretagne deutlich rauer: Trotz der Nähe zum Ärmelkanal mit dem wärmenden Golfstrom weht etwa an der be-

Links: Bauernland Marais de Dol im Nordosten

Rechts: Abendstimmung im Hafen von Bénodet

Links: Bretonische Leckerbissen

Rechts: Die Tour beginnt in Carnac.

Rechte Seite: Große Steine in Gruppen

kannten Côte Granit Rose die meiste Zeit im Jahr ein kühles, böiges Lüftchen – oder zumindest eine frische Brise. Die Winter sind zwar schnee- und frostfrei, doch angenehme Luft- und Wassertemperaturen, die unbeschwerten Badespaß verheißen, wollen sich allenfalls für wenige Tage im Hochsommer einstellen.

Umso mehr hat die felsreiche Küste Wanderern und Naturfreunden zu bieten. Ein besonderes Erlebnis ist der Besuch der Insel Milliau, die dem Hafen von Trébeurden vorgelagert ist. Nur für höchstens drei Stunden täglich zieht sich das Meer so weit zurück, dass sie trockenen Fußes erreichbar ist. Wann, das verraten die Tidenpläne, die im Tourismusbüro erhältlich sind. Über das dicht bewachsene Eiland führen Wege zu herrlichen Aussichtspunkten. Wind- und Kitesurfer schätzen Trébeurden ebenfalls. Sie zieht es in erster Linie an den nördlichen Strand Goaz Treiz, wo vor allem am Nachmittag der Wind zuverlässig bläst.

ALLES ROSA!

Die Gegend ist außerdem sehr reich an kulinarischen Genüssen. Auf den Tisch kommen hauptsächlich Meeresfrüchte wie Jakobsmuscheln oder Riesengarnelen, delikat zubereitet etwa im örtlichen Sterne-Restaurant Manoir de Lan Kerellec. In Trébeurden beginnt auch die besagte Rosengranit-Küste. Sie gilt mit ihren bizarren Felsformationen als der landschaftliche Höhepunkt in der Nord-Bretagne. Zur charakteristischen Farbe des Gesteins trägt unter anderem das Mineral Hämatit bei. Die aufeinandergetürmten Steinkolosse entstanden vor etwa 300 Millionen Jahren, als flüssiges Magma aus dem Erdinneren hervortrat. Am besten lassen sie sich entlang des alten Zöllnerpfades bewundern. Er führt von Perros-Guirec nach Ploumanac'h. Der Weg windet sich von Aussichtspunkt zu Aussichtspunkt – die Suche nach dem noch schöneren Panorama aus Felsen, Meer und Grün macht regelrecht süchtig.

Tausende von Seevögeln, darunter Papageitaucher und Trottellummen, brüten auf den vor Perros-Guirec liegenden Sept-Îles (zu Deutsch »Die sieben Inseln«). Sie sind unbewohnt und stehen seit 1912 unter strengem Naturschutz. Rouzic ist die bekannteste und die am nördlichsten gelegene – man nennt sie auch die »Vogelinsel« (Île aux Oiseaux). Der Basstölpel ist dort mit geschätzten 20 000 Brutpaaren die verbreitetste Art. In der Hochsaison verkehren täglich Ausflugsboote von Perros-Guirec und Ploumanac'h aus zu den Inseln.

KAP DER GUTEN AUSSICHT

Die hohe Sitzposition im Reisemobil beschert an der Côte d'Émeraude, der »Smaragd-Küste«, schon vom

Fahrzeugfenster aus immer wieder fantastische Ausblicke. Eine besonders spektakuläre Strecke führt in großen Schleifen hinaus an die Spitze des Cap Fréhel. Man sollte dennoch nicht versäumen, anzuhalten, um die Aussicht auf die schäumenden Wogen und die weiten Sandbuchten zu Füßen schwindelerregend hoher Klippen wirklich genießen zu können. Diese bestehen aus rotem Sandstein, schwarzem Schiefer und dem bekannten rosa Granit. Riesige Blütenteppiche aus Stechginster und Hyazinthen färben ab Frühjahr die sonst recht kahlen Flächen rings um das Kapende betörend gelb und violett ein.

Viele sagen, dass Saint-Malo die schönste Stadt an der bretonischen Nordküste sei. Stimmt. Der aus der Normandie stammende Schriftsteller Gustave Flaubert (1821-1880) nannte die alte Korsarenstadt eine »Steinkrone auf den Wellen«. Von See aus konnte die Festungsstadt nie erobert werden. Vom begehbaren Mauerring schweift der Blick weit über den Hafen bis zu den Inseln. Austern sind die Hauptattraktion in Cancale. Das Seebad und Fischerstädtchen, unweit östlich von Saint-Malo gelegen, ist seit dem 17. Jahrhundert ein Zentrum der Austernzucht. Die Meerestiere reifen in den weitläufigen Bänken, die hier dem Hafen La Houle vorgelagert sind. Man kann behaupten: Frischer als hier im Ort in einem der zahlreichen Lokale bekommt man sie nirgendwo serviert. Genießen Sie es!

TOUR-INFO KOMPAKT

KILOMETER

578

STRECKENVERLAUF

Carnac – Bénodet – Point du Raz – Locronan – Crozon – Trébeurden – Trégastel-Plage – Perros-Guirec – Cap Fréhel – Saint-Malo – Cancale

HIGHLIGHTS

Carnac: Menhire, Point du Raz: Klippen, Locronan: Ortsbild und Kirche, Trébeurden: Insel Milliau, Trégastel-Plage: Küstenwanderweg, Perros-Guirec: Sept-Îles, Cap Fréhel, Festungsstadt Saint-Malo, Cancale: Austernbänke

CAMPING- UND STELLPLÄTZE

Castle Camping Caravaning La Grande Métairie, Route des Alignements de Kermario, 56342 Carnac, Tel. 0033/2/30 26 02 29, www.lagrandemetairie.com, GPS: N47°35'49" W03°03'38"
Sehr gut ausgestattete Anlage, die Megalith-Felder reichen bis an das Platzgelände.

Camping du Letty, Chemin de Creisanguer, 29950 Bénodet, Tel. 0033/2/98 57 04 69, www.campingduletty-benodet.com, GPS: N47°51'55" W04°05'24"
Luxusplatz mit Sandstrand, Blick aufs Meer und die Glenan-Inseln, Herzstück ist der tropische Aquapark mit Hallenbad, geheiztem Außenbecken, Rutschen, Whirlpools und tropischem Garten.

Plage de Goas Treiz, Corniche de Goaz Treiz, 22560 Trébeurden, Tel. 0033/2/96 23 51 64, www.tourisme-trebeurden.com, GPS: N48°46'56" W03°34'38"
Stellplatz mit Servicestation und Strom auf großem Parkplatz, nur durch die Küstenstraße vom Strand getrennt, weitere Plätze ohne Versorgungseinrichtungen im weitläufigen Badeort.

Yelloh! Village Le Ranolien, Chemin du Skevell, 22700 Ploumanac'h, Tel. 0033/411 32 90 00, sandaya.fr, GPS: N48°49'42" W03°28'31"
Luxuriöser Campingplatz direkt am Zöllnerpfad, Badelandschaft mit Rutschen und Hallenbad, aufwendig gestalteter Minigolfparcours, vielseitiges Gastronomieangebot.

Parking Ville Ballet, Rue des Français Libres, 35260 Cancale, Tel. 0033/2/99 89 63 72, www.ville-cancale.fr, GPS: N48°40'11" W01°51'57"
Stellplatz auf Geländestufen, 300 m vom Meer und 1 km vom Austern-Städtchen entfernt, Ver- und Entsorgungsstation, maximale Aufenthaltsdauer 3 Tage.

TOURIST-INFO

Comité Régional du Tourisme de Bretagne, Rue du Raoul Ponchon 1, 35000 Rennes, Tel. 0033/2/99 28 44 30, www.bretagne-reisen.de

SÜDEUROPA

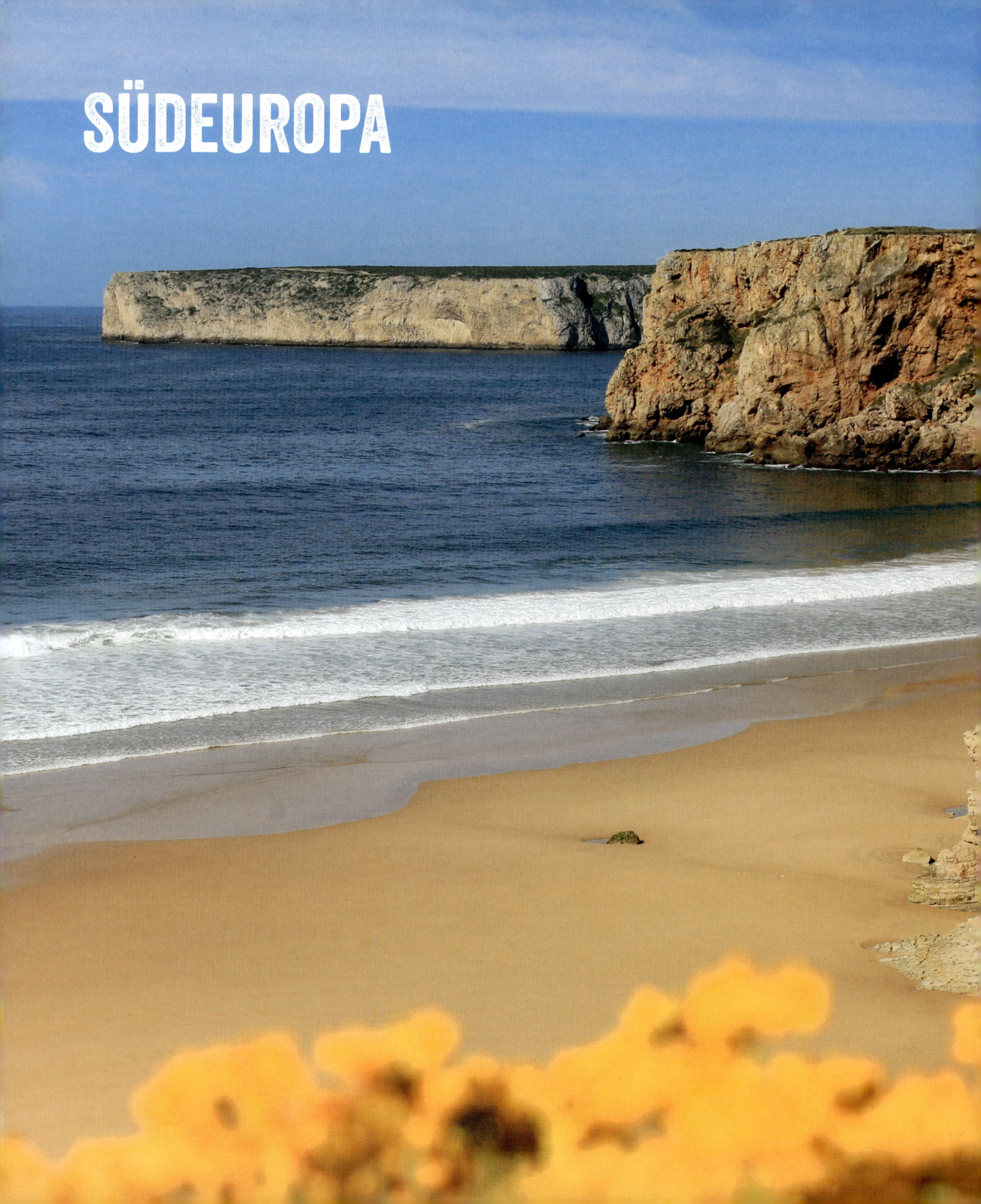

Links: Einsame Strände am Cabo de Sao Vicente
Oben: Farbenfrohe Häuser von Burano
Unten: Gleitschirmflieger über der Bucht von Arcachon an Frankreichs »Silberküste«

17 PORTUGALS ALGARVE

Tief im Westen ...

Vom Fernweh geplagte Reisemobilfahrer zieht es gern an die Algarve, die traumhafte Südküste Portugals. Von dort brachen einst Seefahrer auf, um neue Welten zu entdecken. Ockerfarbene Felsklippen mit kleinen Buchten, aber auch langen Feinsandstränden prägen den Küstenstrich. Die Berge im Hinterland laden zu schönen Wanderungen ein.

Ein Lorbeerbaum, lateinisch »laurus«, gab Loulé vielleicht den Namen. Er soll am Kastell gestanden haben, von dem es heute nur noch Reste gibt. Es ist ohnehin wenig bekannt über die Ursprünge der sympathischen Kleinstadt im Hinterland der Algarve. So ist ungeklärt, ob Karthager oder Römer die Gründer waren. Beinah großstädtisch wirken die Aveniden, Plätze und verkehrsberuhigten Shoppingmeilen. Täglich Trubel herrscht in und um die wunderschöne Markthalle im neomaurischen Stil: Sie wurde 2006 umfassend renoviert. Ein Wallfahrtsweg im Westen von Loulé führt zur Renaissancekapelle Nossa Senhora da Pieda mit weißer Kuppelkirche daneben. Vom Kirchplatz aus genießen Sie einen ersten Rundblick über die Hügellandschaft bis zum Meer.

VERHEERENDE VORKOMMNISSE

Die erste Station an der Küste ist Albufeira. Die Araber nannten den Ort Al-Buhera, was sich mit »Lagune« übersetzen lässt. Der Handel mit Nordafrika war auch der Grund dafür, weshalb sich die Hafenstadt bis zur Mitte des 13. Jahrhunderts prächtig entwickeln konnte. Urplötzlich zum Erliegen kamen die jahrhundertealten Beziehungen nach der Eroberung von Albufeira durch die Ritter des Santiago-Ordens. Eine Flutwelle, ausgelöst durch das große Erdbeben von 1755, riss viele Häuser weg. Heute ist der Ortskern eine große, mit Mosaiken gepflasterte Fußgängerzone. Der örtliche Campingplatz liegt zentrumsnah im Norden der Stadt. Der goldgelbe Sandstrand ist be-

Carvoeiro: Badeort mit Flair

Links: Hafen Alvor mit alter Fischauktionshalle

Rechts: Leuchtturm am Capo de São Vicente

liebtes Terrain zum Joggen oder für ausgedehnte Spaziergänge.

Das Städtchen Carvoeiro zeichnet sich durch seine malerische Lage aus: Die ockergelben Felsen sind hier außergewöhnlich schroff und die feinsandigen Buchten dazwischen ziemlich klein. Am besten steuert man mit dem Reisemobil den »Mirador« im Osten an, denn Carvoeiros Gassen sind bisweilen sogar für normale Autos zu eng. Zu den Höhepunkten einer Algarve-Tour zählt auch der Besuch des bezaubernden alten Fischerdorfs Ferragudo an der Mündung des Rio Arade. Gegenüber liegt zum Greifen nahe die moderne Großstadt Portimão. Daher wirkt die Unversehrtheit der verschlafenen Gassen von Ferragudo umso beeindruckender.

AUSFLUG INS BERGLAND

Für das milde Klima mitverantwortlich ist die Serra de Monchique, die kalte atlantische Winde von Norden her abhält. Ihre höchsten Erhebungen sind Fóia und Picota (902 bzw. 774 Meter). Besonders beliebt sind Wanderungen von Caldes nach Nave auf teils schmalen Pfaden und oftmals mit grandiosen Ausblicken. Monchique, den Hauptort, schätzen viele vor allem wegen seiner Läden, in denen man originelles Kunsthandwerk erwerben kann. Nur hier gibt es noch Stuhlmacher, die eine ungewöhnliche Art von Sitzmöbeln fertigen, auf denen sich bereits römische Kolonialherren bevorzugt niederließen – die Erlenholz-Konstruktion ohne Rückenlehne lässt sich sogar zusammenklappen.

Flinke Hände schneiden im Restaurant Marisqueira »A Lota« in Alvor Chayoten oder gießen feines Olivenöl aus der Region in Pfannen und Formen. Chayote ist ein exotisches, kürbisähnliches Gemüse, das auch an der Algarve gedeiht. Vom Tisch aus können Sie dort den Küchenbetrieb verfolgen, der hinterm Tresen in vollem Gange ist. Auch der Wirt, der auf der Terrasse Fische und Garnelen über offenem Feuer grillt, lässt sich über die Schulter schauen. Er hält sowieso gerne mit jedem ein Schwätzchen. Gäste kürten Alvor wiederholt zum liebenswertesten Dorf an der Algarve. Im Hafen, der an der weiten Bucht von Lagos liegt, gibt

Links: Strahlend weißes Ferragudo

Rechts: Parkplatz oberhalb des Strands bei Sagres

Rechte Seite: Traumhafte Strände ganz im Westen der Algarve bei Sagres

es eine Reihe weiterer empfehlenswerter Lokale. Die Praia de Alvor, der herrlich breite, kilometerlange Sandstrand erstreckt sich beiderseits des Ortes. Die an der Küste sonst häufig grassierende Bauwut ist hier vergleichsweise gering ausgeprägt. Darum findet man ohne Probleme, etwas außerhalb vom Kern, einen Parkplatz für das Reisemobil.

GEPFLEGT AUSGEHEN

Alvor geht vermutlich ebenfalls auf eine Maurengründung zurück – der Ort hieß früher Albur. Die Igreja Matriz ist zwar erst rund 500 Jahre alt, doch die Dorfkirche weist bemerkenswerte manuelinische Elemente auf, wie etwa ein gedrehtes Steinband über dem Altar. Wenn die Sonne glutrot über dem Wasser versinkt, beleben sich rasch Alvors Gässchen, die mit Geschäften und Boutiquen zum ausgiebigen Bummel verführen. Gemütliche Bars sorgen nach dem Essen für einen perfekten Ausklang eines erlebnisreichen Urlaubstags. Als Quartier eignet sich sehr gut der Campingplatz Dourada Alvor, der sich am Ortseingang befindet.

Eine anders geformte, aber ebenso großartige Felslandschaft, genannt »Ponta da Piedade«, erstreckt sich südlich von Lagos. Hohe, teils aus dem Meer ragende rote Klippen mit ausgewaschenen Grotten sowie meist winzigen, türkisfarbenen Badebuchten geben ein bezauberndes Bild. Viele Treppchen führen zu den Stränden hinab, von denen gelegentlich kleine Bootstouren starten. Parkmöglichkeiten gibt es vor allem in der Nebensaison reichlich. Kaum entdeckte Sandbuchten mit bizarren Felsen findet man in der Nähe von Vila do Bispo, darunter die Strände Praia de Ingrina und Praia do Zavial.

KAP DER VIELEN GEHEIMNISSE

Pflichtziel aller Reisemobilfahrer, die den fernen Küstenstrich ansteuern, ist das Cabo São Vicente, der südwestlichste Punkt des europäischen Kontinents. Die felsige Halbinsel ragt weit ins Meer hinaus. Das Ende markiert der stärkste Leuchtturm auf dem Kontinent, dessen Lichtsalven dank Spiegel und Prismen noch in maximal 33 Seemeilen Entfernung zu erkennen sind. Das Kap zieht die Menschen seit alters her magisch an, was 5000 Jahre alte Hünensteine belegen. In der Antike war die Landspitze unter anderem Saturn geweiht, dem römischen Fruchtbarkeitsgott. Später weihten die Christen das mächtige Felsplateau dem heiligen Vincent, einem Märtyrer aus Valencia. Unglaublich steil ragen die bis zu 60 Meter hohen

Klippen aus den Wellen. Die Vegetation besteht vorwiegend aus niedrigen, zerzausten Büschen. Im Frühjahr verwandelt sie sich für einige Wochen in ein leuchtendes Blütenmeer.

Die Ponta de Sagres südlich von Sagres mit der Fortaleza war, so liest man oft, eine Seefahrerschule. Doch ob der Prinz von Sagres - besser bekannt unter dem Namen Heinrich der Seefahrer - tatsächlich hinter den Festungsmauern nautisches Wissen vermittelte, wird wohl nie geklärt werden. Viele Fragen sind offen: Man weiß zum Beispiel nicht, wozu der Steinkreis mit einem Durchmesser von 43 Metern neben der Pforte diente. Er hat 40 unregelmäßige Felder, Windrosen etwa haben aber höchstens 32. Sicher ist, dass der Gelehrte, basierend auf der alten arabischen Wissenschaft der Astronomie, ein Navigationssystem unterrichtete, das in der Folge die Entdeckung ferner Länder erst möglich machte - und dass viele Schiffe hier ihre Reise ins Ungewisse starteten. Tipp für alle Wintermüden: Die Nachbarn auf Camping Sagres berichten, dass die Monate von November bis März ums Kap herum im Allgemeinen erstaunlich windarm, mild und sonnig sind. Trotz einiger verbauter Abschnitte kann man an der Algarve immer noch viel Ursprüngliches entdecken. Je tiefer man in den Westen gelangt, desto intensiver ist das Erlebnis.

TOUR-INFO KOMPAKT

KILOMETER

125

STRECKENVERLAUF

Loulé – Albufeira – Carvoeiro – Ferragudo – Monchique – Alvor – Lagos – Vila do Bispo – Sagres

HIGHLIGHTS

Loulé: Markthalle und Wallfahrtskapelle, Albufeira: Fußgängerzone Rua 5 de Outubre, Praia dos Pescadores, Carvoeiro: Steilküste, Ferragudo: malerischer Dorfkern, Alvor: Hafenrestaurants, Lagos: Ponta da Piedal, Sagres: Festung, Leuchtturm

CAMPING- UND STELLPLÄTZE

Camping Albufeira, Estrada de Ferreiras, 8200-555 Albufeira, Tel. 00351/289 58 76 29, www.campingalbufeira.pt, GPS: N37°06'23" W08°15'12"
Areal auf Terrassen und in einer Mulde am nördlichen Stadtrand, große Badelandschaft.

Parque da Galé, Rua do Barranco, 8200-408 Vale Rabelho bei Albufeira, Tel. 00351/962 55 35 57, www.parquedagale.com, GPS: N37°05'34" W08°18'42"
Stellplatz für 40 Fahrzeuge auf Schotter mit noch jungen Bäumen, Aufenthaltsraum, Pool, Strom, Ver- und Entsorgung, Duschen, kein WC.

Parque de Campismo de Armação de Pera, 8365-184 Armação de Pera, Tel. 00351/282 31 22 60, www.camping-armacao-pera.com, GPS: N37°06'32" W08°21'12"
Ebenes Campinggelände mit Bäumen an einer Straße, durch Hecken aufgelockert, Schwimmbecken und Tennisplatz.

Parque Rural Vale da Carraqueira, Barracão 190, 8550-213 Caldas de Monchique, Tel. 00351/282 91 15 02, www.campingvaledacarraqueira.com, GPS: N37°16'36" W08°32'36"
Parzellierte Stellplätze für 14 Reisemobile auf ländlichem Anwesen im Naturpark Serra de Monchique, Sanitäranlage, Pool, Bar, Brötchenservice und Restaurant.

Yelloh! Village Turiscampo, Estrada Nacional 125, 8600-109 Lagos, Tel. 00351/282 78 92 65, www.turiscampo.com, GPS: N37°06'05" W08°43'57"
Der luxuriöse Campingplatz liegt 4,5 km westlich von Lagos, Stellplätze terrassiert und gekiest, hohe Laubbäume, große Badelandschaft.

Orbitur-Camping Sagres, Cerro das Moitas, 8650-998 Sagres, Tel. 00351/282 62 43 71, www.orbitur.com, GPS: N37°01'23" W08°56'44"
Naturbelassenes Waldgelände auf einer Anhöhe mit Blick auf die Stadt und die Festung, zum Meer 1,5 km.

TOURIST-INFO

Turismo de Portugal, Zimmerstraße 56, 10117 Berlin, Tel. 0049/30/254 10 60, www.visitportugal.com

Stellplatz am Strand von La Azohía

18 ZWISCHEN ALICANTE UND GIBRALTAR

In Südspanien von Costa zu Costa

320 Tage Sonne im Jahr, schier endlos lange Strände, verschwiegene Buchten sowie viel Kunst und Kultur erwarten Sie in den faszinierenden Orten entlang der Küste Südspaniens. An den »Costas« gibt es viele Campingplätze, offizielle und inoffizielle Stellplätze und somit gute Treffpunkte für Wohnmobilisten.

Ausgangspunkt der Route entlang der Südküste Spaniens ist die Hafenstadt Alicante an der Costa Blanca. Hoch über ihr thront die weithin sichtbare Burg Santa Bárbara. Sie ist mit einem Lift erreichbar, und von oben hat man einen tollen Panoramablick auf die Altstadt und die fast einen Kilometer lange Playa del Postiguet.

VOM MAURISCHEN »AL LUCANT« ZU ALICANTE

Sehenswert in der Altstadt (Casco Antigua) sind die Plaza del Ayuntamiento mit barockem Rathaus und dem Nullpunkt (Cota Cero) zur Vermessung der Höhe über dem Meeresspiegel sowie der Mercado Central, die Basilika Santa María, erbaut auf den Resten einer Moschee, und das Museo de Arte Contemporáneo de Alicante, kurz MACA genannt. Am Rande des historischen Kerns breiten sich die farbenprächtigen Häuser im traditionellen Stadtbezirk Barrio de Santa Cruz aus. Dieser Stadtteil lohnt sich tagsüber sehr für eine Schlendertour. Abends eignet sich der Boulevard Explanada España zum Flanieren. Hier spielt sich das Leben ab, es heißt »sehen und gesehen werden«, und oft weht eine angenehme Brise, die im Sommer die Hitze erträglicher macht.

Die N 232 führt Richtung Südwesten aus der Stadt. Immer der Küste folgend, die teils stark bebaut, teils Agrarland ist, erreicht man die Provinzgrenze zu Murcia und die Costa Cálida.

COSTA CÁLIDA – DIE WARME KÜSTE

Über die vor allem bei Spaniern und Briten beliebten Badeorte Santa Pola und Torrevieja geht es weiter in den Badeort San Pedro del Pinatar, der sich um eine kleine Bucht ausbreitet. Mit dem Wohnmobil kann man direkt am Stadtstrand parken und ein paar Gehminuten weiter ein Bad in den ehemaligen Salinen nahe der Windmühle nehmen. Holztreppen führen zu den Salinenpools.

Nach dem Flughafen von Murcia öffnet sich der Blick auf die Appartement- und Hotelburgen der schmalen Landzunge La Manga del Mar Menor, das wegen seiner Silhouette den Beinamen »Miami« erhalten hat. Ein Abstecher in diese Touristenwelt lohnt kaum, auch nicht der meist überfüllte Campingplatz am Beginn der Landzunge.

Nächster lohnenswerter Stopp auf der Route ist Cartagena, in diesem Küstenabschnitt die größte Stadt, die viel zu bieten hat. Neben den 13 Museen, die sich hervorragend für einen Besuch bei schlechtem Wetter eignen, sind die Top-Sehenswürdigkeiten vor allem das Teatro Romano (Römisches Theater), der Panorama-Lift und das Castillo de la Concepción mit tollem Blick auf die Stadt. Zum Übernachten bietet sich der einige Kilometer südlich gelegene Strand in La Azohía an, der unter Wohnmobil-Reisenden aber kein Geheimtipp mehr ist. Am Ortsrand oder am Parkplatz im Dorf findet man je nach Saison viele Gleichgesinnte, sitzt abends vor dem Wohnmobil und tauscht Erfahrungen aus. Wenn die Plätze belegt sind, kann man den großen Parkplatz in Bolnuevo nutzen. Er ist nicht zu verfehlen, da er direkt an der Route am Fuße der auffallend gelben Sandsteinfelsen »Erosiones de Bolnuevo« liegt. Infrastruktur ist allerdings nicht vorhanden.

In Águilas lädt die Plaza de España im Herzen der Stadt zum Verweilen ein. Vom Castillo de San Juan hat man eine tolle Aussicht. Einige Kilometer südwestlich von Águilas, nahe Calarreona, überquert man die Provinzgrenze zu Andalusien, wo sich in den Dünen nahe der Küstenstraße die Wohnmobile fast aneinanderreihen. Es ist ein beliebter Stellplatz und einer der Treffpunkte für Wohnmobilisten in Südspa-

Links: Die auffallende Windmühle von San Pedro del Pinatar, dahinter die Salinen

Rechts: Zu nahe sollten Sie nicht an die Sandsteinfelsen »Erosiones de Bolnuevo« parken; es kann immer wieder etwas abbröckeln.

nien. Erster lohnenswerter Stopp in Andalusien ist Mojácar, das aus zwei Teilen besteht. Der historische Teil liegt auf einem Hügel einige Kilometer von der Küste entfernt. Der gut erhaltene, historische Kern und der Mirador an der Plaza del Castillo, von dem aus man einen herrlichen Ausblick auf das Meer hat, lohnen einen Besuch. Der zweite Teil des Ortes, Mojácar Playa, ist eher ein Badeort in Einheitsarchitektur. Am Südende der Playa gibt es übrigens einen kleinen Parkplatz für eine Nacht. Zwischen Mojácar und Almería breitet sich das faszinierende Naturgebiet Gabo de Gata-Nijar aus. Im Parkzentrum erhalten Sie eine gute Übersicht von Flora und Fauna und gibt es Informationen über die Besichtigungsmöglichkeiten.

COSTA DE ALMERÍA

Almería ist der wichtigste Ort an der gleichnamigen Küste. Die Hafenstadt ist attraktiv und besitzt gemütliche Plätze mit Terrassenrestaurants und -cafés, wie die Plaza de la Constitución. Hier beginnt die älteste Einkaufsstraße, die Calle de las Tiendas, die direkt zur Plaza Puerta de Purchena führt. Um diesen kleinen Platz ist die Stadt besonders lebhaft, und mit dem Mercado Central sowie den unterirdischen Wasserreservoirs aus maurischen Zeiten (Aljibes de Jayrán) sehr sehenswert. Ein paar Gehminuten südlich des Platzes erhebt sich die im gotischen und Renaissance-Stil errichtete Kathedrale, die wie eine wehrhafte Burg wirkt. Noch ein paar Schritte südlicher, an der Plaza de la Virgen del Mar, steht die Kunstakademie La Escuela de Arte mit sehenswertem Patio. Von hier aus kann man bereits den Aufstieg zur Burg Alcazaba de Almería starten, mit freiem Blick auf Hafen und Stadt.

Etwa 200 Kilometer trennen Almería von Málaga. Je weiter man sich von Almería in Richtung Südwesten entfernt, desto ruhiger wird die Küste. Touristen kommen in diesem Teil Andalusiens fast nur noch als Individualreisende mit dem Auto oder Wohnmobil vor. Links von der Küstenstraße glitzert das Mittelmeer im Sonnenlicht, rechts die weniger schönen Plastikplanen der Gemüsebauern. Oft drängen sich die großen Gemüse- und Obstplantagen bis an die Küstenlinie heran, und die touristische Infrastruktur weist große Lücken auf. Hier ist das Wohnmobil ein großes Plus.

COSTA TROPICAL UND COSTA DEL SOL

Tropisch ist die Costa Tropical zwar nicht, aber sicher eine der wärmsten Regionen Spaniens, egal ob im Sommer oder Winter. Etwa 100 Kilometer nach Almería liegt Motril, wo die Straße nach Granada und

SEMANA SANTA

Sind Sie zufällig in der Karwoche in Südspanien unterwegs? Dann sollten Sie die Prozessionen während der »Semana Santa« auf keinen Fall verpassen. In Spanien sind sie nirgends so spektakulär wie in Andalusien. Málaga ist bei den Umzügen, die im Zeichen der Buße stehen, der Mittelpunkt. Die Teilnehmer, organisiert in *cofradías y hermandades* (Bruderschaften), ziehen in langen Kutten, in Sandalen oder barfuß und einer Spitzhaube mit zwei Augenlöchern von ihrer Kirchengemeinde zur Kathedrale. Begleitet von Musik und Klageliedern, tragen sie die schweren *pasos* (Heiligenbilder). Die Prozessionen beginnen bereits morgens und dauern oft bis Mitternacht an. Vor allem abends geben Kerzen- und Kunstlicht der Szenerie einen besonderen Touch.

in die Sierra Nevada abzweigt. Motril hat wenig zu bieten, wer einen Stopp einlegen will, sollte ins sehenswertere Salobreña weiterfahren. Immer der Küste folgend, erreicht man das weiße Dorf Maro, das viel von seinem Charme erhalten hat. Am Ostrand des Ortes gibt es nahe dem großen Parkplatz eine kleine Bucht mit Badestrand. Das Wohnmobil sollte auf dem Parkplatz geparkt werden, weil die Straße zum Strand hinunter ziemlich steil ist. Nerja, nur drei Kilometer weiter, eignet sich bestens für einen Halt, da der beliebte Badeort über eine sehr gute Infrastruktur verfügt. Und zudem kann man an beiden Stränden seine Seele baumeln lassen. Berühmt ist der Ort vor allem wegen des »Balcón de Europa«, ein Aussichtspunkt im Zentrum, der einen schönen Blick auf die Küste und das Gebirge im Hinterland bietet. Touristisch, aber dennoch charmant und teils ursprünglich präsentiert sich die Costa westlich von Nerja. Viele Chiringuitos (Strandrestaurants) säumen die Küstenstraße und bieten regionale Spezialitäten und Meeresfrüchte an. In Pedregalejo, einem Vorort von Málaga, kann man am Stadtstrand ausspannen und dabei die auf Booten gegrillten frischen Fische probieren.

MUSEEN IN MÁLAGA

Der erste Eindruck der Großstadt Málaga fällt durch die Wohnsiedlungen am Stadtrand nicht gerade positiv aus, doch beim zweiten Blick ist Málaga gemütlich mit schöner, lebendiger Altstadt. Zu den Höhepunkten einer Besichtigungstour zählen das Picasso-Museum, die Kathedrale, das römische Amphitheater, die darüberliegende Burg Alcazaba und das noch etwas höher gelegene Castillo Gibralfaro, von dem sich ein wunderschöner Panoramablick eröffnet. Zum Entspannen und Genießen lädt der neu angelegte Hafen ein, vor Ort besser bekannt als Pier 1 und 2, wo sich zahlreiche Terrassencafés und -restaurants und der auffallend farbige Würfel, in dem das Museo Centro de Pompidou untergebracht ist, befinden. Im Südwesten der Stadt liegt das Centro Comercial Plaza Mayor, das größte Einkaufszentrum

Oben: Direkt am Strand gelegener Camping-Platz an der Costa de Almería

Linke Seite oben: Parkplatz am Stadtstrand von San Pedro del Pinatar

Linke Seite unten: Die Küstenstraße schlängelt sich durch den Naturpark Gabo de Gata-Nijar.

Links: Abendstimmung in der Altstadt von Marbella

Rechts oben: Malerisch schmiegt sich das weiße Dorf Salobreña um den Burghügel.

Rechts unten: Den Strand von Burriana müssen sich die Badeurlauber mit Fischerbooten teilen.

Málagas, mit guter Parkmöglichkeit und Nahverkehrsverbindung per Zug und Bus in das Zentrum Málagas. Ankunft ist der zentrale Bahnhof an der Avenida Ferrocarril. Von dort aus kann man den Stadtrundgang beginnen, der in der Regel vier bis fünf Stunden in Anspruch nimmt. Vom zentralen Busbahnhof führt gen Osten die Avenida Grande zur Plaza Marina, wo sich die Touristinformation befindet.

Nach Málaga muss man die Küstenstraße verlassen, da diese durch die Einflugschneise des Flughafens unterbrochen wird. Leicht ansteigend auf der Autobahn, öffnet sich am höchsten Punkt der Blick auf die touristische Meile der Costa del Sol: Torremolinos, Benalmádena und Fuengirola präsentieren sich mit unzähligen Hotelburgen und Appartment-Anlagen, die die ganze Küste fast bis Marbella säumen. Ein Stopp lohnt sich nur im glamourösen Marbella, seit Jahren der Tummelplatz für die Superreichen dieser Welt, deren Luxusjachten im Hafen Puerto Banus vor Anker liegen. Doch ein Blick in die Altstadt zeigt auch, dass vom ursprünglichen Marbella noch vieles erhalten geblieben ist. Bevor man Estepona erreicht, gibt es links das große Einkaufszentrum Carrefour für alles, was man so täglich braucht. Die Kleinstadt Estepona wartet mit einem dunklen Sandstrand und lebhaften Zentrum auf. Highlight ist das sowohl architektonisch wie auch botanisch interessante Orchideenhaus.

ENDPUNKT: THE ROCK

Nach Estepona wird die Bebauung mit jedem Kilometer weniger, die Landschaft karger und trockener, aber nicht weniger interessant. Immer der Küste folgend, erscheint am Horizont die Silhouette der Felseninsel Gibraltar. The Rock, wie Gibraltar auch bezeichnet wird, steht unter britischer Flagge, was unter anderem bedeutet, dass sich der Besuch nach dem Brexit nicht mehr so einfach gestalten lässt wie einst. Das Wohnmobil lässt man am Besten in La Linea de la Concepción stehen. Höhepunkt Gibraltars ist die Fahrt mit der Kabelbahn auf den höchsten Punkt des Felsens, von wo aus sich ein atemberaubender Panoramablick eröffnet – bei klarer Sicht sogar bis nach Marokko! Doch der Aussichtspunkt hat auch eine negative Seite: Affen. Aggressiv jagen sie nach allem, was essbar ist, bevorzugt Plastiktüten, in denen etwas Leckeres sein könnte. Also Vorsicht mit Taschen und Tüten! Zurück am Festland kann, wer Zeit und Lust hat, der Küste weiterfolgen oder landeinwärts die Pueblos Blancos (weißen Dörfer) oder die sehenswerten Städte Sevilla und Cordoba besuchen.

TOUR-INFO KOMPAKT

KILOMETER

660

STRECKENVERLAUF

Alicante – Santa Pola – Torrevieja – San Pedro del Pinatar – La Azohía – Bolnuevo – Águilas – Mojácar – Gabo de Gata – Almería – Motril – Nerja – Málaga – Marbella – Estepona – Gibraltar

HIGHLIGHTS

Altstadt in Alicante, Panorama-Lift in Cartagena, historischer Kern von Mojácar, Naturgebiet Gabo de Gata-Nijar, Kathedrale in Almería, Picasso-Museum, Museo Centro de Pompidou und Osterprozessionen in Málaga, Altstadt von Marbella, Orchideenhaus in Estepona, Fahrt mit der Kabelbahn in Gibraltar

CAMPING- UND STELLPLÄTZE

Camping El Jardín, Calle Doctor Severo Ochoa, 03560 El Campello, Tel. 0034/965/65 75 80, www.campingeljardin.com, GPS: N38°23'35" W0°24'55"
Ruhiger Stellplatz auf einem Campingplatz, nur 500 m bis zum Strand.

Camper Área Campello Beach, Calle Juan de la Cierva, 03560 El Campello, Tel. 0034/965/16 69 60, www.camperareacampellobeach.com, GPS: N38°23'41" W0°24'35"
Gepflegter Stellplatz auf Schottergrund, nachts beleuchtet, direkt am Strand.

Camperpark Cartagena, Molino Derribao, 30310 Los Dolores, Santa Ana, Tel. 0034/662/32 64 12, www.areaautocaravanas.com, GPS: N37°39'13" W1°0'12"
Guter Stellplatz speziell für Reisemobile, ca. 6 km vom Zentrum entfernt, Busverbindung in der Nähe.

Cabo de Gata Camper Park, Carretera de San Jose, 04117 San José, Tel. 0034/673/82 18 88, cabogatacamper.com, GPS: N36°49'00" W2°08'56"
Nachts beleuchteter Platz, Stellplätze auf Schotter.

Los Patios, Parkplatz Carrefour Einkaufszentrum, 29004 Málaga, kein Tel., GPS: N36°41'13" W4°27'38"
Ver- und Entsorgung mittels Automat.

La Cala de Mijas, Calle de la Noria, 29650 La Cala de Mijas, kein Tel., GPS: N36°30'20" W4°40'56"
Offizieller Gratis-Stellplatz neben einem Golfplatz, max. 48 Stunden Aufenthalt, Registrierung im Gemeindeamt notwendig!

Alcaidesa Marina, Av. Principe de Asturias, 11300 La Línea de la Concepción, Tel. 34/956/02 16 60, www.alcaidesamarina.com, GPS: N36°09'31" W05°22'03"
Platz in Flughafennähe, mit freiem Blick auf Gibraltar, kein Stromanschluss, zentrumsnah.

TOURIST-INFO

Tourismusbüro Alicante, Muelle de Levante 6 s/n, Tel. 0034/965/17 72 09, www.alicanteturismo.com

Tourismusbüro Almería, Paseo de Almería 12, Tel. 0034/950/21 05 38, www.turismodealmeria.org

Tourismusbüro Nerja, Calle Carmen 1, Tel. 0034/952/54 84 00, www.nerja.es

Tourismusbüro Málaga, Plaza de la Marina 9, Tel. 0034/951/92 60 20, www.malagaturismo.com

Tourismusbüro Marbella, Glorieta de la Fontanilla, Tel. 0034/952/76 87 60, http://turismo.marbella.es/servicios/oficinas-turismo-ayuntamiento

Tourismusbüro Estepona, Plaza de las Flores, Tel. 0034/952/80 20 02, www.tourismo.estepona.es

Tourismusbüro Gibraltar, 13 John Mackintosh Square, Tel. 00350/20 04 50 00, www.visitgibraltar.gi

19 GALICIEN

Kamelien und die Küste des Todes

Es grünt so grün in Spaniens äußerster Nordwestecke, der autonomen Gemeinschaft Galicien. Ab März blühen dort die Kamelien: der ideale Zeitpunkt für eine Tour mit dem Wohnmobil entlang der Ruta de la Camelia, die zwölf großartige Gärten verbindet – zusammen mit einem Abstecher zum sagenumwobenen Cabo Fisterra an der Costa da Morte.

Nebel und Regenwolken lösen sich nach und nach auf: zuerst über den Rías, wie in Galicien die großen, weit ins Land reichenden Meeresarme heißen, und wenig später über den waldreichen Bergen und fruchtbaren Tälern dahinter. Genau dieses Landschaftsbild entspricht der Vorstellung vom grünen Spanien in den Köpfen vieler Menschen. Beinahe kann man sich in nördlichen Breiten wähnen, wären da nicht die überraschenden Ausblicke auf stattliche Palmen und weitere subtropische Gewächse, darunter Orangenbäume voller reifer Früchte. Ab ungefähr Mitte März, nach zwar meist milden, aber für gewöhnlich grauen Wintermonaten, ist die wärmende Kraft der Sonne in diesen entlegenen Winkel im Nordwesten der Iberischen Halbinsel zurückgekehrt. Von Tag zu Tag spürt man sie ein bisschen mehr.

INS KAMELIEN-PARADIES

Mit den steigenden Temperaturen erwacht auch die Welt der bunten Sträucher zu neuem Leben, die durch die Kamelienblüte an der galicischen Küste eingeleitet wird. Die ersten Pflanzen wurden vor mehr als 300 Jahren aus Japan und China eingeführt, wo die verschiedenen Arten bevorzugt in kühlen Wäldern wachsen. In Galicien gedeihen in Gärten und Parks annähernd 8000 Sorten, meist in Buschform oder als Bäume, die bis zu 20 Meter hoch werden können. Kamelien lieben sowohl das feuchte atlantische Klima als auch den sauren Granitboden der Gegend. Die Blüten gibt es in sechs verschiedenen Formen und unzähligen Farbvarianten: von Reinweiß über Rosé bis zu Gelb, in Rot oder auch Pink. Manche

Kap Fisterra: hier und nicht weiter!

Links: Plaza Constitucion in Vigo, der Treffpunkt am Abend

Rechts: Galicien: das Land, wo nicht nur die Kamelien blühen

von ihnen sind riesengroß, andere zierlich, geradezu winzig. Es gibt sie mit langen Staubfäden, wiederum andere sehen aus, als seien sie aus Wachs oder feinem Porzellan gefertigt. Selbst Experten haben mitunter Mühe, die vielen Neuzüchtungen zu bestimmen.

URALTE BESITZUNGEN

Die Kamelienroute (Ruta de Camelia), eingerichtet vom regionalen Tourismusverband und der Spanischen Kameliengesellschaft, verbindet zwölf Privatgärten und öffentliche Grünanlagen. Wichtige Stationen sind zum Beispiel der Pazo de Mariñán in Bergondo oder der Parque la Alameda in Santiago de Compostela. Die ältesten Kamelien findet man im Garten des Pazo de Oca, 20 Kilometer südöstlich von Santiago. Als »Pazo« werden in Galicien die adligen Herrensitze bezeichnet. Oca vereint morbides Mauerwerk mit perfekt getrimmtem Heckenschnitt. Die Luft ist nicht nur vom Regen feucht, sondern auch vom Sprühnebel aus Brunnenfontänen und plätschernden Wasserfällen. Bereits im Januar blüht hier die Sorte Pomponia. Der Ursprung der weitläufigen Anlage geht auf das 13. Jahrhundert zurück, jedoch beruht deren heutiger Zustand größtenteils auf Veränderungen aus der Mitte des 18. Jahrhunderts, als die Gärten rund ums Wohnhaus neu angelegt wurden. Zum Abschluss eines Besuches empfiehlt sich ein Spaziergang am Südende, wo sich eine schöne Allee aus Olivenbäumen anschließt.

Das wohl prächtigste Anwesen weit und breit ist der jahrhundertealte Pazo de Rubíans. Sein 80 Hektar großes Gelände besticht mit ganzen Wäldern, gewaltigen Magnolien und einem Eukalyptusbaum, der mit 14 Meter Umfang der größte in Europa sein soll. Die ältesten Magnolien, so sagt man zumindest, stammen aus der Zeit um 1380. Doch die größte Aufmerksamkeit gebührt auch an diesem Ort den etwa 6000 Kameliensträuchern. Sie tragen alle ein Namensschild. Neben den Parks bietet Galicien auch eine Reihe von Städten, die ebenfalls einen Besuch lohnen, angefan-

gen im Süden bei Vigo, der größten in der autonomen Gemeinschaft, bis A Coruña im Norden. Dazwischen liegen nicht minder interessante Orte wie Pontevedra und natürlich das berühmte Santiago de Compostela.

VIGO UND DIE SEERÄUBER

In Vigo leben rund 300 000 Menschen. Der Hafen gilt seit dem Altertum als einer der bedeutendsten Naturhäfen Spaniens, Motor dafür war lange Zeit der Amerikahandel. Die Stadt wurde jedoch immer wieder von Piratenüberfällen heimgesucht. Südlich des Transatlantik-Kais verlaufen die Gassen von O Berbés, dem historischen Fischerviertel von Vigo. Aus den Lokalen am Markt (Mercado) weht der verführerische Duft von fein zubereiteten Meeresfrüchten. Treffpunkt am Abend ist die festlich illuminierte Plaza Constitución ganz in der Nähe. Die schönsten Kamelien findet man im Parque do Castro südlich davon.
Sehr beschaulich wirkt indes Pontevedra, die Hauptstadt der sich anschließenden gleichnamigen Provinz. Arkaden aus Granit umschließen kleine, gemütliche Plätze, wie etwa die Praza da Leña, in deren Mitte sich ein verwittertes Steinkreuz erhebt. Architektonisch sehr ungewöhnlich ist die Capela da Virxe Peregrina, erbaut 1778. Der Stil der Kirche – sie wirkt aufgrund ihrer Größe nicht wie eine Kapelle – ist barock, vermischt mit klassizistischen Elementen. Das Besondere ist der Grundriss: Er hat die Form einer Jakobsmuschel.

TOPZIEL DER WALLFAHRER

Die Jakobsmuschel, das Pilgersymbol, ist auch das Stichwort für Santiago de Compostela. Die Kathedrale der galicischen Hauptstadt wahrt das vermeintliche Grab des Apostels Jakobus. Aus diesem Grund ist Santiago nach Rom und Jerusalem das drittwichtigste Wallfahrtsziel der Christenheit. Die Legende besagt, dass der Heilige von Athanasius und Theodorus, seinen treuen Jüngern, im Jahr 44 n. Chr. in einem Waldstück bestattet wurde. Die Grabstätte verfiel jedoch und war lange Zeit vergessen, bis Bischof Theodemir sie in den Jahren um 820 wiederentdeckt haben soll – und zwar auf den Hinweis eines Eremiten, der in der Gegend seltsamen Lichtern gefolgt war. 1075 begann man mit dem Bau der romanischen Basilika. Als prächtigster Teil gilt der Pórtico de la Gloria, das nach Westen gerichtete »Tor der Herrlichkeit«, geschaffen vom Baumeister Mateo. Von der Promenade Paseo da Ferradura im Alameda-Stadtpark im Südwesten Santiagos hat man den schönsten Blick auf die Altstadt und die Hauptfassade der Ka-

AUSTERN SCHLÜRFEN IN VIGO

Parallel zum Hafen in Vigo verläuft die Rúa de Pescaderia. »Ostreiras« (Austernverkäuferinnen) preisen dort bis in den Nachmittag superfrische Austern an – und das zu erstaunlich moderaten Preisen. Austern sind in jedem Fall sehr gesund: Sie enthalten Spurenelemente wie Zink und Kupfer, Mineralstoffe wie Kalzium und Magnesium, Enzyme und Vitamine. Doch wie isst man sie? Benötigt wird eine Austerngabel, um das Fleisch von der Schale zu lösen und in Richtung Mund zu führen. Danach schlürft man die Auster zusammen mit der Austernflüssigkeit aus der Schale. Gut kauen ist wichtig, aber mit Zitrone oder Pfeffer nachzuwürzen ist nicht notwendig, da sonst der Eigengeschmack verloren geht. Dazu mundet ein Glas Albariño ganz vortrefflich.

thedrale. Die öffentliche Gartenanlage ist, wie anfangs erwähnt, ebenfalls eine Station auf der Kamelienroute.

Tief beeindruckt vom allgegenwärtigen Granit und der grünen Lunge gegenüber kann man nun die Fahrt fortsetzen. Nächstes Etappenziel der Tour mit dem Wohnmobil ist die wilde Küste um das Cabo Fisterra mit dem Beinamen Costa da Morte, also »Küste des Todes«. Dieser rührt von einer hohen Anzahl an Schiffsuntergängen infolge der vielen schroffen Klippen, die diesen Abschnitt westlich von Santiago prägen. Auf halbem Weg liegt die Stadt Noia, die mit hübschen Adelshäusern aufwartet, sowie mit der schönen Iglesia Santa María A Nova, die ihren Ursprung im 12. Jahrhundert hat.

UND WIEDER JAKOBUS

Im nahen Muros verweilt man ebenfalls gern, besonders zu Mittag in einem der freundlichen Fischrestaurants am Hafen und in den engen Gassen. Wunderbare Sandstrände, wie etwa die kleine, darauf folgende Praia de San Francisco oder der weitläufige Strand von Carnota säumen den restlichen Weg zum Kap. In Carnota befinden sich auch die mit über 30 Meter Länge größten »hórreos« Galiciens: im 18. Jahrhundert aus Granitsteinen gebaute Getreidespeicher. Vom Parkplatz am Ende der Straße hinter dem Fischerort Fisterra geht es zu Fuß weiter hinauf zum Leuchtturm und zahlreichen weiteren Aussichtspunkten entlang der Steilküste.

Bei Muxía ragt stolz die Felsenkirche Nosa Señora de Barca über das tiefblaue Meer. Sie ist ein Heiligtum der Seeleute, da der Legende nach an dieser Stelle die Heilige Jungfrau Maria an Land ging, um dem Apostel Jakobus bei der schwierigen Missionierung Galiciens Mut zuzusprechen.

A Coruña empfängt Sie dann mit grellweißen Häuserzeilen am Hafen, ausgestattet mit langen Glasveranden, die für die Stadt typisch sind. Im Übrigen wohnte Pablo Picasso als Jugendlicher vier Jahre lang mit seinen Eltern in der Calle Payo Gómez 14. Ein

Oben: Vigos weite Bucht

Linke Seite oben: »Kamelienallee« im Garten des Pazo de Rubiáns

Linke Seite unten: Prächtiges Innere des Herrenhauses

Links: Santiago, vom Stadtpark aus gesehen

Rechts: Traumstrand in Muxía

kleines Museum zeigt dort Reproduktionen und Möbel von damals. Die historischen Viertel locken mit lauschigen Plätzen, Kneipen und Cafés. An höchster Stelle der Altstadt erhebt sich die Iglesia de Santa María del Campo (12.–15. Jahrhundert). Deren Hauptfassade schmückt eine große Rosette, das Bogenfeld über dem Portal zeigt ein Relief der Heiligen Drei Könige.

ES WERDE LICHT UND ES WARD LICHT

Um den Herkulesturm, einen antiken Leuchtturm in A Coruña, zu erklimmen, müssen Sie die 250 Stufen der Wendeltreppe, die zur Aussichtsplattform führen, nach oben steigen. Doch die Anstrengung lohnt sich, denn oben angekommen, eröffnet sich ein herrlicher Panoramablick. Die Römer setzten den noch heute betriebenen Leuchtturm auf eine erhöhte, grüne Landzunge. Für den Küstenstrich, der in Spanien die meisten Regentage im Jahr verzeichnet, sind Wetterkapriolen typisch.

Östlich davon erstreckt sich der Meeresarm Ría de Ares y Betanzos, der zum einen mit den zauberhaften Gärten des Pazo de Mariñán aufwartet, zum anderen mit der betulich wirkenden Kleinstadt Betanzos. Die im französischen Stil mit Buchsbäumen gestalteteten Grünanlagen um das Stammhaus Mariñán fallen in Terrassen zum Fluss Mandeo ab. Der einstige Wehrturm wurde im 18. Jahrhundert zum Palast umgebaut, und es entstand das gepflegte Grün. In Betanzos indes blühen die Kamelien überall am Straßenrand. Leichter Regen setzt wieder ein und legt einen Film über das bemooste Mauerwerk der Iglesia de Santa María de Azogue (14. Jahrhundert), die zum Nationalmonument erhoben wurde. Die Feuchtigkeit zaubert zusammen mit den dunklen Wolken und dem diffusen Licht jene mystische Stimmung, die Galicien so einzigartig macht.

Neuer Stellplatz in Aios bei Sanxenxo

TOUR-INFO KOMPAKT

KILOMETER
360

STRECKENVERLAUF
Vigo – Pontevedra – Pazo de Oca – Santiago de Compostela – Noia – Muros – Fisterra – Muxía – A Coruña – Pazo de Mariñán – Betanzos

HIGHLIGHTS
Vigo: Fischerviertel O Berbés, Plaza Constitución, Santa María, Pontevedra: Capela de la Virxe Peregrina, Praza da Leña, A Estrada: Pazo de Oca, Santiago de Compostela: Altstadt, Kathedrale, Rúa da Franco, Rúa do Vilar, Parque da Alameda, Noia: Adelspaläste, Fisterra: Cabo Fisterra, A Coruña: Torre de Hércules, Altstadt, Iglesia de Santa María del Campo, Bergondo: Gärten Pazo de Mariñán

CAMPING- UND STELLPLÄTZE
Camping Playa America, Rua Canido 7, 36350 Nigrán, Tel. 0034/9/86 36 54 04, www.campingplayaamerica.com, GPS: N42°08'18" W08°48'32"
Gut ausgestatteter Platz mit Bäumen in einem Villenviertel, Freibad, 300 Meter zum Meer.

Camping Bayona Playa, Playa Ladeira – Sabarís, 36393 Bayona, Tel. 0034/9/86 35 00 35, www.campingbayona.com, GPS: N42°06'51" W08°49'33"
Gut eingerichteter Platz auf einer Landzunge zwischen Fluss und Bucht, mit Pinien und Pappeln, teils schöner Blick auf das Meer und die vorgelagerten Inseln, flacher breiter Sandstrand und Freibad.

Camping Playa Paisaxe II, Playa de Area Grande 11, 36988 San Vicente de O Grove, Tel. 0034/9/86 73 83 31, www.campingplayapaisaxe.com, GPS: N42°28'29" W08°55'29"
Gut ausgestattete Anlage und Geländestufen mit jungen Platanen, zum Meer 250 m breiter Waldgürtel, Freibad mit Whirlpool, Restaurant und Laden.

Área de A Pragueira, Praia Pragueira 172, 36990 Aios bei Sanxenxo, Tel. 00 34/6/65 37 05 89, www.sanxenxo.gal, GPS: N42°24'34" W08°51'42"
Stellplatz für 38 Fahrzeuge auf terrassiertem Wiesengelände unter Bäumen am Meer, Strom, Ver- und Entsorgung, Außenduschen, über Treppe zum Strand.

Área de Milladoiro, Travesía do Porto, 15895 Milladoiro, Tel. 0034/9/81 88 30 02, www.concelladeames.gal, GPS: N42°50'43" W08°34'51"
Stellplatz für 25 Fahrzeuge bei den Sportanlagen, Bodeneinlass, Bushaltestelle nach Santiago de Compostela am Platz, Aufenthalt max. 2 Nächte.

TOURIST-INFO
Agencia de Turismo de Galicia, Carretera Santiago-Noia, Kilómetro 3, 15896 A Coruña (Galicien) Tel.0034/902 20 04 32, turgalicia.es

20 FRANKREICHS SÜDWESTEN

Wellen und Wälder

Einzigartige Natur- und Kulturlandschaften prägen die südliche Atlantikküste Frankreichs. Das Meer säumen Dünen und lange feine Sandstrände. Schattige Kiefernwälder, gespickt mit kleinen und großen Seen, durchziehen das Hinterland. Die Tour startet in der ehemaligen Region Poitou-Charentes, jetzt Teil der neu formierten Nouvelle-Aquitaine.

Soubise muss man nicht kennen. Trotzdem bildet der kleine Ort bei Rochefort südlich von La Rochelle einen schönen Auftakt, um mit dem Wohnmobil das Küstenland im Südwesten Frankreichs zu erkunden. Die Gründe sind zum einen der gemütliche Stellplatz am Ufer der Charente mit Blick auf die für die Gegend typischen, mit Senknetzen bestückten Fischerhütten auf Pfählen, den sogenannten »carrelets«, zum anderen das freundliche Fischlokal L'Estran unmittelbar am Pier. Soubise ist gute fünf Kilometer von der Atlantikküste entfernt. Auch im nahen Rochefort ist das Meer noch nicht unmittelbar zu sehen, aber man spürt es in jedem Winkel – nicht nur, wenn plötzlich dichter Seenebel über das ehemalige Sumpfland wabert und die Stadt fest einhüllt. Deren glanzvolle Vergangenheit liegt im Bau des Marinestützpunktes begründet, den der zuständige Minister Colbert ab 1666 am Charente-Fluss anlegen ließ. In dem als Arsenal bezeichneten Gelände mit ehemals elf Werften und vier Trockendocks waren in Hochzeiten 10 000 Arbeiter beschäftigt. Dort liefen bis zur Stilllegung im Jahr 1926 hunderte Schiffe vom Stapel, darunter die berühmte Fregatte *Hermione*. Sehenswerte Stationen im wiederbelebten Viertel sind etwa das Marinemuseum oder die königliche Seilerei (Corderie royale).

KÜSTE DER SCHÖNHEIT

Weiter geht es gen Süden nach Royan. Diese Stadt ist der Hauptort der wenig bekannten Côte de Beauté. Royan glänzt mit dem eleganten »Le Front de Mer«, bestehend etwa aus dem Boulevard Frédéric

Seebad Royan: Die erste Fähre am Morgen legt an.

Links: Den Anfang macht der Stellplatz in Soubise.

Rechts: Schöner Schluss: Saint-Jean-Pied-de-Port

Garnier. Diesen säumen altehrwürdige Villen, in denen einst illustre Persönlichkeiten wie Émile Zola und Picasso logierten. Daran schließt sich eine überdachte Promenade an, die mit Geschäften, Cafès und Restaurants wetterunabhängig zum Bummeln und Verweilen einlädt. Riesig erscheint der feinsandige Stadtstrand Grande Conche, nicht nur bei Ebbe. Einen Besuch lohnen auch die ein Stück außerhalb des Zentrums befindlichen Jardins du Monde. Zu den Attraktionen dieser Gärten gehören unter anderem das Orchideen-Gewächshaus und der Bonsai-Pavillon. Ein weiteres schickes Seebad mit ebenfalls sehr weitläufigem Strand ist der angrenzende Ort Saint-Georges-de-Didonne, der obendrein mit einem Stellplatz direkt an der Promenade aufwartet.

Genießen Sie am nächsten Morgen bei Sonnenaufgang die halbstündige Fährüberfahrt vom Hafen Royan hinüber zur Médoc-Halbinsel. Die Schiffe verkehren im Juli und August im Abstand von etwa 45 Minuten, sonst ungefähr alle zwei Stunden. Der Ticketpreis für ein Wohnmobil inklusive zwei Personen beträgt einheitlich 46 Euro (Stand: Saison 2017/18). Man spart also kein Geld, wenn man aus Richtung Norden kommend den ca. 190 Kilometer langen Umweg über Bordeaux um die Gironde-Mündung herum nimmt – sofern, wie hier beschrieben, die Nordspitze des Médoc auf dem Reiseplan steht.

TÜRME UND TRADITIONSBÄDER

Mit der Fähre drüben an der Pointe de Grave angekommen, eröffnet sich von einem alten Bunker herab ein weiter Blick über die großartige Gezeitenlandschaft. Man erkennt in der Ferne die Leuchttürme La Coubre und Cordouan. Letzterer wacht auf einem Felsen mitten in der Gironde-Mündung. Er ist seit 1611 in Betrieb und somit einer der dienstältesten Türme überhaupt. Man kann den 68 Meter hohen Renaissancebau von verschiedenen Häfen aus im Rahmen von mehrstündigen Bootsausflügen besuchen.

Auch von der Seepromenade im Traditionsbad Soulac-sur-Mer bietet sich eine schöne Sicht auf Cor-

Oben: Gepflegtes Haut-Médoc

Rechte Seite oben: Montalivet: riesengroßer Sandkasten

Rechte Seite unten: Bunter Austernhafen in Andernos-les-Bains

duan. Soulac entstand, als im 19. Jahrhundert viele Menschen das Baden im Meer erstmals als wohltuendes Vergnügen empfanden. Die Gutbetuchten bauten in der Folge kleine Sommerhäuser aus Ziegeln und Holz, die man noch heute bewundern kann. Spaziergänge und Radtouren zwischen Meer, Moor und Kiefernwald führen Ihnen das reizvolle Umland vor Augen. Das darauffolgende Seebad Montalivet-les-Bains ist vor allem für sein 200 Hektar großes FKK-Zentrum mit Campingplatz bekannt. Darüber hinaus lockt der tägliche Markt im Ort viele Besucher an. Der Wohnmobil-Stellplatz an der Düne ist ebenfalls sehr beliebt.

Stellplätze (mit obligatorischer Kellerführung und Verkostung) stehen auch auf dem einen oder anderen Weingut zur Verfügung, vorwiegend im Osten der Halbinsel, dem Haut-Médoc. Ein Beispiel ist das Château Ferré in Vertheuil. Hier auf den steinigen Sandböden rund ums Städtchen Pauillac wächst fast nichts – außer Reben. Prächtige Weinschlösser ragen hinter diesen hervor. Sie tragen erlauchte Namen wie Rothschild und Lanessan, und weisen je nach Herkunftsland ihrer Erbauer (Großbritannien etwa) einen anderen Baustil auf. Zurück an der Westküste weiß vor allem der gern besuchte Badeort Lacanau-Océan zu gefallen. Entsprechend vielfältig ist sein gastronomisches Angebot, wobei speziell den Fischlokalen am Hauptstrand ein exzellenter Ruf vorauseilt. Die beiden Seen von Lacanau und Hourtin schätzen sowohl Naturfreunde als auch Wassersportler.

FRISCHER GEHT'S NICHT

Eine gelungene Verbindung aus Ferienmeile und Austernhafen stellt Andernos-les-Bains am Nordostufer der Bucht von Arcachon dar. Das Zentrum zeigt zunächst das gewohnte Bild einer Urlauberhochburg mit Restaurants und Jachthafen. Nebenan jedoch breitet sich das urige Quartier der etwa 2500 Austernzüchter aus. Vom Stellplatz kann man zusehen, wie die Boote, bepackt mit Netzen und Kisten, ein- und auslaufen. Die bemalten Buden der Züchter am Kai sind in erster Linie Läden, manche fungieren zudem als schlichte, ungemein rustikale Einkehrstuben – frischer als hier bekommt man die Austern nirgendwo serviert! Die Zuchtbedingungen in der flachen, 250 Quadratkilometer großen Bucht sind optimal: Gezeitenbedingt hebt und senkt sich der Wasserspiegel zweimal am Tag um drei Meter. Mit der Flut strömt sauerstoffreiches Meerwasser ins natürliche Bassin.

Cédric Rocher betreibt mit großer Leidenschaft seit über 20 Jahren einen Campingplatz, dessen Lage über der Steilküste sehr beeindruckt: Zu einer Seite grüßen die Spitzen der Düne von Pilat, mit 117 Metern Europas höchste Sanddüne, zur anderen bietet sich ein unvergleichlicher Blick aufs Meer und die vorgelagerten Inseln. Der Platz ist außerdem eine prima Basis für Gleitschirmflieger, die hoch über dem Strand eine eigens für sie reservierte Startfläche vorfinden. Besonders an schönen Sommerabenden präsentiert sich den dort zahlreich versammelten Beobachtern ein fantastisches Schauspiel, wenn die Spezialisten der Lüfte vor glutrotem Firmament ihre Kreise ziehen. Extratipp: Im Juli und August starten vom Campingplatz aus Bootsausflüge zur Sandinsel Banc d'Arguin, einem wichtigen Vogelreservat. Sie ist in den Wochen vorher ein beliebter Brutplatz, besonders für Haubenlerchen und Brandseeschwalben.

Auch der weiter südlich gelegene Ort Biscarrosse gehört zu jenen, die aus zwei Teilen bestehen: Biscarrosse-Plage und -Ville. Der erste lebt nur im Sommer: Die Menschen kommen ausschließlich zum Surfen und (Sonnen-)Baden hierher. Im Städtchen (Ville) dagegen ist der »Winterschlaf« weniger ausgeprägt, da dort einige Geschäfte angesiedelt sind. Im Norden breitet sich der Süßwassersee Étang de Cazaux et de Sanguinet aus, der die Segler anzieht, im Süden der fischreiche Étang de Biscarrosse et de Parentis, der bei Campern beliebt ist. Nicht weit entfernt vom einzigen Strand lädt das Museum der Wasserfliegerei (Musée de l'Hydraviation) zu einem Besuch ein. Ein Kanal verbindet beide Seen, an dem auch ein schöner Radweg entlangführt.

HIER SIND DIE PERFEKTEN WELLEN

Die Adligen strömten im 19. Jahrhundert bevorzugt nach Biarritz. Den Startschuss gab Kaiserin Eugenie: Damals ließ ihr Gemahl Napoleon III. dort für sie eine Villa bauen, die später zum Hôtel du Palais wurde. Wenngleich einige der noblen Häuser aus jener Zeit noch existieren, ist die Gästeschar heute bunt gemischt. Surffans lieben die angeblich besten Wellen Europas. Unter den Dauerausstellungen stechen das Meeres- und das Schokoladenmuseum besonders hervor. Biarritz ist mit seinen Prachtstränden, den

TIERPARK LA PALMYRE

Der zauberhafte Wald von La Palmyre, 15 Kilometer nordwestlich von Royan, bietet mit seinen Eichen und Kiefern die bestmögliche Umgebung für den dort angelegten, 14 ha großen Zoo. Dieser zählt zu den bekanntesten Europas, in Frankreich ist er sicher der schönste. Ein ausgeschilderter Weg (4 km) führt vorbei an Flamingos, Giraffen, Zebras, Löwen, Nashörnern und zahlreichen weiteren Tierarten, die normalerweise in der afrikanischen Steppe leben, sich aber hier sichtlich wohlfühlen. Eine künstlich geschaffene Höhle mit feuchtwarmem Klima, »Nocturama« genannt, bietet Fledermäusen und Flughunden ein artgerechtes Heim. Die angebotenen Vorführungen zeigen Tierbabys in ihren Brutkästen und vieles mehr (www.zoo-palmyre.fr).

Links: Düne von Pilat – ein Grund, im Urlaub früh aufzustehen

Rechts oben: Engelsgleich über der Bucht von Arcachon

Rechts unten: Meeresmenü, serviert am Strand in Lacanau

Rechte Seite oben: Päuschen machen an der großen Bucht

steilen Felsen, dem Casino und den vielfältigen Wassersportmöglichkeiten einer der attraktivsten Urlaubsorte an der französischen Atlantikküste.

Blau-weiß-rote Kutter reihen sich postkartenmäßig am Hafen in Saint-Jean-de-Luz aneinander. Obwohl die große Ära der Walfischflotten längst vorbei ist, hat sich augenscheinlich das Fischereigewerbe im Ort gut behaupten können: Man fängt heute Sardellen, Sardinen und Thunfisch. Am Hafen steht auch das elegante Maison Louis-XIV mit massiven Ecktürmen, errichtet im 15. Jahrhundert. Bauherr war der vermögende Reeder Johannis de Lohobiague. Führungen durch das Haus finden stündlich statt. Dabei kann man leicht erkennen, dass Schiffszimmerleute die Inneneinrichtung im altbaskischen Stil mit solider Treppe und schweren Holzdielen schufen. Der Name des Hauses bezieht sich auf eine konkrete Begebenheit: Anno 1660 empfing die Witwe des Reeders König Ludwig XIV. zu einem Besuch in ihrer Wohnung im Obergeschoss.

Der prächtige Innenraum der Église Saint-Jean-Baptiste ist indes ein Werk von Louis de Milhet. Der Baumeister aus Bayonne war in der Mitte des 15. Jahrhunderts beauftragt worden, das Gotteshaus zu vergrößern und zu verschönern. Eine Augenweide ist vor allem der riesige, goldglänzende Altaraufsatz.

BERGE, BASKEN UND BASTIDE

In Saint-Jean-de-Luz verlässt die Route nun die Küste zu einem abschließenden Abstecher in die Berge. Das Dorf Ainhoa ist ein baskischer Vorzeigeort. Stolz lugen die flachen Ziegeldächer der einstigen Bastide aus dem Grün der Berge im Pyrenäen-Vorland hervor. Der Kern besteht aus einem geschlossenen Ensemble aus rot-weißem Fachwerk mit Verzierungen und Inschriften sowie roten und hellblauen Türen und Fensterläden. An den breiten Haustoren stecken noch die Ringe, an denen die Maultiere und Pferde angebunden waren. Durch den Ort zogen früher nicht nur Pil-

ger, sondern auch Kaufleute. Viele logierten auch, um hier neue Kräfte zu sammeln für den beschwerlichen Weg hinüber nach Spanien.

Während die Wände in Ainhoa fast alle weiß erstrahlen, prägt rotbrauner Sandstein das Aussehen der Häuser und Gebäude in Saint-Jean-Pied-de-Port, dem Endziel dieser Tour. Der Namenszusatz bedeutet übersetzt: am Fuß des Passes. Er weist auf die Lage am Anfang der Passstraße hin, die ins Nachbarland führt. Das Städtchen war, bevor es 1589 an Frankreich fiel, einer der Hauptorte im Königreich Nieder-Navarra. Auch Sébastien Le Prestre de Vauban, der legendäre Festungsbaumeister, fand hier ein Betätigungsfeld: Er ließ das alte Schloss aus dem 10. Jahrhundert an höchster Stelle in der Oberstadt zur Zitadelle ausbauen. Der Weg hinauf führt über die Rue de la Citadelle, die von schönen Häusern aus dem 16. und 17. Jahrhundert gesäumt wird. Sie ist die Hauptausgehmeile. Der Reisemobilstellplatz befindet sich, wie so oft in Frankreichs Südwesten, in Gehweite.

TOUR-INFO KOMPAKT

KILOMETER
451

STRECKENVERLAUF
Rochefort – Royan – Soulac-sur-Mer – Montalivet-les-Bains – Pauillac – Lacanau-Océan – Andernos-les-Bains – Pyla-sur-Mer – Biscarrosse – Biarritz – St-Jean-de-Luz – Ainhoa – St-Jean-Pied-de-Port

HIGHLIGHTS
Rochefort: Arsenal, Royan: Le Front de Mer, Zoo de la Palmyre, Soulac-sur-Mer: Holzvillen, Leuchtturm Cordouan, Montalivet-les-Bains: Strand (12 km), täglicher Markt, Pauillac: Schlossgüter, Lacanau-Océan: Seen Lacanau, Hourtin, Andernos-les-Bains: Austernhafen, Arcachon: Dune du Pilat, Banc d'Arguin, Biscarrosse: Meeresstrände, See, Biarritz: Marienfelsen, Meeresmuseum, St-Jean-de-Luz: Hafen, Maison Louis-XIV, Kirche, Baskendorf Ainhoa, St-Jean-Pied-de-Port: Oberstadt

CAMPING- UND STELLPLÄTZE
Aire de Camping-car, Le Port, 17780 Soubise, Tel. 0033/5/46 84 92 04, www.campingpark.com, GPS: N45°55'42" W01°00'24"
Stellplatz im Hafen am Charente-Ufer, von einer Baumreihe durchzogen, mit allen nötigen Einrichtungen.

Aire de Service du Huga, Rue des Sauviels, 33680 Lacanau-Huga, Tel. 00 33/5/56 03 21 22, www.lacanau.com, GPS: N45°00'22" W01°09'56"
Großes Gelände in Pinienwald mit Serviceeinrichtungen, Radwege an den See und ans Meer.

Yelloh! Village Panorama du Pyla, Route de Biscarrosse, 33115 Pyla-sur-Mer, Tel. 0033/5/56 22 10 44, www.camping-panorama.com, GPS: N44°34'24" W01°13'09"
Campingplatz in hochstämmigem Pinienwald mit prächtigem Meerblick, Startplatz für Gleitschirmflieger.

Aire de Camping-car, Rue du 11 Novembre, 64220 Saint-Jean-Pied-de-Port, Tel. 0033/5/59 37 00 92, www.saintjeanpieddeport-paysbasque-tourisme.com, GPS: N43°09'54" W01°13'55"
Für Reisemobile reservierter Bereich am Stadion.

TOURIST-INFO
CRT Nouvelle-Aquitaine, 4, Place Jean Jaurès, 33000 Bordeaux, Tel. 0033/5/56 01 70 00, www.tourisme-aquitaine.fr

Camping Panorama du Pyla

Esterel-Massiv: Von den roten Bergen kommen wir.

21 MIMOSENSTRASSE

Frühlingsfeste an der Côte d'Azur

Früher als anderswo – meist Anfang Februar – beginnt an Frankreichs azurblauer Küste die Mimosenblüte. Die Menschen im Westen der Region feiern dieses zauberhafte Naturschauspiel mit farbenprächtigen Paraden. Stadt und Land verbindet die »Route du Mimosa«: Sie führt von Bormes-les-Mimosas nach Grasse, der Welthauptstadt des Parfüms.

Alles begann angeblich mit Captain Cook: Der berühmte englische Seefahrer und Entdecker brachte Mitte des 18. Jahrhunderts die ersten Mimosen von einer Reise aus Südamerika mit. Seine adligen Landsleute, die den Winter im damals jungen Seebad Cannes verbrachten, ließen sie sogleich in die Gärten ihrer Villen einsetzen. Begünstigt durch den sauren Boden, konnte sich das wärmeliebende Gewächs über die Hügel des Maurenmassivs rasch ausbreiten. Gespannt lauscht man dem Gärtner Gérald Cavatore, der in Bormes-les-Mimosas eine Baumschule betreibt. Er berichtet davon, dass Botaniker viele hundert Mimosenarten zählen, die entweder als Sträucher oder bis zu zwölf Meter hohe Bäume wachsen. Gerne zeigt er Gästen seine einzigartige Sammlung aus mehr als 170 Varietäten, die er auf unzähligen Reisen rund um den Globus zusammengetragen hat.

BLUMENKORSO AN KARNEVAL

Der alte Ortskern erstreckt sich terrassenförmig an einem vor kalten Winden geschützten Südhang. Es duftet hier nicht nur herrlich nach Mimosen, sondern auch nach Eukalyptus und Kamille. Bormes ist ein typisches südfranzösisches Städtchen, das jahrein, jahraus die Besucher in Scharen anzieht. Besonders viele kommen immer am dritten Sonntag im Februar, wenn ein grellbunter Blumenkorso mit viel Trara durch die Straßen zieht. Fast ein Jahr lang haben die Bewohner auf dieses Ereignis hingearbeitet. Da der Umzug in die närrische Zeit fällt, sind die dargestellten Motive deutlich vom Karneval geprägt – entsprechend ausgelassen ist die Stimmung. Wer's sonst eher ruhig mag, sollte ein andermal wiederkommen. Sie könnten beispielsweise als Alternative zum Spektakel schnurstracks hinauf auf den Schlossberg gehen – über steile, mitunter rutschige Gassen mit einer Rinne in der Mitte, die im Volksmund »Rompi-Cuou« heißen, zu Deutsch »Halsbrecher«. Von der Schlossruine herab bietet sich ein famoser Blick auf Dächer und Landschaft. Er reicht bis zum Cap Bénat sowie zu den Inseln Port-Cros und Le Lavant.

LAUSCHIGE ECKEN UND PLÄTZE

Die Kirche Saint-Trophyme, erbaut im 18. Jahrhundert, zeigt romanische Einflüsse. Ihren Chor schmücken schöne Fresken. Überdachte Passagen (12. und 16. Jahrhundert), wo sich die Einheimischen seit jeher gerne zum Schwätzchen mit den Nachbarn treffen, verbinden die Gassen miteinander. Gemütliche kleine Plätze, wie etwa die Place Lou-Poulid-Cantoun, laden ebenfalls zum Verweilen ein. Auf der Place Saint-François findet mittwochs der Wochenmarkt statt. Die charmante Altstadt bildet eine unerschöpfliche Quelle der Inspiration für Künstler und Kunsthandwerker, die dort ihre Ateliers eingerichtet haben. Eine von ihnen ist die Hutmacherin Nathalie Papet, deren Laufbahn in dem renommierten Pina Bausch/Folkwang-Ballett in Essen begann. Ihr Laden »Les Bibis du Midi« in der Montée de l'Ecureuil ist eine wahre Schatztruhe: Das Sortiment umfasst etwa 5000 Kopfbedeckungen jeder Art.

Allenthalben hört man in dieser frühen Jahreszeit die Vögel singen und balzen. In Bormes und andernorts genießen die Menschen in den Straßencafés die milde Wintersonne und den sanft schmeichelnden Wind, der vom Meer übers Küstenland streicht. Fantastische Ausblicke eröffnen sich zum Beispiel, wenn man mit dem Reisemobil den Col du Canadel passiert. Die in Blüte stehenden Büsche und Bäume tauchen die Hänge in flammendes Gelb. Weit unten blinken tiefblaue Buchten. Nach dem Besuch von Bormes bietet es sich auch an, noch ein bisschen am Meer entlangzuschlendern – etwa in der Domaine du Rayol

Links: Großes Schauspiel: Bormes-les-Mimosas in voller Blüte

Rechts: Kurzer Halt an der Corniche

im Nachbarort Le Rayol-Canadel. Den feudalen Besitz ließ anno 1910 der reiche Geschäftsmann Alfred-Théodore Courmes anlegen. Der zugehörige weitläufige Landschaftsgarten präsentiert einen umfassenden botanischen Querschnitt aus subtropischen Gebieten rund um den Erdball.

SICHER VOR DEN PIRATEN

Das nächste Ziel, das man auf der Route ansteuert, ist Grimaud – ein reizendes Mittelalterstädtchen mit Burg, hoch auf einem Bergrücken gelegen. Die exponierte Lage schützte den Ort über Jahrhunderte vor Überfällen durch Seeräuber. Die Gebäude und Brunnen wirken behutsam restauriert. Die ältesten Häuser stammen aus dem 15. Jahrhundert. Viele Türrahmen bestehen aus polierten, schwarzen Lava- oder dunkelgrünen Serpentin-Platten. Ein Rundgang zu den Sehenswürdigkeiten dauert etwa eine Stunde; den Plan dazu hält die Gästeinformation bereit. Startpunkt ist oft die Église Saint-Michel mit schönen Fresken. Der Grundriss der romanischen Kirche (12./13. Jahrhundert) weist, wie damals üblich, die Form eines lateinischen Kreuzes auf. Die Burg ließ Kardinal Mazarin 1655 schleifen, dennoch sind von den ursprünglich drei Befestigungsmauern und vier Ecktürmen ein paar imposante Reste übrig. Vom oberen Wehrgang schweift der Blick weit über das Maurengebirge mit seinen Korkeichen- und Kastanienwäldern sowie über den Golf von Saint-Tropez.

Wegen seiner langen Sandstrände ist Sainte-Maxime im Sommer ein sehr beliebter Ferienort. Doch auch an sonnigen Wintertagen flaniert man hier gerne auf der von Palmen gesäumten Promenade Simon-Lorière, die am Hafen entlang verläuft, oder auf der im Westen gelegenen Promenade de la Croisette; sie führt unter anderem zum botanischen Garten. Sainte-Maxime gelang es außerdem, ihr reiches architektonisches Erbe aus der Zeit vor dem Zweiten Weltkrieg zu bewahren. Das Tourismusbüro hat einen Rundgang (2,5 Std.) dazu ausgearbeitet, auf dessen Weg man zahlreiche Belle-Époque-Villen, bewohnt von Künstlern und Prominenten, bewundern kann, die außergewöhnliche bauliche Elemente aufweisen.

EIGENWILLIG UND EXOTISCH

Mit üppig dekorierten Häusern wartet auch der mondäne Küstenort Saint-Raphaël auf: Man findet sie im Quartier de la Marine, darunter die prächtige Villa Roquerousse (1900) in der Promenade René Coty. Schön sind auch der Spaziergang durch die engen Altstadtgassen, der Besuch der Basilika Notre-Dame-de-la-Victoire-de-Lépante und des archäologischen

KÖSTLICHE KÜCHE

Bormes und Grimaud gelten als Feinschmeckerhochburgen. Fischsuppen etwa sind dort in den Lokalen als Vorspeise sehr beliebt. Berühmt ist natürlich die Bouillabaisse: Sie enthält stets verschiedene Fischsorten, Krustentiere und Muscheln. Auf die mitgereichten gerösteten Weißbrotscheiben streicht man Rouille, eine pikante, sämige Knoblauch-Pfefferschoten-Sauce. Meeresfrüchte genießt man außerdem gerne als Vorspeise in Ragout-Form. Eine beliebte Zubereitungsart von Fleisch ist, es in Stücke zu schneiden und zu schmoren (oft angewendet bei Lamm mit Tomaten). Perfekter Begleiter eines guten Essens ist der Wein, wobei man die regionalen Erzeugnisse lange Zeit schmähte. Das hat sich geändert: Gefragt sind unter anderem die kräftigen Rotweine aus Bandol.

Museums. Die Kirche im neobyzantinischen Stil, erbaut 1883, besticht durch zahlreiche Besonderheiten wie etwa der orientalischen Bemalung im Chor, die an eine Moschee erinnert, oder den Fenstern in maurischer Bauweise. Wer in Ruhe lustwandeln möchte, der sollte den Jardin Bonaparte mit Aussichtsterrasse aufsuchen. Das Treiben im Fischerhafen lässt sich von dort gut verfolgen.

Direkt hinter der Stadt erhebt sich das Esterel-Massiv, eine bezaubernd schöne, rot leuchtende Bergkette. Diese besteht aus altem, stark verwittertem Vulkangestein mit tiefen Schluchten. Die gezackten Felsen reichen oft bis ins Wasser hinein, manchmal fallen die Felswände sogar senkrecht ins Meer. Eine Fahrt mit dem Wohnmobil auf der Corniche de l'Esterel mit ihren Aussichtsplätzen ist ein Muss. Wunderbare Wanderwege führen unter anderen zum Mont Vinaigre (618 m), der höchsten Erhebung, und zum Pic de l'Ours (492 m) mit Fernsehturm. Ausgangspunkt einer Wanderung auf den Cap-Roux-Gipfel (452 m) ist der Parkplatz in La Sainte-Baume. Dorthin gelangt man ab Saint-Raphaël über die D559 und die Forststraße am Col Belle-Barbe. Zwei Stunden dauert der Aufstieg über den markierten Weg. Oben angekommen, bietet sich eine überwältigende Aussicht bis zu den Lérins-Inseln. Viele Straßen im Gebirge sind für den Privatverkehr gesperrt beziehungsweise enden an Parkplätzen. Da passt es gut, dass es in der Gegend Campingplätze gibt, wie etwa Royal-Camping in Le Dramont, die nach kurzer Winterpause bereits im Februar wieder öffnen.

PARTY FEIERN OHNE ENDE

Zwischen Esterel- und dem nachfolgenden Tanneron-Massiv breitet sich an der Siagne-Mündung die Stadt Mandelieu-la-Napoule aus. Im Mittelalter gab es hier einen Hafen mit Namen Epulia, heute hat der Mimosenanbau den Fischfang als wichtigsten Wirtschaftszweig weit hinter sich gelassen. Das ist auch der Grund, weshalb die Bewohner in Mandelieu das Mimosenfest im Februar zehn Tage lang begeistert

Oben: »Café zur guten Aussicht« in Bormes

Linke Seite oben: Fest der Farben

Linke Seite unten: Erst einmal mit etwas Kleinem anfangen

Links: Mandelieu-la-Napoule feiert.

Rechts oben: Royal-Camping: königlich campen

Rechts unten: Seife aus besten Rohstoffen

feiern. Zahlreiche Veranstaltungen, Blumen- und Nachtcorsi entlang der Seepromenade begleiten das Programm. Die närrischen Einlagen brauchen den Vergleich mit dem weitaus berühmteren Karneval in Nizza nicht zu scheuen. Bejubelter Auftakt ist stets die Wahl der Mimosenkönigin.

Die Mimosenzucht ist auch die große Leidenschaft von Bernard Vial im Ausflugsort Tanneron. Der Gärtner hat ein ausgetüfteltes Verfahren entwickelt, das den Export von Schnittpflanzen möglich macht. Es erfordert einen ständigen Wechsel von Feucht- und Trockenperioden im Gewächshaus mit anschließender Lagerung im dunklen Kellerverlies. Nach erfolgtem Versand muss der Empfänger die Zweige zu Hause in heißem Wasser und einem eigens entwickelten Pulver wieder zum Blühen bringen. Sie sind somit auch ein schönes Reisemitbringsel. Während ihr Mann erfolgreich Mimosen züchtet und vertreibt, offeriert Bernadette Vial in ihrem Laden nebenan ein reichhaltiges Angebot an Produkten aus der Region. Es beinhaltet zum Beispiel aromatische Kräutermischungen oder hausgemachte Liköre und Konfitüren (www.vial-tanneron.com). Außerdem gibt es hier und überall im Dorf den exzellenten Tanneron-Bergblütenhonig zu kaufen.

HIER RIECHT'S VERDAMMT GUT

Am Fuß der Parfümhauptstadt Grasse breitet sich die Ebene mit den Blumenfeldern aus, die zu ihrer weltweiten Berühmtheit beitragen. Die gewundenen Altstadtgässchen säumen vier- oder fünfstöckige Häuser, Treppen verbinden die Gassen. Rund ein Dutzend Häuser mit Zwillingsfenstern, sogenannten Biforien, erzählen von der Blütezeit im Mittelalter. Nach jahrelangen Umbauarbeiten hat das Internationale Parfümeriemuseum wieder geöffnet: Es präsentiert in ansprechendem Ambiente aus gläsernem Gang und Garten auf 3500 Quadratmetern rund 50 000 Exponate aus der Welt der edlen Düfte.

»Gelbe Jahreszeit« im Bergdorf Tanneron

TOUR-INFO KOMPAKT

KILOMETER
131

STRECKENVERLAUF
Bormes-les-Mimosas – Le Rayol-Candel-sur-Mer – Col du Canadel – Grimaud – Sainte-Maxime – Saint-Raphaël – Mandelieu-la-Napoule – Tanneron – Grasse

HIGHLIGHTS
Bormes-les-Mimosas: Altstadt, Blumenkorso im Februar, Le Rayol-Candel-sur-Mer: Landschaftsgarten Domaine du Rayol, Grimaud: Altstadt, Sainte-Maxime: Promenade Simon-Lorière, Botanischer Garten, Belle-Époque-Villen, Saint-Raphaël: Basilika, Archäologisches Museum, Esterel-Massiv, Mandelieu-la-Napoule: Mimosenfest, Tanneron: Mimosenzucht Bernard Vial, Grasse: Altstadt, Parfümeriemuseum

CAMPING- UND STELLPLÄTZE
Camping Manjastre, Chemin des Girolles 150, D 98, 83230 Bormes-les-Mimosas, Tel. 0033/4/94 71 03 28, www.campingmanjastre.com, GPS: N43°09'45" E06°19'8"
Gut eingerichteter Platz zwischen Reblagen im Nordwesten der Stadt, ganzjährig geöffnet.

Aire de Camping-car de Sainte-Maxime, Route de Plan de la Tour, D 25, 83120 Sainte-Maxime, Tel. 0033/4/94 55 75 55, www.ste-maxime.fr, GPS: N43°19'02" E06°37'48"
Geschotterter Stellplatz für 80 Reisemobile im Norden der Stadt, Schnellrestaurant gegenüber, Servicestation vorhanden.

Royal-Camping, Rue Marie-Louise Robinson, 83700 Le Dramont, Tel. 0033/4/94 82 00 20, www.royalcamping.net, GPS: N43°25'12" E06°51'25"
Durch einen Fahrweg zweigeteilter Campingplatz mit neuen Einrichtungen an einer schönen Bucht mit Sandstrand.

Camping Les Cigales, Avenue de la Mer 505, 06210 Mandelieu-la-Napoule, Tel. 0033/4/93 49 23 53, www.lescigales.com, GPS: N43°32'20" E06°56'33"
Stadtcamping am Fluss Siagne, die Promenade, auf der die Umzüge stattfinden, liegt in Gehweite.

TOURIST-INFO
Var Tourisme, Boulevard de Strasbourg 1, 83000 Toulon, Tel. 0033/4/94 18 59 60, www.visitvar.fr

22 VON SANREMO ZU DEN DÖRFERN DER CINQUE TERRE

Die italienische Riviera

Entlang der alten Römerstraße Via Aurelia lernen Sie auf dieser Route die Küste Liguriens kennen und reisen von so namhaften Orten wie Sanremo über Finale Ligure nach Genua. Östlich dieser bedeutenden Seefahrerstadt geht es auf einen kurzen Besuch in den kleinen malerischen Ort Portofino und die fünf beliebten Dörfer der Cinque Terre, UNESCO-Weltkulturerbe.

Nur wenige Kilometer von der Grenze zu Frankreich entfernt beginnt diese Reise an der italienischen Riviera bei einem Eis an der Promenade von Sanremo. Zwischen hier und der Grenze mündet der Fluss Roia ins Mittelmeer und teilt dort die Altstadt von Ventimiglia in zwei Hälften. Ein Abstecher in die kleine Stadt, die sich zwischen der Küste und den letzten Ausläufern der Ligurischen Alpen erstreckt, ist über die Küstenstraße SS1 schnell erfolgt.

WOHIN SCHON SCHWEDISCHE PREISSTIFTER AUSWANDERTEN

Sanremo ist deutlich größer und bietet zwischen zwei Jachthäfen einen gut besuchten Strandabschnitt, an dem zugleich die mit Palmen gesäumte Promenade verläuft. Nur wenige Gehminuten sind es von hier bis zum Corso Felice Cavallotti, wo die stattliche Villa Nobel zu einem Besuch einlädt. Mit einem leicht orientalischen Touch präsentiert sich das neogotische Gebäude, das der Namensgeber für den Nobelpreis, Alfred Nobel, zu seinem Wohnort erkor. Im Jahr 1896 verstarb Nobel in der Villa, die von einem Park mit zahlreichen Palmengewächsen und Kakteen umgeben ist.

Zwischen der Villa Nobel und dem Jachthafen könnten Sie gerne die Fahrräder vom Heckträger nehmen und die Küstenlandschaft auf dem Drahtesel erkunden. Denn Sanremo, Riva Ligure und das weiter östlich gelegene San Lorenzo al Mare sind über einen wunderbaren Radfernweg miteinander verbunden, der auf einer ehemaligen Bahntrasse angelegt wurde.

Farbenprächtig ist Manarola, eine der fünf Ortschaften von Cinque Terre.

Links: Kleine Gassen, in denen Boote parken, prägen Cinque Terre.

Rechts: Orangenbäume an der italienischen Riviera

Die rund 20 Kilometer lange Strecke verläuft daher flach und ist eigens vom übrigen Straßenverkehr abgetrennt.

Mit dem Wohnmobil geht es auf der SS1 weiter. Genießen Sie dabei immer wieder den Ausblick auf die Küste, die von hier bis Genua als Rivieria di Ponente bezeichnet wird. Zahlreiche Blumenfelder, Blumenmärkte, aber auch Gewächshäuser prägen diesen Teil der Riviera, der daher auch als »Blumenriviera« bekannt ist. Wer hier am dritten Juniwochenende unterwegs ist, wird Zeuge des großen Blumenfestes, das mit einem Umzug floraler Figuren begangen wird.

GENUSSTOUR DURCH DIE BLUMENRIVIERA

Auf den Verkehrsschildern liest man während der Fahrt immer wieder SS1 Via Aurelia. Gemeint ist damit, dass die Strada Statale 1 quasi der moderne Nachfolger der einstigen Römerstraße Via Aurelia ist. Die Via Aurelia ließ Gaius Aurelius Cotta im 3. Jahrhundert vor Christus anlegen. Sie diente schon damals als Verbindung von Rom entlang der Küste in das heutige Frankreich.

Immer wieder passiert man kleine Küstenörtchen wie Andora oder Alassio, die sich malerisch in die Landschaft einfügen und zu kleinen Spaziergängen entlang der Promenade oder durch enge Gassen einladen. In Alassio lohnt zum Beispiel der Blick auf Muretto Di Alassio, ein kleines Mäuerchen in der Altstadt, das mit mehreren hundert farbenprächtigen Fliesen verziert wurde. Diese enthalten oft die Signatur einer berühmten Persönlichkeit, die im Ort zu Besuch war. So wurde die erste Fliese vom Schriftsteller Ernest Hemingway angebracht.

Die weitere Fahrt verläuft nun durch die Palmenriviera, und Sie erreichen schon bald die beliebten Urlaubsorte Pietra Ligure und Finale Ligure. Hier hat man die Wahl zwischen einem Bummel in den schmalen Gassen der Ortschaften und dem Erholungsbesuch an den langen Sandstränden, wo man den Blick über das Mittelmeer schweifen lassen kann.

Einen noch besseren Ausblick erhält man in der drittgrößten Stadt Liguriens. Savona ist eine gute halbe Stunde mit dem Wohnmobil von Finale Ligure entfernt und beherbergt eine aus dem 16. Jahrhundert stammende Festung. Sie erhebt sich oberhalb des östlichsten Strandabschnittes und gibt von oben den Blick auf das umfangreiche Hafengelände frei. Die Chance, ein typisches Kreuzfahrtschiff zu sehen, ist in Savona besonders groß. Insbesondere Schiffe der Reederei Costa Crociere, dazu gehören Costa- und Aida-Kreuzfahrtschiffe, legen hier regelmäßig an, da Savona als Basishafen dieser Reederei fungiert.

Gegen das riesige Hafengelände wirkt das Wahrzeichen der Stadt, der Torre Leon Pancaldo, nachgerade winzig. Der 23 Meter hohe Turm wurde Ende des 14. Jahrhunderts zum ersten Mal schriftlich erwähnt und diente als Teil der damaligen Stadtmauer zum Schutz des Hafens. Benannt wurde er später nach dem aus Savona stammenden Navigator, der Ferdinand Magellan auf seiner Weltumrundung begleitete.

AUF DU UND DU ZWISCHEN WOHNMOBILFAHRERN UND SEEFAHRERN

Mit weiteren Namen berühmter Seefahrer kann sich die Stadt Genua schmücken, die auf dem weiteren Weg entlang der SS1 erreicht wird. An erster Stelle steht natürlich Christoph Columbus, der – höchstwahrscheinlich – im Jahr 1451 in Genua zunächst das Licht der Welt erblickte und wenige Jahrzehnte später bekanntlich einen Blick auf einen für die Europäer unbekannten Kontinent warf.

Die Hauptstadt Liguriens bietet darüber hinaus eine Vielzahl an Sehenswürdigkeiten. Zahlreiche Paläste und Patrizierhäuser erstrecken sich entlang der Via Garibaldi, Via Balbi und Via Cairoli, die zusammen als Le Strade Nuove, also »Die neuen Straßen« bezeichnet werden. So sind in den Palazzi Bianco und Rossi, die nach den Farben ihrer Fassade bezeichnet werden, Gemäldegalerien untergebracht, während der Palazzo Doria Tursi heute das Rathaus von Genua beherbergt. Diese und weitere sehenswerte Bauten werden zu den Palazzi dei Rolli gezählt. Verdientermaßen sind die Palazzi dei Rolli und Le Strade Nuove im Jahr 2006 auf die Liste der schützenswerten Welterben der UNESCO aufgenommen worden.

Südlich davon erstreckt sich die Altstadt zwischen dem Jachthafen und der Piazza de Ferrari. Letzterer präsentiert sich als zentraler Platz mit einem spektakulären Rundbrunnen. Viel Zeit sollte man auch für einen Besuch in einem der größten Aquarien der Welt mitbringen. Das Aquarium Genua wurde im Rahmen

MIT DEM ZUG ZU DEN CINQUE TERRE

Die Züge, mit denen man die Dörfer der Cinque Terre erreicht, sind keine speziellen Touristenzüge, sondern die reguläre Nahverkehrverbindung zwischen La Spezia und Genua. Sie gehören zum Hauptstreckennetz der italienischen Bahngesellschaft. Alle 30 Minuten fährt ein Zug ab und hält nur wenige Minuten später am nächsten Dorf. Die kürzeste Fahrt findet zwischen Riomaggiore und Manarola statt und dauert nur zwei Minuten. Es empfiehlt sich der Kauf der Cinque-Terre-Card, die es an jedem Bahnhof gibt. Damit kann man jederzeit die Züge sowie die Minibusse des Nationalparks Cinque Terre nutzen und hat unbeschränkten Zugang zu allen Wanderwegen zwischen den fünf Dörfern. Die Karte gibt es für einen oder zwei Tage (2019: 7,50 €/14,50 €).

der 500-Jahrfeier zur Entdeckung Amerikas im Jahr 1992 eröffnet und zeigt in fast 40 Becken eine Vielzahl an Meeresbewohnern. Gleich nebenan im Hafenbecken ist der Nachbau einer spanischen Galeone zu sehen: Die *Neptune* wurde für den Film »Piraten« von Roman Polanski gebaut und diente später auch als Kulisse für eine TV-Miniserie rund um Peter Pan und Captain Hook.

Die Reise entlang der Riviera di Ponente endet in Genua, denn fortan befindet man sich an der Riviera di Levante, die bis La Spezia reicht. Auf dem Weg dorthin passieren Sie auf der bekannten SS 1 oder der schneller zu befahrenden Autobahn die Ortschaft Rapallo. Wer viel Zeit und Geduld mitbringt, sollte in Rapallo einen kleinen Abstecher auf die breite Halbsinsel Portofino wagen. Am südöstlichen Ende dieser Halbinsel befindet sich der malerische gleichnamige Ort, der mit seinem kleinen Hafen absolut sehenswert ist. Rund um die Piazza Martiri dell'Olivetta erheben sich mehrere farbenprächtige Wohnhäuser und Straßencafés, während eine Seite des Platzes direkt in das Hafenbecken abfällt. Ein Wermutstropfen des beliebten Küstenörtchens ist die Tatsache, dass er mit dem Wohnmobil nur mit Mühe zu erreichen ist. Die Küstenstraße zwischen Rapallo und Portofino ist sehr kurvig, eng, und der Beifahrer freut sich stellenweise über eine hohe Mauer bzw. eine Felswand, die zur Rechten aufragt. Ist man nach der mühevollen Anreise in Portofino angekommen, wird man schnell feststellen, dass die Parkmöglichkeiten stark eingeschränkt sind und selbst das Wenden inmitten der Besucherströme zu einer Herausforderung werden kann. Daher empfiehlt es sich, ab Rapallo besser mit dem Bus anzureisen.

DIE DÖRFER DER CINQUE TERRE – TRAUMZIEL IN LIGURIEN

Sogar noch malerischer sind die berühmten fünf Orte der Cinque Terre im Osten Liguriens, kurz vor der Hafenstadt La Spezia. Der Reihe nach sind das: Monterosso al Mare, Vernazza, Corniglia, Manarola und Riomaggiore, die es gemeinsam auf die Liste der Weltkulturerben der UNESCO geschafft haben.

Oben: Blick auf Monterosso al Mare

Linke Seite oben: Woanders parkt man sein Auto vor der Tür.

Linke Seite unten: Kleiner Wohnmobilstellplatz oberhalb der Cinque Terre

Oben: Die Dörfer der Küste sind malerisch in die sanften Hügel eingebettet.

Rechte Seite: Der Gigante ist ein Wahrzeichen von Monterosso.

Auch hier lässt man das Wohnmobil draußen stehen und kann die fünf Dörfer entweder auf einem Wanderweg oder bequem mit dem Zug erreichen. Die Besonderheit der Cinque Terre ist nämlich ihre Lage. Der hiesige Küstenabschnitt besteht aus einer steilen, bis zu 100 Meter hohen Felswand, die mehrmals von engen Geländeeinschnitten unterbrochen wird. Während das Dorf Corniglia auf einem Felsvorsprung weit oberhalb des Meeres liegt, befinden sich die vier anderen Dörfer malerisch direkt am Wasser und sind landseitig von hohen Felswänden umschlossen.

Bei einer Fahrt mit der Bahn durchquert man die Felswände und fährt auf diese Weise gemütlich von Ort zu Ort. Monterosso al Mare ist der nördlichste und größte Ort der Cinque Terre. Er lässt sich sogar mit dem Wohnmobil erreichen. Entweder stellt man es auf dem Großparkplatz neben dem Strand ab oder man übernachtet weit oberhalb auf dem kleinen privaten Wohnmobilstellplatz. Beide Möglichkeiten sind in der Nebensaison jedoch deutlich einfacher als in der Hauptsaison. Durch einen kleinen Tunnel gelangt man in die überschaubare und steil aufragende Altstadt. Wahrzeichen von Monterosso ist eine aus dem Fels geschlagene Steinfigur namens »Gigante«. Das benachbarte und über 1000 Jahre alte Vernazza hat keine spezielle Sehenswürdigkeit, lockt aber mit den eng beieinanderstehenden Häusern der Via Roma zu einem Besuch. Durch die enge Gasse gelangt man vom Bahnhof direkt zum Hafen.

Corniglia als dritte Ortschaft im Bunde präsentiert sich, wie erwähnt, als einziges Dorf auf einem Felsvorsprung und bietet mit den farbenfrohen Fassaden der Wohnhäuser eine prachtvolle Kulisse. Während sich die Nordseite des Dorfes oberhalb einiger Weinberge erhebt, reichen die Häuser am Südrand schwindelerregend direkt bis zur Abbruchkante der Steilküste. Einen besonders guten Eindruck bekommt man davon in Manarola, dem vierten Dorf. Durch die Via Renato Birolli gelangt man ebenfalls zum Hafen. Wenigstens dort sollte man ein kurzes Stück dem

Wanderweg entlang der Küste folgen. An dem Felsvorsprung einer kleinen Halbinsel genießt man den versprochenen Blick auf das zwei Kilometer entfernte Corniglio, während Manarola auf der anderen Seite der Felszunge mit seinen bunten Hausfassaden ebenfalls wieder einen traumhaften Anblick bietet.

Nur wenige hundert Meter weiter südöstlich, aber eben durch eine weitere hohe Steilküste von Manarola abgetrennt, befindet sich mit Riomaggiore das letzte Dorf von Cinque Terre. Der Ort ist so klein, dass selbst der Bahnhof überwiegend nur unterirdisch im Tunnel Platz hat. Allerdings kann man Riomaggiore auch mit dem Auto erreichen. Im Ort spaziert man bergab auf einer kleinen autofreien Straße zwischen zahlreichen Cafés und Souvenirläden.

Nach dieser wunderbaren Tour entlang der Küste von Ligurien kann man seine Reise gleich mit einem Besuch in der Toskana fortsetzen. Die beiden Städte Pisa und Lucca sind nur 70 Kilometer Luftlinie von Monterosso entfernt.

TOUR-INFO KOMPAKT

KILOMETER
240

STRECKENVERLAUF
Sanremo – Finale Ligure – Savona – Genua – Portofino – Cinque Terre mit Monterosso al Mare, Manarola, Riomaggiore

HIGHLIGHTS
Villa Nobel in Sanremo, Radfernweg »Pista ciclabile della riviera ligure«, Muretto Di Alassio, Festung Savona, Weltkulturerbe Le Strade Nuove und Palazzi dei Rolli, Altstadt von Genua, Aquarium Genua, Galeone Neptune, Küste und Hafen bei Portofino, Cinque Terre

CAMPING- UND STELLPLÄTZE
Camping Villaggio dei Fiori, Via Tiro a Volo 3, 18038 Sanremo, Tel. 0039/0184/66 06 35, www.villaggiodeifiori.it, GPS: N43°48'07.5" E7°44'42.1"
Großer Campingplatz westlich von Sanremo, direkter Zugang zur Küste, mit etwas Glück kann man mit dem Wohnmobil in erster Reihe stehen.

Stellplatz Area di Sosta Camper »Pian di Poma«, Corso Guglielmo Marconi 129, 18038 Sanremo, kein Tel., GPS: N43°48'11.7" E7°44'49.6"
Große Asphaltfläche, die als Wohnmobilstellplatz genutzt werden kann, direkt an der Küste neben dem Campingplatz Villagio dei Fiori, im Sommer sehr voll.

Camping Sole, Via Vignetta 34, 17019 Varazze, Tel. 0039/019/93 17 10, www.campingsole.eu, GPS: N44°21'47.6" E8°35'36.5"
Überschaubarer Campingplatz am Ostrand von Varazze, mit Meerblick, aber direkt neben der Autobahn, ca. 15 Min. zu Fuß zum Strand.

Wohnmobilstellplatz Cinque Terre, Area Sosta di Camper »Il Poggio«, Strada Provenciale 38, 19016 Monterosso al Mare, Tel. 0039/366/424 61 63, www.parkcamperilpoggio5terre.it/index.php, GPS: N44°09'18.0" E9°39'33.3"
Kleiner Stellplatz oberhalb von Monterosso al Mare, Zugang durch eine Schranke, die Zugangsnummer erhält man nach einem kurzen Anruf bei den netten Betreibern, wenige Stellflächen, daher oft komplett belegt.

Hinweis: Maut auf italienischen Autobahnen und Vignettenpflicht in Slowenien.

TOURIST-INFO
Italienische Zentrale für Tourismus, Büro Frankfurt, Schaumainkai 87, 60596 Frankfurt/Main, Tel. 069/23 74 34, www.enit.de

Tourismusbüro Genua, Via Garibaldi 9, 16124 Genova, Tel. 0039/01 05 57 29 03, www.visitgenoa.it

Tourismusbüro Sanremo, Corso Cavallotti 59, 18038 Sanremo, Tel. 0039/01 84 58 04 14, www.lamialiguria.it

Turistico Cinque Terre, Loc. Loreto Parcheggio Multipiano, 19016 Monterosso al Mare, Tel. 0039/01 87 81 92 70, www.cinqueterre.it

23 VON CHIOGGIA NACH PORTOROŽ

Über Italien nach Slowenien

Mit einem Rundgang durch »Klein-Venedig« startet diese Reise, die wenig später mit der originalen Lagunenstadt fortgeführt wird. Nach einer Fahrt mit dem Wasserbus auf dem Canal Grande und zu den Inseln der Lagune geht es entlang der Adria in alte römische Städte und über die Grenze nach Slowenien, wo zum Abschluss ein Kurort aufwartet.

Die Tour beginnt in Chioggia, das auch als »Klein-Venedig« bezeichnet wird. Das Wohnmobil sollten Sie lieber auf dem Parkplatz Lusenzo vor den Toren der Stadt stehen lassen und mit dem Bus in die Altstadt fahren. Aber auch zu Fuß ist man schnell mitten im Geschehen. Nach wenigen hundert Metern überquert man einen der Dämme, mit denen die Insel Cartieri mit dem Festland verbunden ist, und ehe man es sich versieht, steht man bereits am südlichen Stadttor, der Porta Garibaldi.

Gleich dahinter erhebt sich die stolze Kathedrale Santa Maria Assunta, während zur Rechten der Canal Vena zu sehen ist, der sich einmal quer durch die Altstadt zieht. Der Kanal verläuft parallel zur Hauptstraße, dem Corso del Popolo, auf dem emsiges Treiben herrscht. Beide Verkehrswege sind durch eine Häuserzeile voneinander getrennt, haben jedoch eine Gemeinsamkeit: Von beiden zweigen zahlreiche kleine Gassen ab, die zum wahllosen Bummeln und Schlendern durch die Altstadt einladen.

Wenn man dem Kanal bis zu seinem nördlichen Ende folgt, steht man nicht nur unmittelbar an der Lagune von Venedig, sondern auch an der Ponte Vigo. Von dieser aus kann man bei guter Sicht über den Jachthafen hinwegblicken und am Horizont sogar die Alpenkämme erkennen. Dazwischen erstreckt sich das nächste Ziel – Venedig.

MIT DEM WASSERBUS DURCH DIE LAGUNE VON VENEDIG

Venedig erreichen Sie auf dieser Strecke bei einer Umrundung der Lagune auf der SS 309. Besser gesagt, kommt man auf diesem Weg nach Marghera,

Blick von der Adria bis zu den Gipfeln der Alpen

wo man das Wohnmobil auf einem Campingplatz abstellen kann. Eine regelmäßige Busverbindung bringt Sie zügig von Marghera in die Altstadt der »Serenissima«, wie Venedig auch genannt wird. Mittlerweile wird für den Besuch der Stadt Eintritt verlangt (2020: 6€). Mit der modernen Ponte della Costituzione überquert man schon am Busbahnhof ein erstes Mal den legendären Canal Grande. Nun ist es einem selbst überlassen, welche Wege man einschlägt, um die Lagunenstadt zu erkunden. Es gibt unzählige Möglichkeiten abzuzweigen, zahlreiche Gassen – von rummelig bis idyllisch – und natürlich viele Kanäle, an deren Ufern man gemütlich entlangschlendert. Souvenirläden, Shops und viele Einkehrmöglichkeiten laden dazu ein, immer wieder anzuhalten. Wer nur wenig Zeit hat oder sich einen ersten Überblick verschaffen möchte, der wählt vielleicht eines der Vaporetti. Diese Wasserbusse verkehren auf den Hauptwasserstraßen Venedigs und sind eine günstige und sinnvolle Möglichkeit, die Hauptsehenswürdigkeiten der Stadt kennenzulernen. Mit einem Vaporetto der Linie A fährt man zum Beispiel an den sehenswerten Fassaden entlang des Canal Grande vorbei. Dabei unterquert man natürlich auch die berühmte Rialtobrücke.

Der Markusplatz mit dem historischen Dogenpalast ist natürlich die Hauptattraktion der Stadt. Er befindet sich am anderen Ende des Canal Grande. Doch auch abseits der Hauptinsel sollte man mit den Wasserbussen die Lagune durchqueren. Die kleinere Insel Murano ist beispielsweise für ihre Glasbläserkunst berühmt. Wandelt man hier durch die Gassen und am Canale di San Donato entlang, so kann man sich an den zahlreichen Kunstwerken aus Glas in den Auslagen der Geschäfte erfreuen und sich sicherlich eines der zerbrechlichen Andenken mit nach Hause nehmen.

Noch weiter abseits befindet sich im nördlichen Teil der Lagune die Insel Burano. Hier ist es nicht Glas, sondern Spitzenhandwerk, dem man immer wieder begegnet. Doch Burano ist auch bekannt für die farbenprächtigen Hausfassaden. So stehen die Häuser

Links: Unverwechselbar – der Campanile am Markusplatz.

Rechts: Kleine Gassen gibt es auch in Murano und Burano.

Links: Wechsel vom Wohnmobil zur Gondel

Rechts: Auch am Abend hat Venedig einen besonderen Reiz.

in grellen Farbtönen nebeneinander und spiegeln sich harmonisch im Wasser der Kanäle.

Da es keine Fährverbindung an der Einfahrt in die Lagune von Venedig gibt, umrundet man diese weiterhin auf der Ostseite und erreicht bei der Weiterfahrt durch Venetien eine kleine Ortschaft, die mutmaßlich als Geburtsort für den ersten Bischof von Rom steht: Pius I. wurde vermutlich Mitte des 2. Jahrhunderts hier in Aquileia geboren.

AUF DEN SPUREN DER ALTEN RÖMER IN AQUILEIA

Der einfache Wohnmobilstellplatz ist Ausgangspunkt für einen kurzen Spaziergang zur Basilica di Santa Maria Assunta. Dieses aus dem 11. Jahrhundert stammende, romanische Gotteshaus gehört zum Weltkulturerbe der UNESCO. Der Grund hierfür besteht vor allen Dingen aus den vielen Mosaikböden, die zum Teil aus dem 4. Jahrhundert stammen und das Hauptschiff der Kirche prägen. Aquileia gehörte einst zu den größeren Städten des römischen Reiches, und so findet man heute im Stadtgebiet mehrere Ausgrabungsstätten mit Römerstraßen und Aquädukten. Bedeutsam ist vor allem auch das Archäologische Nationalmuseum, das bereits im 19. Jahrhundert eröffnet wurde und eine Vielzahl an römischen Exponaten zeigt.

Etwas weiter südlich gelangt man wieder zur Adriaküste, genauer gesagt, zur Lagune von Grado. Diese kleine Stadt erstreckt sich, wie Venedig, über mehrere Inseln und bietet schöne Möglichkeiten, durch die Altstadtgassen zu schlendern. Doch Grado ist vielmehr für seinen langen Strand bekannt und in den Sommermonaten dementsprechend sehr gut besucht.

Die nächstgrößere Stadt entlang der Adriaküste ist Monfalcone. Die Stadt bietet kaum Sehenswürdigkeiten. Die größten Bauten fahren vielmehr auf den Ozeanen herum. Denn Monfalcone ist bekannt für seine Werften, insbesondere für das größte europäische Schiffbauunternehmen Fincantieri. Hier wurden schon Kreuzfahrtschiffe wie die *Disney Magic*, die *Carribean Princess* und auch die *Queen Elizabeth* und die *Queen Victoria* für das legendäre britische Unternehmen Cunard Line gebaut.

Mit dem Wohnmobil passieren Sie nun die Straße am Golf von Triest und erreichen die gleichnamige Stadt, wo man für die Fahrt wieder mit einer umfangreichen Altstadt belohnt wird. Der kommunale Wohnmobilstellplatz befindet sich jedoch drei Kilometer südlich der Altstadt.

SLOWENIENS KLEINER KÜSTENABSCHNITT MIT GROSSARTIGER LANDSCHAFT

Nicht viel weiter ist es übrigens, in Richtung Süden, bis zur slowenischen Grenze. Das kleine Land hat sich in den letzten Jahren immer mehr dem Wohnmobiltourismus geöffnet, und so gibt es auch in Koper, der ersten größeren Stadt, die man auf dieser Tour erreicht, einen einfachen Stellplatz.

Nach rund einer Viertelstunde Fußweg hat man die Altstadt erreicht, die besonders vom Prätorenpalast aus dem 13. Jahrhundert geprägt ist. Darüber hinaus hat Koper den einzigen Seehafen Sloweniens. Kein Wunder – misst die Küstenlinie des Landes doch keine 50 Kilometer.

Daher sind auch die nächsten Ortschaften Izola und Portorož schnell zu erreichen. Letzterer ist zugleich Kurort und liegt malerisch in eine kleine Bucht eingebettet, die von sanften Hügeln umgeben ist. Wer jedoch eine Altstadt erwartet, der sucht hier vergeblich. Dann sollte man wenige Kilometer nach Westen fahren, wo die Stadt Piran auf einer Landzunge in die Adria hineinreicht und der Hauptplatz ein stimmungsvolles Bild zum Abschluss einer schönen Adria-Reise abgibt. Wer zum Kap Madona fährt, der westlichsten Spitze des Landes, und den Blick über das Meer schweifen lässt, kann den Ausgangspunkt dieser Route in rund 100 Kilometer Entfernung Luftlinie am Horizont erahnen.

TOUR-INFO KOMPAKT

KILOMETER
250

STRECKENVERLAUF
Chioggia – Marghera/Venedig – Aquileia – Triest – Koper/Slowenien – Portorož

HIGHLIGHTS
Altstadt von Chioggia mit Basilica Santa Maria Assunta und Ponte Vigo, Canal Grande, Markusplatz, Dogenpalast sowie die Inseln Murano und Burano in Venedig, Basilica Santa Maria Assunta, Ausgrabungsstätten und Archäologisches Nationalmuseum in Aquileia, Altstadt von Triest, Kurpromenade in Portorož, Altstadt von Piran

CAMPING- UND STELLPLÄTZE
Park Lusenzo, Via Granatieri di Sardegna 2a, 30015 Chioggia, kein Tel., GPS: N45°12'28.3" E12°16'33.2"
Einfacher Parkplatz mit kostenpflichtiger Übernachtungsmöglichkeit südlich der Altstadt.

Camping Village Jolly, Via Giuseppe de Marchi, 7, 30100 Venedig/Marghera, Tel. 0039/41/92 03 12, www.ecvacanze.it, GPS: N45°28'16.3" E12°12'45.6"
Auf dem Festland gelegen, nach rund 15 Minuten Fußweg erreicht man die Bushaltestelle, von wo aus man bequem nach Venedig gelangen kann.

Venice Camper Parking, Via del sorgo, 30173 Mestre-Venezia, Tel. 0039/392/348 34 51, www.venicecamperparking.it, GPS: N45°29'48.3" E12°16'34.0"
Im Jahr 2016 eröffneter Stellplatz mit 50 Stellflächen, Anbindung an die Lagunenstadt mit der Straßenbahn.

Wohnmobilstellplatz Aquileia, Via Achille Grandi, 33051 Aquileia, kein Tel., GPS: N45°45'55.7" E13°22'08.5"
Öffentlich zugänglicher Parkplatz in einer Wohnsiedlung, der als Wohnmobilstellplatz ausgewiesen ist.

Camp Lucija, Seča 204, 6320 Portorož, Tel. 00386/056 90 60 00, www.camp-lucija.si, GPS: N45°30'09.4" E13°35'36.0"
Am südlichen Rand der Bucht von Portorož gelegen, direkt am Yachthafen mit Blick auf die Adria.

Hinweis: Maut auf italienischen Autobahnen und Vignettenpflicht in Slowenien. Eintritt für Venedig.

TOURIST-INFO
Italienische Zentrale für Tourismus, Büro Frankfurt, Schaumainkai 87, 60596 Frankfurt/Main, Tel. 069/23 74 34, www.enit.de

Tourismusbüro Venedig, San Marco 2637, 30124 Venedig, Tel. 0039/41/529 87 11, www.turismovenezia.it

Slovenian Tourist Board, Dimičeva 13, 1000 Ljubljana, Tel. 00386/15 89 85 50, www.slovenia.info

Touristinfo Koper, Titov trg 3 (im Prätorenpalast), 6000 Koper, Tel. 00386/05/664 61 00, www.koper.si

TIC Izola, Ljubljanska ulica 17, 6301 Izola, Tel. 00386/05/640 10 50, www.izola.eu

TIC Portorož, Obala 16, 6320 Portorož, Tel. 00386/05/674 82 60, www.portoroz.si

Rovinj: Wer ist die Schönste im ganzen Land?

24 ISTRIEN UND KVARNER BUCHT

Küstenperlen und weitere Kostbarkeiten

Große, wunderbare Zeugnisse der Geschichte, gute Lebensart und reizende Adria-Blicke: Kroatiens nördliche Gestaden bieten neben Sonne und Strand für jeden Geschmack etwas. Auf die Wohnmobilfahrer warten sowohl Traditionsbäder als auch malerische Bergdörfer – und von allen Seiten begegnet Ihnen die sehr herzliche Gastfreundschaft.

Ursprünglich lag Umag auf einer Insel, die man im 18. Jahrhundert durch einen Damm mit dem Festland verband. Hervorgegangen aus einem Römersitz, sah der Ort viele Herren kommen und gehen, darunter Franken und Venezianer. Zeugnisse früherer Epochen sind nur wenige erhalten. Sehenswert ist die Barockkirche Sveta Marija am Hauptplatz, dem Trg Slobode. Ihr größter Schatz im Inneren ist der Schnitzaltar aus dem 15. Jahrhundert. Den Platz säumen Cafés, nach Norden öffnet er sich mit Sicht auf den Hafen. An der Spitze der Landzunge erhebt sich ein mittelalterlicher Turm, der das Stadtmuseum beherbergt.

MIT LIEBE SERVIERT

Buje krönt weithin sichtbar einen markanten Bergrücken. Vom Campanile bietet sich ein fantastischer Blick über das mediterrane Hügelland bis zur blauen Adria. Der Turm gehört zur Kirche Sveti Servul, die mit großformatigen Malereien aufwartet. Der Festkalender des Ortes eröffnet im Januar mit dem »Festival der Würste« und klingt im Herbst mit Weinfesten aus. Das ganze Jahr über lohnt sich ein Besuch im Restaurant La Parenzana, wo nur die allerfeinsten istrischen Spezialitäten auf den Tisch kommen.

Auf einer Kuppe erstreckt sich das Städtchen Oprtalj (italienisch Portole), dessen creme- und terrakottafarbene Häuser sowie die grob gepflasterten Gassen zum besonderen Charme beitragen. Über dem Kleinod wacht der romanisch-gotische Campanile von Sveti Jurai. Edle Gaumenfreuden verspricht ein Besuch in der Konoba Oprtalj: Der gute Ruf der Küche basiert unter anderem auf dem Wildgulasch mit Pilzen auf hausgemachter Pasta. Liebhaber hochwertiger Olivenöle sollten danach unbedingt bei der Ipša-Mühle im Ortsteil Livade vorbeischauen. Bei einer stilvollen Verkostung erklärt uns Hausherr Klaudio Ipša, welche Kriterien ein gutes Öl auszeichnen. Auch in Livade wird gern gefeiert – auf überregionales Interesse stoßen besonders die »Trüffeltage von Livade«, die an mehreren Herbstwochenenden veranstaltet werden.

REALE UND FIKTIVE HELDEN

Wie eine uneinnehmbare Festung erscheint Motovun. Ein Wall mit Wehrtürmen umschließt das auf einem Bergkegel gelegene Zentrum. Am Hauptplatz Trg Andrea Antico erhebt sich die Kirche Sveti Stjepan, vermutlich entworfen vom berühmten Renaissancebaumeister Andrea Palladio. Der Ausblick von der Stadtmauer reicht von den Weingärten über die Eichenwälder, wo die begehrten weißen Trüffel wachsen, bis zu den Höhen des Ćićarija-Gebirges. Pazin auf einem Felsen markiert den geografischen Mittelpunkt der istrischen Halbinsel. Vom früheren Wohlstand zeugt das bestens erhaltene Kastell. Der Schriftsteller Jules Verne würdigte es in seinem Roman »Mathias Sandorf«, indem er die »Burg von Pisino« als Musterbeispiel mittelalterlicher Festungsbaukunst bezeichnete. Titelheld Sandorf war ein ungarischer Graf, der im Burgverlies einsaß, aber flüchten konnte. Dazu sprang er in den Fluss Fojba, der unterhalb, in der Höhle Pazinska, verschwindet, und ließ sich unterirdisch weitertreiben, bis er nach sechs Stunden Finsternis am Meer wieder das Tageslicht erblickte.

Durch den 2000 Jahre alten Kern der Perle Poreč führt schnurgerade die Decumanus, die heutige Shopping- und Flaniermeile. Teile ihres Pflasters stammen noch von den Römern. Vergebens halten wir in der Altstadt Ausschau nach einem alles überragenden Bau, der die Orientierung erleichtert. Zur berühmten Euphrasius-Basilika (6. Jahrhundert) etwa gelangt man erst nach ein paar Ecken. Vom Glockenturm bietet sich ein schönes Panorama über die

Links: Adriatisches Farbenspiel

Rechts: Krk, das Inseljuwel

Oben: Oprtalj: Frühlingserwachen in der Provinz

Rechte Seite oben: Honig von der »Goldenen Insel«

Rechte Seite unten: Camping Porto Sole in Vrsar

Dächer – begleitet vom Schauspiel der blitzschnell gleitenden, schrill rufenden Mauersegler. Das Kircheninnere besticht mit goldschimmernden Mosaiken, die unter anderem den Erzengel Gabriel zeigen, der Maria die frohe Botschaft verkündet. Es ist beeindruckend, wie die Mosaike über Jahrhunderte ihre Leuchtkraft bewahrt haben.

BEWUNDERNSWERTE BAUWERKE

Die idyllische Lage von Rovinj auf einer Landzunge mit 22 vorgelagerten Mini-Inseln verzückt Gäste aus aller Welt. Die Häuserfronten am Wasser umschließen den Kern fast vollständig. Nur auf der Südseite treten sie zurück und geben den Raum frei für den Hafenplatz mit zahlreichen Cafés. An höchster Stelle erhebt sich die mächtige Pfarrkirche Sveta Euphemia mit ihrem 61 Meter hohen Turm, der höchste in Istrien. Bedeutendster Barockschatz im Innern des Gotteshauses ist der Hauptaltar mit Figuren aus Carrara-Marmor, die der Bildhauer Laureato 1471 schuf.

Hauptattraktion von Pula ist das Amphitheater, das zur christlichen Zeitenwende unter Kaiser Augustus errichtet wurde. Der elliptische Bau aus istrischem Kalkstein gehörte zu den größten Amphitheatern im Römischen Reich und fasste rund 25 000 Zuschauer. Weitere antike Zeugnisse sind der gut erhaltene Augustustempel und der reliefgeschmückte Sergier-Triumphbogen, der den Eingang zur Altstadt markiert. Nahe Pula ragt das Kap Kamenjak, die Südspitze Istriens, kilometerweit ins Meer. Wegen häufig starker Winde ist es vor allem bei Windsurfern beliebt, doch auch Naturfreunde schätzen dieses geschützte Reservat: Man zählt dort gut 500 Pflanzenarten.

Woher der Name »Kvarner« stammt, ist nicht zweifelsfrei geklärt. Womöglich leitet er sich vom lateinischen »mare quaternarium« (vierteiliges Meer) ab. Einer der vornehmsten Orte in der Bucht ist Opatija. Er glänzt mit Jugendstilvillen, subtropischen Gärten und einer zwölf Kilometer langen Uferpromenade. Alles begann im Jahr 1844, als der Kaufmann Higinio Scarpa sich hier eine Villa bauen ließ und fortan Leute von Rang und Namen zu rauschenden Festen einlud. So kam es, dass die österreichische Kaiserin Maria Anna, die ebenfalls bei Scarpa zu Gast war, sich spontan in diesen Küstenabschnitt verliebte. Das milde Klima im Schutz des Učka-Gebirges zog weitere zahlungskräftige Gäste an.

VERKANNTE SCHÖNHEIT

Der alte Glanz des großen Nachbarn Rijeka kehrt nach und nach zurück. Schön restaurierte, verzierte Fassaden säumen etwa den »Korzo«, die breite Fußgängerzone mit zahlreichen Geschäften. Etliche Völker und Nationen haben am Aufbau der Hafenstadt mitgewirkt. Bedeutendstes Bauzeugnis im Zentrum ist auch hier ein römischer Triumphbogen, erbaut im vierten Jahrhundert. Westlich des Theaterplatzes liegen die reizenden Markthallen. Ihre verspielte Architektur verrät die Entstehungszeit zu Ende des 19. Jahrhunderts. Das Kastell Tarsatica auf dem 138 Meter hohen Burgberg war Sitz der Frankopan-Grafen. Die Türme und Terrassen ließ der letzte private Besitzer der Festung, der österreichische Feldmarschall Graf Naval Nugent, vor rund 200 Jahren teils neu errichten.

Sie erreichen Krk vom Festland aus über die gebührenpflichtige Krički most. Die 60 Meter hohe Brücke besteht aus zwei kühn konstruierten Bögen, die auf einer Gesamtlänge von 1,3 Kilometern den Vinodol-Kanal überspannen. Die Insel ist vielseitig: von flach bis gebirgig, von karg über steinig bis fruchtbar. Auf Schritt und Tritt blitzen gelbe und lila Blüten hervor, hier und da leuchten Getreidefelder. Die gleichnamige Inselmetropole ist häufig das erste Anlaufziel.

MARMOR, STEIN UND MEERESBLICK

Die ersten Herrscher waren hier die Frankopan-Fürsten – bis 1480, als sie sich selbst bekriegten und dabei das Zepter an Venedig verloren. Ein Zeugnis ihrer Macht ist die mächtige Kaštel auf der Südseite der mit Marmor gepflasterten Altstadt, wo sich Ihnen ein schöner Blick auf das Meer eröffnet. Ein paar Schritte weiter erhebt sich die Kathedrale Mariä Verkündigung. Besondere Aufmerksamkeit verdienen sowohl die Renaissancekanzel aus Stein, die barocke Holzkanzel sowie das Wappenschild der Frankopanen. Das Motiv darauf zeigt Brot verschlingende Löwen (»Frange pani«).

Hinter dem Städtchen Punat im Süden wird die Straße zunehmend kurviger. Sie folgt der zerklüfteten Küstenlinie mit einigen der schönsten Strände, die Krk zu bieten hat. Immer wieder leuchten tief unten türkisfarbene Buchten, deren kristallklares Wasser

KLOSTERINSEL KOŠLJUN

Unweit östlich von Krk erstreckt sich die fast ganz umschlossene Bucht von Punat. In ihr erhebt sich die runde Klosterinsel Košljun mit einem Durchmesser von etwa 1000 Metern. Daher ist es ziemlich erstaunlich, dass auf einem solch winzigen Fleckchen 540 Pflanzenarten gedeihen. Das im 11. Jahrhundert von Benediktinern gegründete Kloster ging 1447 in den Besitz der Franziskaner über. Eine kleine Gruppe dieses Ordens lebt bis heute hier. Das kostbarste Kunstwerk in der Kirche ist das Polyptychon über dem Hauptaltar, geschaffen vom Venezianer Girolamo da Santacroce. Das ethnografische Museum im Südwestflügel der Anlage präsentiert unter anderem Schiffsmodelle, Volks-trachten und Musikinstrumente. Das Eiland ist nur mit Taxibooten zu erreichen.

Oben: Attraktiver Abstecher nach Rabac

Rechte Seite: Terrassenplatz Porton Biondi

zum Baden und Schnorcheln einlädt. Baška ist besonders für seinen Hauptstrand Vela Plaza bekannt. Er ist fast zwei Kilometer lang und besteht aus feinem Kiesel, weshalb er für Familien mit Kindern besonders geeignet ist.

GUT FÜR DIE ATEMWEGE

Mit durchschnittlich 2580 Sonnenstunden im Jahr gilt Lošinj als eine der sonnigsten Adria-Inseln. Darüber hinaus stellt der Kiefernwald, der sich im Westen des Hauptortes Mali Lošinj ausbreitet, eine Besonderheit dar: Die Bäume pflanzte der Botaniker Ambroz Haračić Ende des 19. Jahrhunderts. Ihr kühlender Einfluss schafft zusammen mit natürlichen Aerosolen ein gesundes Mikroklima, das eine Studie bestätigt hat. Die Mediziner kamen zu dem Ergebnis, dass bei einem Aufenthalt von mehr als elf Tagen die Lungenkapazität messbar zunimmt – ohne sportliches Zutun. Um den Hauptplatz in Mali reihen sich Restaurants und Cafés, teils mit verspieltem Interieur, das an die Zeiten vor mehr als 100 Jahren erinnert, als hier, wie in Opatija, der österreichische Hochadel weilte. Viele blieben damals länger und ließen sich in den umliegenden Buchten repräsentative Villen bauen. 2000 Jahre lag eine Bronzestatue vor Lošinj unbemerkt im Meer. Die 1999 geborgene Figur zeigt einen griechischen Athleten, der sich nach einem Wettkampf die Haut mit einem Strigilis reinigt. Diese Darstellungsart nennt man »Apoxyomenos«. Zu bestaunen ist das restaurierte Werk in einem eigens renovierten Stadtpalast nahe des besagten Platzes.

INSEL DER SANDSTRÄNDE

Lopar auf Rab ist vor allem für den San-Marino-Strand bekannt, einer der wenigen Feinsandstrände in Kroatien, weshalb er auch »Paradiesstrand« genannt wird. Im Ort wurde angeblich Marinus geboren. Als Christ verfolgt, floh der Steinmetz im dritten Jahr-

hundert hinüber nach Rimini und baute dort im Hinterland eine Kirchengemeinde auf, aus der sich später die Republik San Marino entwickelte.

Die Stadt Rab wurde vor mehr als 3000 Jahren von den Illyrern unter dem Namen »Arba« gegründet. Die Römer setzten den Zusatz »Felix« (lateinisch »vom Glück begünstigt«) davor und machten den Ort zu einem wichtigen Stützpunkt. Pestepidemien im 15. Jahrhundert ließen den einst blühenden Ort fast aussterben. Erst die Habsburger, die bereits Mali Lošinj zum Kuren entdeckten hatten, brachten die Stadt mit dem einsetzenden Tourismus wieder zum Blühen. Unter den Sakralbauten fällt die Kathedrale Sveta Marija Velika mit ihrem freistehenden Campanile besonders ins Auge. Haupttreffpunkt in Rab ist der Trg Municipium Arba, ein von Palmen gerahmter Platz. Besonders schön ist es hier am Abend zur blauen Stunde, wenn die ersten Lichter angehen und den Hafen gegenüber in zauberhafte Stimmung tauchen.

TOUR-INFO KOMPAKT

KILOMETER

382

STRECKENVERLAUF

Umag – Buje – Oprtalj - Motovun – Pazin – Poreč – Rovinj – Pula – Opatija – Rijeka – Krk – Punat – Lopar – Rab – Mali Lošinj

HIGHLIGHTS

Umag: Kirche, Buje: Sveti Servul, Oprtalj: Sveti Jurai, Ölmühle Ipša, Motovun: Burgberg, Pazin: Kastell, Pazinčica-Schlucht, Poreč: Altstadt, Euphrasius-Basilika, Rovinj: Altstadt, Sveti Euphemia, Pula: Amphitheater, Sergiusbogen, Augustustempel, Opatija: Belle-Époque-Villen, Uferpromenade Lungomare, Rijeka: Korzo, Festung, Markthallen, Krk-Stadt: Kathedrale, Kastell, Insel Košljun, Baška: Strand Vela Plaza, Lopar: Paradiesstrand, Stadt Rab: Altstadt, Campanile, Mali Lošinj: Hafen, Apoxyomenos-Museum

CAMPING- UND STELLPLÄTZE

Stellplatz Motovun, Kanal, 52424 Motovun, Tel. 00385/52 68 16 07, www.motovun-camping.com, GPS: N45°20'03" E13°49'29"
Geschottertes Gelände an der Auffahrt zum Burgberg, Strom und Duschen vorhanden.

Autocamp Porton Biondi, Alea Porton Biondi 1, 52210 Rovinj, Tel. 00385/52 81 35 57, www.portonbiondi.hr, GPS: N45°05'43" E13°38'29"
Terrassencamp unter Bäumen mit teils schönem Altstadtblick, etwa 700 Meter nordwestlich des Ortes.

Camping Čikat, Čikat 6a, 51550 Mali Lošinj, Tel. 00385/51 23 21 25, www.camp-cikat.com, GPS: N44°32'10" E14°27'03"
Modern eingerichteter Platz in gleichnamiger Bucht in dichtem Pinienwald und sonnigen Premiumparzellen am Meer, großer Aqua-Park, Fußweg in die Stadt.

Camping Ježevac, Plavnička, 51500 Krk, Tel. 00385/51 22 10 81, www.camping-adriatic.com, GPS: N45°01'08" E14°34'00"
Gestuftes Areal in Pinienwald in Altstadtnähe (400 m), sehr gute sanitäre Anlagen.

TOURIST-INFO

Tourismusverband Kvarner, Nikole Tesle 2, 51410 Opatija, Tel. 00385/51 27 29 88, www.kvarner.hr

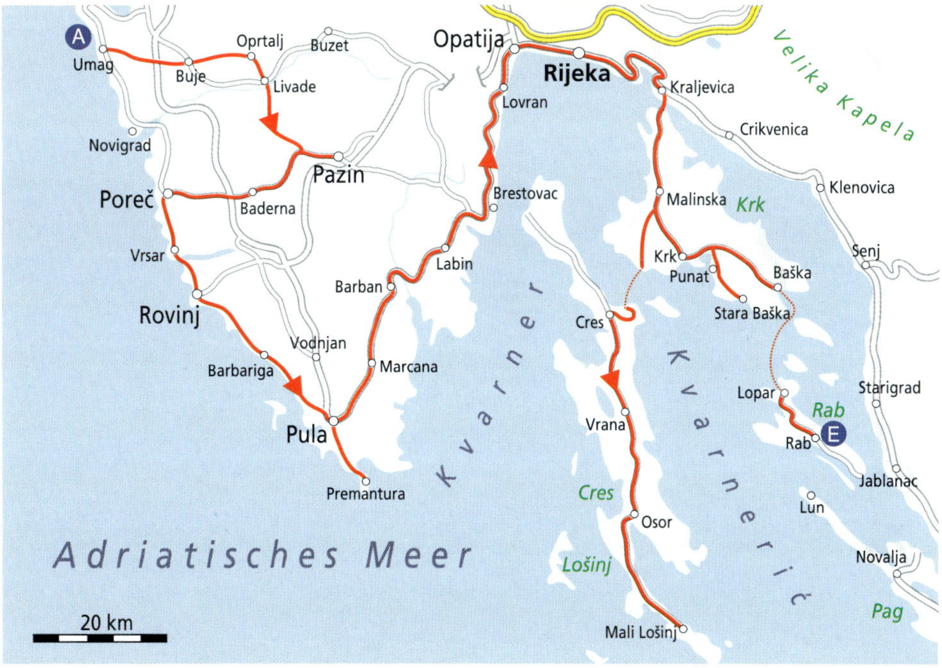

25 DALMATIEN

Kultur und Natur pur

Glanzlichter wie Zadar, Split und Dubrovnik stehen für eine unglaubliche Vielfalt an prächtigen Bauten aus allen Epochen. Die Mitte und der Süden der kroatischen Adria-Küste verzaubern darüber hinaus mit einzigartigen Naturschätzen, darunter den berühmten Krka-Wasserfällen. Auch ganz oben in der Gästegunst: die Inseln Brač und Hvar.

Reisemobile sind auf dem Parkplatz am Hafen in Zadar ebenso willkommen wie normale Autos, was leider nicht für alle Altstadtzentren gilt. Zadars zauberhafter Kern, der von hohen Mauern gesäumt wird, erstreckt sich ein paar Schritte weiter auf der Landzunge gegenüber. Er wahrt große und kleine Schätze. Erwähnung fand die illyrische Gründung »Idassa« erstmals im vierten Jahrhundert vor Christus. Unter den Römern wuchs sie zum einflussreichen Municipium Jadera heran. Als slawische Stämme im Jahr 614 Salona bei Split zerstörten, wurde Zadar zur Hauptstadt Dalmatiens gekürt und blieb es bis 1918. Unter dem ungarisch-kroatischen König Koloman erfolgte im 12. Jahrhundert der Aufstieg zur Bischofsstadt, Kirchen, Klöster und Paläste wurden gebaut.

ZWISCHEN BEDEUTENDEN KIRCHEN

Den Narodni trg, den quirligen Hauptplatz, säumen Gebäude mit spätgotischen Elementen, darunter die Stadtwache (1284) und der Ghirardini-Palast (15. Jahrhundert). Die nahe gelegene Kirche Sveti Šimun zählt zu den beeindruckendsten Sakralbauten der Stadt. Eine Augenweide ist insbesondere der Sarkophag des heiligen Simeon, dessen filigrane Reliefs der Mailänder Künstler Francesco da Sesta im 14. Jahrhundert gänzlich aus Gold und Silber fertigte.

Am Nordwestende der Fußgängerzone liegt das antike Zentrum mit dem Römischen Forum, das Säulenreste zieren. Daneben erhebt sich die Rundkirche Sveti Donat, eines der ältesten christlichen Gottes-

Camping Nevio in Orebić

häuser in Kroatien, geweiht 815. Die angebaute Sankt-Anastasia-Kathedrale gilt als das bedeutendste romanische Bauwerk der Stadt. Die Blendarkaden und Fensterrosen auf der Hauptfassade spiegeln toskanische Einflüsse wider.

KLANG DES MEERES

Auf dem Gebiet der zeitgenössischen Kunst stechen die »Meeresorgel« und der »Gruß an die Sonne« an der Spitze der Landzunge besonders hervor, beides Arbeiten des Architekten Nicola Bašić. Beim ersten Objekt machen Rohre mit aufgesetzten Orgelpfeifen je nach Wasserstand und Wellenbewegungen den Klang des Meeres hörbar, beim zweiten speichern runde Glasplatten tagsüber die Sonnenenergie, die dann am Abend für wunderbare Lichtinstallationen genutzt wird. Diese wiederum folgen dem Rhythmus der Wellen.

Die Region Šibenik bietet mit dem Nationalpark Krka ein wahrlich hinreißendes Naturschauspiel. Auf dem 70 Kilometer langen Weg, den der Krka-Fluss von seiner Quelle bei Knin bis nach Skradin zurücklegt, passiert er etliche Wasserfälle. Beim untersten und mächtigsten, dem Skradinski buk, rauscht der Fluss über 17 Katarakte rund 46 Meter in die Tiefe. Die Entstehung der Kalkstufen ist noch unklar. Das Sonnenlicht sowie Holz, Moose und Schalentiere beziehungsweise deren Ablagerungen sollen aber dabei eine große Rolle gespielt haben.

FRÜHER PLATTENBAU

Bedeutendstes Bauwerk von Šibenik, dem alten Königssitz, ist die Kathedrale Sveti Jakov. Der Monumentalbau wurde vollständig aus dem berühmten Bračer Marmor erbaut. Seine Kuppel besteht aus ineinander verzahnten Steinplatten ohne Mörtel, eine bis heute einzigartige Leistung. Von der Burg Sveti Mihovil (13. Jahrhundert) eröffnet sich ein weiter Blick über die Dächer und die breite Krka-Mündung, an die sich die Stadt schmiegt.

Vorbei an gut sortierten Obst- und Gemüseständen, wo es herrlich nach Orangen und Feigen duftet,

Links: So feiert Süddalmatien Ostern!

Rechts: Goldenes Horn auf Brač

geht es zum Landtor in Trogirs historischer Altstadt. Diese gleicht einem mit Leben erfüllten Freilichtmuseum mit geschäftigen Gassen und lauschigen Hinterhöfen. Am Johannes-Paul-II.-Platz erhebt sich die Sankt-Laurentius-Kathedrale, deren Bauzeit sich über fast 500 Jahre zog (1123–1610). Das durch eine Vorhalle geschützte Westportal gehört zu den ältesten und gleichzeitig beeindruckendsten Bauabschnitten. Es wird von Löwenskulpturen des Bildhauers Radovan flankiert. Die einst blühende Stadt wurde mehrmals zerstört, aber ihren Niedergang leiteten erst die übermächtigen Osmanen ein. Weder die Habsburger noch Napoleon konnten Trogir aus dem Provinzdasein wieder herausführen – ein Umstand jedoch, der viele Bauwerke aus dem Spätmittelalter vor der Zerstörung bewahrt hat.

PRÄCHTIGES PALASTVIERTEL

Vor dem Tor von Camping Strobeč befindet sich eine Bushaltestelle, was den Platz zum idealen Standort macht, um den schönen Kern von Split zu erkunden. Dieser geht auf den prunkvollen Palast zurück, den der römische Kaiser Diokletian ab dem Jahr 295 als Alterssitz am Meer bauen ließ. Der größte Platz der Anlage und bis heute Mittelpunkt des Palastviertels ist der rechteckige Peristyl – ein offener, von Säulenarkaden flankierter Hof. Auf ihm trat früher der Herrscher vor seine Untertanen, jetzt trifft sich dort allabendlich eine fröhliche Schar von Menschen jeden Alters und jeder Nation, um die einzigartige Atmosphäre auf sich wirken zu lassen.

Hinter der östlichen Säulenarkade erhebt sich die Sankt-Domnius-Kathedrale. Das mächtige achteckige Gebäude war ursprünglich im vierten Jahrhundert als Mausoleum für Diokletian errichtet worden, wurde dann aber im siebten Jahrhundert zu einer Kirche umgebaut, nachdem man den Sarkophag des Christenverfolgers beseitigt hatte. Sonst blieb vieles erhalten, wie etwa die Marmorsäulen im Innern. Das wuchtige Holzportal stammt von 1214 und erzählt in 28 Bildfeldern die Heilsgeschichte.

FOTOGENER FELSEN

Omiš ist ein altes Seeräuberstädtchen am Ausgang der Cetina-Schlucht am Fuß des Mosor-Gebirges. Im Mittelalter entdeckten Piraten den Ort als natürliche, durch Felsen und Wasser geschützte Festung. Die Schlucht gilt als Wander- und Kletterparadies. Kurz vorm Seebad Brela gewährt die Küstenstraße besonders spektakuläre Ausblicke, die über die Vrulja-Bucht und das gewaltige Biokova-Massiv bis zur Insel Brač reichen. Hier beginnt die legendäre Makarska-

RUNDWEG ZUR FESTUNG STARIGRAD

Wer steile Wege nicht scheut, sollte in Omiš die Festung Starigrad erklimmen, die »Fortica«. Lohn der Mühe ist eine überwältigende Aussicht auf die Stadt und die Cetina-Mündung bis zu den Inseln Brač und Hvar. Der ausgeschilderte Pfad startet am Parkplatz hinter dem Felstunnel am linken Cetina-Ufer. Zuerst geht es durch dichten Wald, der sich später lichtet. Danach zweigt der Weg rechts ab, und die Ruine rückt ins Blickfeld. Oben am Ziel kann man dann von der zinnenbewehrten Turmspitze den herrlichen Panoramablick genießen. Der Rückweg führt in südöstliche Richtung an der Ortschaft Baučići vorbei talwärts und schließlich durch die Altstadt von Omiš zum Ausgangspunkt zurück. Die Gesamtlänge beträgt 3,5 km (2 Std. Gehzeit).

Riviera mit ihren von dichten Kiefernwäldern gesäumten Kiesstränden. Nordöstlich des Ortes ragt jene winzige grüne Felseninsel aus dem Wasser, die fast jeden Kroatien-Prospekt ziert.

Berühmt ist die Insel Brač vor allem wegen ihres bereits erwähnten Marmors, der repräsentative Bauten weltweit ziert, darunter das Berliner Reichstagsgebäude. Das gebirgige Eiland ist mit einem Netz von gut ausgebauten Straßen erschlossen. Auf den Hochflächen wachsen Laubbäume wie Buche und Eiche. Das berühmte Goldene Horn (Zlatni rat) ragt im Süden bei Bol rund 500 Meter weit sichelförmig ins türkisblaue Meer. Seine nur wenige Meter breite Spitze zeigt je nach Meeresströmung mal in die eine, mal in die andere Richtung. Surfer und Kiter sind ebenfalls von der exponierten Lage begeistert. Die Campingplätze liegen alle etwas davon entfernt. Einer der schönsten mit gemütlicher offener Taverne ist Kito. Srećko Karmelić, der freundliche Betreiber, verrät uns den ein oder anderen Ausflugstipp, zum Beispiel Pučišća, die im Nordosten gelegene Steinmetzstadt.

MEDITERRANES INSELJUWEL

Das Klima auf Hvar gilt als besonders sonnig und mild. Feigenbäume und Zypressen zeichnen eine liebliche und fruchtbare Landschaft. Die Hauptverbindungstraße ist besonders im Ostteil sehr schmal, hinzu kommt eine ungeschützte, oft meterhohe Abbruchkante, die Reisemobillenker stets im Auge behalten müssen. Die Metropole Hvar-Stadt ganz im Westen, einst von Griechen gegründet, war lange Zeit unbedeutend. Das änderte sich erst, als der Ort 1278 Sitz des Bistums wurde. Unsere ersten Eindrücke an der Hafenpromenade bestimmen altehrwürdige Grandhotels mit dahinterliegenden venezianischen Villen. Am Hafen beginnt auch der lang gezogene Trg Sveti Stjepana, der mit Marmor gepflasterte Hauptplatz. Er ist mit 4500 Quadratmetern der größte seiner Art in Dalmatien. Dominiert wird das Platzensemble von der Sankt-Stefan-Kathedrale. Sie besticht unter anderem durch ihren kleeblattförmigen Barockgiebel.

Oben: Die Perle von oben betrachtet

Linke Seite oben: Dubrovniks dicke Mauern

Linke Seite unten: Trogir: Brücke zur Insel Čiovo

Oben: Insel Murter: Camping- und Segelparadies

Rechte Seite: Korčula-Stadt, nur wenige Bootsminuten von Orebić

Als Vorposten Dubrovniks, das damals noch Ragusa hieß, glänzt Ston auf der Halbinsel Pelješac mit der längsten Verteidigungsmauer Europas. Der 1333 fertiggestellte, 5,5 Kilometer lange Wall mit 40 Wachtürmen sollte unter anderem die Salinen schützen. Pelješac ist größtenteils sehr gebirgig. An den Hängen wachsen die Plavac-Trauben, die zu edlen Weinen, darunter die bekannten Dingač und Postup, gekeltert werden. Orebić, der Hauptort, wurde nach einer Schiffsführerfamilie benannt. Er erstreckt sich vor der Kulisse eines mächtigen Gebirgskamms, der die Stadt vor Nordwinden schützt und sie zu einem der wärmsten Orte am Mittelmeer macht. In den Gärten der alten Kapitänsvillen wuchern subtropische Pflanzen, deren Setzlinge die Seefahrer aus aller Welt heimbrachten.

SCHICKSALSTAGE FÜR RAGUSA

Erhaben wacht die »Perle der Adria« auf einem vom Meer umspülten Felssporn. Ragusas Aufstieg begann am 29. August 1526 mit der Ausrufung zur freien Stadtrepublik. Handel und Kultur blühten daraufhin ununterbrochen, bis zum schrecklichen 6. April 1667, als ein Erdbeben die Stadt völlig zerstörte. Von den ehemals rund 20 000 Einwohnern überlebten gerade einmal etwa 500. Man konnte zwar später den ursprünglichen baulichen Zustand exakt wiederherstellen, aber Glanz und Macht wollten nicht zurückkehren.

Die Kirche Mariä Himmelfahrt (Velika Gospa) soll einst Richard Löwenherz aus Dankbarkeit gestiftet haben. Sein Schiff war 1192 auf dem Rückweg vom dritten Kreuzzug gekentert, er rettete sich auf die vorgelagerte Insel Lokrum. Das beim Erdbeben zerstörte Gotteshaus wurde als Barockkirche wieder aufgebaut. Zu den größten Kunstschätzen in der Kathedrale zählt Tizians Mariä-Himmelfahrt-Gemälde von 1552. Der Rektorenpalast war Sitz des Großen und Kleinen Rats. Auch dieses Gebäude, eine Vierflügelanlage mit offenem Arkadenhof, wurde nach dem Beben wieder nach Originalplänen aufgebaut. Der

TOUR-INFO KOMPAKT

KILOMETER
730

STRECKENVERLAUF
Zadar – Krka-Wasserfälle – Šibenik – Trogir – Split – Omiš – Brela – Insel Brač – Insel Hvar – Ston – Orebič – Dubrovnik

HIGHLIGHTS
Zadar: Sv. Šimun, Römisches Forum, Installationen, Šibenik: Kathedrale, Festung, Trogir: Altstadt, Kathedrale Sv. Lovro, Split: Diokletianpalast, Dom Sv. Dujam, Insel Brač: Goldenes Horn, Hvar-Stadt: Platz und Kathedrale Sveti Stjepana, Ston: Verteidigungsmauer, Dubrovnik: Mariä Himmelfahrt, Stadtmauer, Onofrius-Brunnen, Alte Apotheke

CAMPING- UND STELLPLÄTZE
Autocamp Peros, Put Petra Zoranica 14, 23232 Zaton, Tel. 00385/23 26 58 30, www.autocamp-peros.hr, GPS: N44°13'48" E15°10'20"
Ebenes Gelände mit schönem Pool, engagiertes Team, setzt auf individuelle Gästebetreuung, Entfernung zum Sandstrand: 400 m.

Camp Krka, Skočići 2, 22221 Lozovac, Tel. 00385/22 77 84 95, www.camp-krka.hr, GPS: N43°48'02" E15°56'32"
In einem Wäldchen in Nähe des Wasserfalls Skradinski gelegen, familiär geführt, Ausflüge (inklusive Mittagessen) in den Nationalpark, gute Einrichtungen, gemütliche »Konoba« zur Einkehr.

Camping Rožac, Okrug Gornji, 21220 Trogir, Tel. 00385/21 80 61 05, www.camp-rozac.hr, GPS: N43°30'19" E16°15'30"
Auf einer Landzunge im Pinienwald, umgeben von 500 Meter langem Kies- und Felsstrand, Kinderspielplatz, Animation und Fahrradverleih, Fußweg zur Altstadt.

Camping Kate, Tupina 1, 20207 Mlini, Tel. 00385/20 48 70 06, www.campingkate.com, GPS: N42°37'29" E18°12'29"
Kleines Areal mit gepflegten Einrichtungen auf zwei Ebenen nahe Dubrovnik, teils weiter Meerblick, junges, engagiertes Team, Linienboot- und Bushaltestelle.

TOURIST-INFO
Tourismusverband der Region Split-Dalmatien, Prilaz braće Kaliterna 10/I, p.p. 430, 21000 Split, Tel. 00385/21 49 00 32, www.dalmatia.hr

Kleine Brunnen von Onofrio della Cava daneben besticht durch filigrane Verzierungen. Gegenüber auf der Placa Luža erhebt sich die verspielte Barockfassade von Sankt Blasius (Sveti Vlaho). Der schlanke Uhrturm, ebenfalls am Platz, stammt von 1444.

HISTORISCHE HAUPTSCHLAGADER

Jetzt folgt der Stradun, der Prachtkorso, der wie mit einem Lineal gezogen die Altstadt durchschneidet. Seine Steinplatten glänzen: Sie sind von Abermillionen Füßen blank poliert. Den Großen Onofrio-Brunnen am anderen Ende schmücken 16 Wasserspeier. Gegenüberliegend verzaubert das Franziskanerkloster. Durch den herrlich gestalteten Kreuzgang mit Doppelsäulen erreichen wir das Klostermuseum. Es zeigt die Bibliothek und die original erhaltene Apotheke, eine der ältesten in Europa. Das gewaltige Pile-Tor beschließt die Altstadt im Westen. Als Krönung empfiehlt sich die Umrundung auf der Stadtmauer. Sie bildet das Sahnehäubchen eines Dubrovnik-Besuchs.

SÜDOSTEUROPA

Links: Panorama über die Küste bei Kardamili
Oben: Blumen, Blumen … überall in Griechenland Blumen.
Hier in den Gassen von Areopoli
Unten: »Ruinenkatzen« gibt es auch in Troja.

26 FASZINIERENDES MONTENEGRO

Ein Land erobert neue Fans

Montenegro entdecken heißt, sich in die Natur verlieben. Ausgangspunkt ist die Stadt der vielen Treppen, Herceg Novi, nahe Kroatien. Die Bucht von Kotor beeindruckt als südlicher Fjord, ebenso die vielen Delikatessen wie Schinken und Käse. Und nach sehenswerten Ruinen in Stari Bar klingt der Tag an der Adria bei glutroter Sonne aus.

Rechte Seite links: Der Uhrturm in Herceg Novi

Rechte Seite rechts: Bei einer Bootsfahrt erkundet man Flora und Fauna am idyllischen Skutarisee.

Unten: In der Bucht von Kotor gibt es Natur pur.

Wer Berge und Wasser mag, wird Montenegro lieben. Für Reisemobile passierbare Wege, spektakuläre Ausblicke und herrliche Natur erwarten alle, die sich rund um die Küstenstraße auf das Abenteuer einlassen. Da die Infrastruktur mit Camping- und Stellplätzen noch nicht vollends ausgebaut ist, empfiehlt es sich, von einem Standort aus Tagestouren zu unternehmen und dann den Standort zu wechseln.

DER SÜDLICHSTE FJORD

Die Reise beginnt in den Küstenorten der Bucht von Kotor, dem einzigen Fjord in Südeuropa. Als ehemaliger Zufluchtsort für Seefahrer fasziniert die 28 Kilometer lange Bucht mit steilen Felswänden und entzückenden Ortschaften. Herceg Novi, die »Stadt der Treppen und Blumen«, lädt mit Gassen, attraktiven Plätzen und einer langen Promenade ein und bietet ein reiches Kulturprogramm. Vom Nikole-Durkovič-Platz führen Treppen durch den Uhrturm (Sahat Kula), das Wahrzeichen der Stadt, weiter zum Herceg-Stjepan-Platz und der orthodoxen Erzengel-Michael-Kirche (Sveti Arhandela Mihaila). Am oberen Ende der Altstadt lohnt sich die Besichtigung von Kanli Kula, einer ehemaligen Verteidigungsanlage, die heute als Freiluftbühne dient. Wie ein Tor zum Meer begrenzen Forte Mare und Citadela den Übergang der Altstadt zur Promenade.

Mit dem Erreichen des Camping Naluka in Morinj endet der erste Tag. Wer Glück hat, erwischt einen

der begehrten Plätze am schmalen, kühlen Flüsschen mit herrlichem Blick auf Wasservögel und Berge.

VENEZIANISCHE STÄDTCHEN AM WASSER

Entlang der Küstenstraße eröffnen sich immer neue Perspektiven für die wahre Schönheit des Fjords. Früher Hochburg stolzer Seefahrer, inspiriert das heute unter Denkmalschutz stehende Städtchen Perast zum Träumen. Venezianische Architektur-Einflüsse, einladende Restaurants und in den Wellen wippende Boote zaubern eine Wohlfühlatmosphäre, die sich im Sonnenuntergang noch verstärkt. Der Blick schweift hinaus aufs Wasser und die vorgelagerten Inseln, die für wenig Geld mit einem kleinen Fischerboot erreichbar sind. Auf der mit Steinen aufgeschütteten Insel Gospa Skrpelja, der »Jungfrau vom Fels«, steht heute eine prächtige Barockkirche, deren Ursprung noch im 15. Jahrhundert liegt.

Die von den Venezianern geprägte Altstadt von Kotor wurde nach dem Erdbeben 1979 zum Weltkulturerbe erklärt, um den schnellen Wiederaufbau zu sichern. Es hat sich gelohnt. Beim Durchstreifen der Gassen erlebt man das auferstandene Mittelalter in bestens restaurierten Häusern, Palästen und Kirchen. Vom 1555 erbauten Haupttor trifft man direkt auf den Trg od Oruzja mit dem Uhrturm von 1602. Setzt man den Rundgang nach rechts über den Trg Od Brašna fort, kommt man zum Trg Sv Tripuna mit der Triphons-Kathedrale aus dem Jahr 1166, basierend auf den Grundmauern einer Kirche aus dem 9. Jahrhundert. Bei einem Rundgang über die kilometerlange Stadtmauer hat man eine herrliche Sicht. Ein Linienbus verbindet übrigens die Städte in der Bucht von Kotor, günstig und nützlich, um die Parkplatzsuche zu vermeiden.

CETINJE – URSPRÜNGLICHES MONTENEGRO

Die Fahrt in die Berge über atemberaubende Serpentinen zu tollen Ausblicken, kulinarischen Köstlichkeiten und der ehemaligen Hauptstadt Cetinje ist eine Tagestour wert und auch für Wohnmobile gut geeignet. Erneut geht es von Morinj entlang der Bucht bis Kotor, an der Altstadt vorbei, nach links zum Ortsaus-

SKUTARISEE – EINE PERLE DES BALKANS

Wasserreich, wunderschön und mit tausenden Seerosen präsentiert sich der montenegrinische Teil des Skutarisee. Er wurde 1893 zum Nationalpark erklärt und ist der größte See der Balkanhalbinsel. Pelikane, Kormorane und Reiher haben hier ihre Brutstätten. Freunde von Fauna und Flora finden an diesem wunderschönen Fleckchen Erde ein sagenhaftes Paradies, Fischreichtum inklusive. Es empfiehlt sich eine Tagestour nach Virpazar, dem Ausgangspunkt für mehrstündige Bootsfahrten auf dem See. Von Utjeha kommend, gibt es zwei Fahrtrouten über Bar ins Landesinnere. Eine davon führt zeitsparend, aber kostenpflichtig durch den Tunnel, die Einfahrt befindet sich links abbiegend nach der Durchfahrt von Sutomore. Gegenüber der Bahnlinie ist ein Parkplatz, zu Fuß geht's in den Ort.

Links: Autocamp Naluka mit direkter Sicht auf den kleinen Flusslauf

Rechts: Perast in der Bucht von Kotor

Rechte Seite: Unter alten Olivenbäumen lässt sich gut relaxen – Camping Oliva.

gang Richtung Cetinje und Tunnel. Vor der Tunneleinfahrt führt die Straße rechts bergauf, um sich in Serpentinen nach oben zu schrauben. Jede Kurve verbessert die Aussicht auf die schöne Bucht, verlangt jedoch vollste Konzentration vom Fahrer. Neben interessierten Touristen mit Auto, Motorrad, Reisemobil und Bus beanspruchen auch grasende Kühe diese Straße. Nach 48 Kilometern erreicht man Njeguši. Hier gibt es viele Verkaufsstände und Restaurants, die mit luftgetrocknetem montenegrinischem Schinken, Käse und köstlichem Honig locken. Die Route führt nach dem Ort Njeguši erneut nach oben. Es warten die Ausblicke auf die beiden höchsten Gipfel im Lovčen Nationalpark, Štirovnik und Jezerski vrh.

Die Stadt Cetinje ist das nächste Etappenziel. Die Ausschilderung führt direkt zu einem großen Busparkplatz, von dem man fußläufig zu den wichtigsten Sehenswürdigkeiten gelangt. Die vielen Hinweistafeln geben Erklärungen zu den ehemaligen Botschaftsgebäuden von Frankreich, Russland, England, Österreich-Ungarn und den Museen. Immer wieder sieht man schwarz umrandete Zettel an den Bäumen hängen: So werden in Montenegro Todesanzeigen veröffentlicht. Abends gehört die Fußgängerzone wieder den Bewohnern und Studenten, die plaudernd im Café sitzen oder die Ul. Njegoševa entlangspazieren. Hinter Cetinje führt die Straße durch schroffe Felsen und hinab zur zerklüfteten Küste der montenegrinischen Riviera. Links taucht das wunderschön im Meer gelegene, ehemalige Fischerdorf Sveti Stefan auf. Heute ist dort ein Hotel, der Besuch der Insel ist nur noch gegen Parkgebühren und Entgelt bei einer geführten Tour oder als Hotelgast möglich.

Die Stadt Budva zeigt ihre geschäftigen Bautätigkeiten. Sandstrände, Boutiquen sowie alle Arten von Wassersport ziehen zahlungskräftiges Publikum an. In der Hochsaison ist die Stadt überlaufen, Parkplätze sind immer rar. Hier lebt und boomt der Tourismus. Auch die kleine Landzunge mit der sehenswerten Altstadt Budvas zieht täglich Besucher an.

Für die nun anstehende Rückfahrt nach Morinj fährt man einfach durch Budva und folgt dann der Straße nach Tivat. Wer bereits die Jachten bei Kotor bewundert hat, wird begeistert sein von der neuen Marina Porto Montenegro in Tivat. Mit einer kurzen Fährüberfahrt an der engsten Stelle der Bucht von Kotor, zwischen Lepetane nach Kamenari, sind es jetzt nur noch wenige Kilometer bis zum entspannten Ausklingen des Urlaubstages auf dem Campingplatz. Rotweinliebhaber sollten übrigens den kräftigen Vranac probieren.

ADRIA – FELSEN, BUCHTEN UND GESCHICHTE

Zum letzten Mal genießt man die Bucht von Kotor, bevor es durch den Tunnel Richtung Budva geht. Im-

mer an der Küstenstraße entlang geht es bis nach Stari Bar. Vorher kann man noch einen Abstecher an einen der schönen Strände machen oder dem verträumten Städtchen Petrovac na Moru einen Besuch abstatten.

Die junge Stadt Bar zeigt sich attraktiv und geschäftig. Auf dem täglichen Bauernmarkt (7–14 Uhr, Bar Pijaca) findet man frisches Obst und Gemüse, Fisch, Oliven sowie Schinken und Käse in exzellenter Qualität. Die alte Stadt Bar - Stari Bar - ist rund vier Kilometer von Bar entfernt, am Berg Rumija gelegen. Diese Altstadt ist nicht mehr bewohnt, übt aber gerade deshalb eine besondere Faszination aus. Ein großer, kostenpflichtiger Parkplatz wartet gleich zu Beginn auf die Gäste, die klassischen Souvenirläden und rührige Restaurantbesitzer sind auf dem Weg zum Eingang ebenfalls präsent. Man erkundet hier rund 240 Ruinen, Gassen und Plätze, die eine turbulente Geschichte hinter sich haben. Sehenswert sind das Türkische Bad und der Glockenturm. Immer wieder eröffnen sich neue Perspektiven innerhalb der Ruinen-Stadt, die Fotografenherzen höher schlagen lassen.

Der glutrote Sonnenuntergang ist dann für den Kieselstein-Strand in der Bucht vor dem Camping Oliva in Utjeha reserviert. Unter den knorrigen alten Olivenbäumen des familiengeführten Platzes an der Adria lässt es sich wunderbar relaxen und schlafen.

TOUR-INFO KOMPAKT

KILOMETER

381

STRECKENVERLAUF

Herceg Novi – Bucht von Kotor – Njegusi – Cetinje – Budva – Bar – Stari Bar – Utjeha

HIGHLIGHTS

Bucht von Kotor mit Herceg Novi, Perast und Kotor, Njegusi, Lovcen Nationalpark und die ehemalige Hauptstadt Cetinje, montenegrinische Riviera mit Budva und Sveti Stefan, Ruinen in Stari Bar, Adria

CAMPING- UND STELLPLÄTZE

Autocamp Naluka, Morinj 85338, Tel. 00382/69 34 63 46, GPS: N42°29'12.37" E18°39'06.81" In der Bucht von Kotor, Platz für 15 Wohnmobile, Duschen, WC und Strom im Preis inbegriffen, Minimarkt, Restaurants und Linienbus fußläufig in der Nähe, Meer gegenüber.

Oliva Camping, Uvala Maslina – Utjeha, Bar 85000, Tel. 00382/69 33 11 50, www.oliva.co.me/camp/, GPS: N42°00'37" E19°09'04"

An Kilometer 12 der Straße Bar–Ulcinj in der Maslina Bay, 22 Stellplätze unter knorrigen Olivenbäumen, saubere Sanitäranlagen, gegenüber Bucht mit Kieselsteinstrand, zwei Minimärkte und ein Restaurant fußläufig.

ALLGEMEINES

Einreise nach Montenegro für EU-Staatsangehörige mit einem noch mindestens 3 Monate gültigen Reisedokument (Personalausweis oder Reisepass). Offizielle Promillegrenze: 0,5, verpflichtend ist, tagsüber mit eingeschaltetem Abblendlicht zu fahren. Halter von Haustieren müssen im Besitz eines internationalen Impfpasses für das Tier sein. Übernachten in Wohnmobilen ist außerhalb von Campingplätzen oder ausgewiesenen Stellplätzen grundsätzlich verboten. Offizielles Zahlungsmittel ist der Euro.

TOURIST-INFO

National Tourism Organisation of Montenegro, Marka Miljanova 17, 81000 Podgorica, Tel: 00382/77 10 00 01, info@montenegro.travel, www.montenegro.travel/de

Die Bucht von Navarino ist durch vorgelagerte Inseln geschützt.

27 FLIRRENDES LICHT UND WASSER

Die Strände und die Kultur des Peloponnes

Die abwechslungsreiche Küste des Peloponnes mit ihren malerischen Buchten bietet glasklares, azurblaues, warmes Wasser. Für das schöne Wetter gibt es im Sommer eine Garantie. Weltberühmte antike Ausgrabungsstätten bereichern die Reise. Das Licht des Südens und die mediterrane Lebensweise beflügeln Auswanderungspläne der Urlaubsgäste.

Ob man es über die Rio-Andirrio-Brücke oder mit der Fähre erreicht, Patras ist das westliche Tor, um auf die Halbinsel Peloponnes zu gelangen. In der Hafenstadt hält außer dem großen Archäologischen Museum jedoch nichts, und so fahren Sie auf der A 9 und E 55 schnell gen Süden.

An der westlichsten Spitze des Peloponnes bietet die Halbinsel Killini kilometerlange Sandstrände und Dünen, die zum Teil unter Naturschutz stehen. Am Kalogria Beach, erreichbar über die Straße 64, steht ein Wohnmobilstellplatz zur Verfügung, und auf der ganzen Halbinsel gibt es Campingplätze. Bei Kastro ist die hochmittelalterliche Kreuzfahrerburg Chlemoutsi zu sehen, eine der größten und am besten erhaltenen Burgen Griechenlands.

RUINEN MIT SPORTLICHEM NACHSPIEL

Die Strände vor Pirgos sind einen Aufenthalt wert, und es ist nicht weit zur Ausgrabungsstätte Olympia. Im Ort befindet sich hinter dem Busparkplatz ein weiterer Parkplatz.

In Olympia stehen die Reste des Heiligtums Zeus aus dem 11. Jahrhundert v. Chr.. Hier war seit dem 7. Jahrhundert v. Chr. auch der Austragungsort der Olympischen Spiele der Antike. Nach den Ausgrabungen im 19. Jahrhundert wurde Olympia in die UNESCO-Liste der Weltkulturerbestätten aufgenommen. Das olympische Feuer für die heutigen Olympischen Spiele wird mit einem Hohlspiegel im antiken Olympia angefacht.

Auf dem Weg über Elea hinunter nach Pilos laden einige Strände zum Baden ein. Die Bucht von Navarino vor Pilos ist durch vorgelagerte Inseln geschützt. Die Dünen und die im Norden liegende Lagune stehen unter Naturschutz. Weite Naturwanderungen an den Stränden des Golfs zeigen den Reichtum der spezialisierten Dünenvegetation. Strategisch spielte die Bucht schon immer eine wichtige Rolle. Die Festung in Pilos und die noch ältere Burg am nördlichen

Ende der Bucht belegen dies. In den Gewässern wurde die Schlacht von Navarino geschlagen.

Das heutige Pilos ist eine lebendige Hafenstadt mit Atmosphäre. Die 1573 von den Osmanen errichtete Festung ist nebst Museum zu besichtigen. Durch ihre erhabene Stellung hat man von hier aus eine gute Sicht auf den Hafen und die Bucht von Navarino. Auf der rechten Seite der Straße am südlichen Ortsausgang steht noch ein Aquädukt aus der Osmanenzeit.

DIE »ZWEI AUGEN VENEDIGS«

Methoni liegt fast am Ende des westlichen Fingers des Peloponnes. In Homers »Ilias« wird Methoni als Pedasos erwähnt. Der Ort war in der Antike wegen seines natürlichen Hafens eine bedeutende Stadt. Die prächtige Burganlage wurde von den Venezianern im 12. Jahrhundert erbaut und diente als Stützpunkt für Kreuzritter. Die Türken eroberten sie im Jahr 1500 und blieben 300 Jahre lang dort. Während der venezianischen Herrschaft wurde die Stadt mit mächtigen Stadtmauern versehen. Methoni und die an der Ostseite des Fingers gelegene Festung Koroni dienten zu dieser Zeit als die »zwei Augen Venedigs« auf dem Peloponnes.

Auf dem Weg nach Koroni liegen Campingplätze an den Stränden um Finikunda, die bei Surfern sehr beliebt sind. Koroni, an der Ostseite des Fingers, ist ein romantischer Traum mit engen Gassen und Restaurants direkt am Hafen. Ein Albtraum werden die Gässchen allerdings für Wohnmobilfahrer. Am Ortseingang befindet sich ein Campingplatz und dicht am Ort auf der rechten Seite ein gebührenpflichtiger Parkplatz. Über dem Ort liegt die von den Venezianern im 13. Jahrhundert erbaute Festung.

BUCHT VON KALAMATA UND HALBINSEL MANI

Vor der Großstadt Kalamata gibt es noch bei Petalidi einige Campingplätze. Kalamata ist eine große Hafenstadt mit viel sichtbarem und hörbarem Leben. Auch Industrie und dichter Verkehr gehören zu der

Links: Campingplatz und Strand bei Palouki vor Pyrgos

Rechts: In der Tropfsteinhöhle Pyrgos Dirou

70 000 Einwohner zählenden Stadt. Die Altstadt liegt unterhalb der Kreuzfahrerburg aus dem 13. Jahrhundert. Einzelne Ruinen erzählen noch von dem schweren Erdbeben im Jahre 1986. Die Kalamon-Oliven, die hier in der Region wachsen, gelten als eine der besten Sorten Griechenlands.

Auf dem Weg nach Süden bietet unter anderem Kardamili schöne Badebuchten und Campingplätze. Die Stadt Areopoli in der immer karger werdenden Landschaft der Mani ist unbedingt sehenswert. Nach der Tankstelle befindet sich auf der linken Seite am Sportplatz ein großer Parkplatz.

Die Statue des Freiheitskämpfers Mavromichalis dominiert den Marktplatz. Er hisste hier auf der Kirche 1821 die Fahne der Mani mit dem blauen Kreuz und der Losung »Sieg oder Tod« und läutete damit den griechischen Freiheitskampf ein. Die gesamte Stadt mit ihren Wohntürmen und Kirchen steht unter Denkmalschutz. Der Hafen von Areopoli ist Limeni. Es ist ein aussichtsreicher Abstecher dort hinunter.

Die Tropfsteinhöhle bei Pyrgos Dirou, südlich von Areopoli, ist eine der Hauptattraktionen der Mani-Halbinsel. Die herrliche Höhle wird auf einer fast drei Kilometer langen Fahrt mit Booten befahren. Wahrlich eine der schönsten Tropfsteinhöhlen der Welt!

Gerolimenas liegt in einer wunderschönen stillen Bucht mit glasklarem Wasser. Die Tavernen am Hafen sind gerade richtig für eine anständige Mittagspause.

Das pittoreske Vathia ist vielleicht der am meisten fotografierte Ort der Mani. An der oberen Ortsausfahrt gibt es einen Parkplatz. Die meisten der typischen Wohntürme dieses einstigen Piratennestes sind dem Zerfall preisgegeben. Einzelne Häuser werden schließlich restauriert.

Das Ende der Welt ist nicht mehr weit – oder so sieht wenigstens die Landschaft an der südlichsten Festlandspitze Europas aus. Viel lebt hier nicht mehr unter der sengenden Hitze des Südens. Nur Dornginster, Natternkopf und Wolfsmilch krallen sich in die Steine, die den Geckos und Skorpionen wenig Schatten bieten. Das Kap Tenaro ist noch vernünftig bis Marmari und Porto Kagio befahrbar, zwei winzige Hafenorte am Ende der Welt.

DIE SÜDÖSTLICHE ECKE DES PELOPONNES

Von der Mani fahren Sie nun wieder auf einer besseren Straße über Areopoli nach Norden und hinüber nach Githio in der amphitheatralischen Bucht. Camper finden am Sandstrand von Mavrovouni vor Githio Campingplätze. Githio ist eine lebendige Hafenstadt mit noch ursprünglichem Charakter. Fischerboote und Tavernen am Hafen mit den aufgehängten Tin-

DIE SCHLACHT VON NAVARINO

Schon im Jahr 425 v. Chr. gab es hier im Rahmen des Peloponnesischen Krieges eine Seeschlacht der Athener gegen die Spartaner. Mit der Schlacht von Navarino ist gewöhnlich die Seeschlacht von 1827 gemeint. Die meisten der in der Bucht ankernden osmanischen und ägyptischen Schiffe wurden von den Engländern, Franzosen und Russen vernichtet. Die weitreichenden Folgen waren der Niedergang des osmanischen Reiches und die Unabhängigkeit Griechenlands. Die Schlacht von Navarino war die letzte große Seeschlacht, die mit Segelschiffen bestritten wurde. Später wurden unter dem Wittelsbacher König Otto I. von Griechenland die Kanonen der untergegangenen Schiffe geborgen und wiederverwertet. Der Obelisk und die Bavaria in München wurden aus ihrem Material gegossen.

tenfischen bedienen das typische »Griechenland-Bild«. In der Antike war Gythio der Kriegshafen der Spartaner. Die kleine Insel Marathonisi mit Pinien und Leuchtturm ist mit dem Festland durch einen Damm verbunden und ergänzt das Stadtbild malerisch. Hinter Githio baut sich das mächtige Taygetos-Gebirge bis zu 2400 Metern Höhe auf.

EIN LOHNENSWERTER ABSTECHER

Bei Skala führt, weiter nach Osten, die Straße nach 50 Kilometern zur Festungsstadt Monemvassia. Schon von Weitem ist Monemvassia an der hohen Felsinsel zu erkennen. Die Festungsinsel ist einer der Hauptanziehungspunkte des Peloponnes. Die Stadt mit ihren steil abfallenden Felsen war lange Zeit uneinnehmbar und wurde »Gibraltar des Ostens« genannt. Im Mittelalter war die Festungsstadt wichtiger Umschlaghafen zwischen Italien und Konstantinopel. Malvasier-Wein wurde hier verladen, der seinen Namen von Monemvassia geerbt hat. Die byzantinische Oberstadt ist heute eine Ruinenstadt, die mit Macchia bewachsen ist. Die Unterstadt ist restauriert und auch bewohnt. Der Burgberg ist gut geeignet für einen ganzen Tag voller Entdeckungen.

FANTASTISCHES KONTRASTPROGRAMM IN DEN BERGEN

Von Skala aus führt die Straße in die Berge hinauf. Das arkadische Bergdorf Kosmas liegt auf 1150 Meter über dem Meer zu Füßen des Parnon-Gebirges. Am herrlichen Dorfplatz unter den mächtigen Platanen muss einfach jeder Durchreisende eine Pause einlegen, um die Atmosphäre zu genießen. Aus der Hitze der Strände geht es in die beruhigende Kühle der Höhe.

Durch eine wilde Bergwelt und tief eingeschnittene Schluchten des Parnon rollt man hinunter Richtung Norden. Die Besonderheit der Höhenlagen sind die mächtigen Apollo-Tannen. Aber manche Höhen sind vom Weidevieh völlig kahlgefressen. Der Syri-

Oben: Vathia mit seinen Wohntürmen war einst ein Seeräubernest.

Linke Seite oben: An der bergigen Küste vor Tiros

Linke Seite unten: In der engen Bucht von Gerolimenas auf der Halbinsel Mani

Links: Bouzuki und Ouzo – immer und überall

Rechts: Auf einem der Campingplätze bei den herrlichen Stränden vor Mavrovouni

sche Wacholder hat im Parnon sein einziges Vorkommen in Europa. Das Kloster Moni Panagias Elonas »klebt« wie ein Nest in den Felsen. Die Dafnon-Schlucht ist mit Oleander und Judasbäumen bewachsen. Das Parnon-Gebirge ist aus Plattenkalk und Marmor aufgebaut und unten im Bereich von Leonidion malerisch rot eingefärbt. Leonidion, eine einst reiche Seefahrerstadt, lebt heute vom Ertrag der fruchtbaren Küstenebene.

STRÄNDE UND ANTIKE STÄTTEN

Die Straße an der Ostseite des Peloponnes zeigt sich als kurvenreicher Faden einer herrlichen Landschaftsfahrt über dem Meer. Schon in der Bucht von Nauplia steht noch ein Abstecher auf der Straße 7 nach Norden an. In den Hügeln der Argolis liegt das UNESCO-Weltkulturerbe Mykene, einer der Höhepunkte jeder Peloponnes-Reise. Seine Blütezeit erlebte Mykene um 1400–1300 v. Chr. Die bronzezeitliche Stadt gab einer ganzen Kultur ihren Namen. Berühmt wurde Mykene durch den Archäologen Heinrich Schliemann, der 1876 die bedeutendsten Ausgrabungen tätigte. Die Sehenswürdigkeiten sind das Löwentor, der Palast, die Kuppelgräber und die zyklopische Ringmauer.

Die Hafenstadt Nafplio ist das touristische Zentrum der Argolis. Die engen Gassen, Cafés, Tavernen und die Hafenpromenade sind einen Spaziergang wert. Von der Burganlage aus ergibt sich ein tolles Panorama über die Stadt und den Golf. Das bekannteste Motiv Nafplios ist die von den Venezianern erbaute Burg Bourtzi auf der Insel vor der Stadt. Nach Nafplio gibt es an schönen Stränden bei Drepano ruhige Campingplätze für erholsame Tage.

Das UNESCO-Weltkulturerbe Epidauros ist nicht weit. 14 000 Zuschauer lauschen noch heute der erstklassigen Akustik des Theaters aus dem 4. Jahrhundert v. Chr. mit grandiosem Blick auf die Berglandschaft der Argolis. Die Anlage umfasst aber auch die Ruinen mehrerer Tempel, Säulenhallen, Gästehäuser, das Gymnasion und ein bestens erhaltenes Stadion.

AM KANAL VON KORINTH

Noch einmal gibt es nach Epidauros schöne Buchten mit Campingplätzen. Die Reise um den Peloponnes endet in Korinth, um das Jahr 1000 v. Chr. von den Dorern gegründet. An der bedeutenden Stadt, in deren Umgebung sich zahlreiche beeindruckende Ruinen befinden, bauten zuletzt die Römer.

Die Attraktion ist jedoch der Kanal von Korinth, der durch die Jahrtausende hindurch immer wieder geplant und begonnen, aber erst 1893 vollendet worden ist. Er ist über sechs Kilometer lang und bis zu 80 Meter tief. Der Kanal erspart kleineren Schiffen einen Seeweg von 400 Kilometern um den Peloponnes. Die Autobahn Patras–Athen ermöglicht dann am Ende eine schnelle Abreise.

TOUR-INFO KOMPAKT

KILOMETER
900

STRECKENVERLAUF
Patras – Killini – Pyrgos – Olympia – Pylos – Methoni – Koroni – Kalamata – Vathia – Githio – Monemvassia – Mykene – Nafplio – Epidauros – Korinth

HIGHLIGHTS
Malerische Buchten – Olympia – Bucht von Navarino – Burganlage Methoni – Halbinsel Mani – Tropfsteinhöhle Pyrgos Dirou – Festungsstadt Monemvassia – Bergdorf Kosmas – Mykene – Epidauros – Kanal von Korinth

CAMPING- UND STELLPLÄTZE
Camping Melissa, 27068 Andravida Killini, Tel. 0030/2623/09 52 13, www.campingmelissa.gr, GPS: N37°53'09.0" E21°06'46.5"
Guter Platz am Meer mit guter Ausstattung, Restaurant und Supermarkt, schöner Strand, 80 km nach Patras.

Camping Paradise, 27200 Ilida (vor Pirgos), Tel. 0030/2622/02 88 40, www.camping-paradise.gr, GPS: N37°45'26.8" E21°18'16.9"
Ebenfalls ein guter Platz am Meer mit guter Ausstattung und Restaurant, schöner Strand, 6 km südwestlich von Amaliada.

Camping Erodios, 24001 Pilos Nestor, Tel. 0030/2723/02 32 69, www.erodioss.gr, GPS: N36°57'10.6" E21°41'45.1"
Sehr guter, parzellierter Platz am Meer mit guter Ausstattung, Restaurant und Supermarkt, 9 km vor Pilos.

Camping Methoni, 24006 Methoni, Tel. 0030/2723/03 11 88, www.campingmethoni.gr, GPS: N36°49'02.4" E21°42'54.6"
Guter, parzellierter Platz am Meer mit guter Ausstattung, 1 km nach Methoni.

Camping Koroni, 24004 Pilos Nestor, www.koronicamping.com, Tel. 0030/2725/02 21 19, GPS: N36°47'57.9" E21°57'02.5"
Guter, parzellierter Platz, Restaurant und Pool, 200 m zum Meer, 1 km zum Hafen.

Camping Kalogria, 24022 Ditiki Mani, Tel. 0030/2721/07 73 19, www.campingkalogria.gr, GPS: N36°50'57.7" E22°15'31.8"
Einfacher Platz, 100 m zum Strand, 42 km nach Kalamata.

Camping Gythion Bay, 23200 Mavrovouni, Tel. 0030/2733/02 25 22, www.gythiocamping.gr, GPS: N36°43'47.4" E22°32'42.4"
Guter Platz am Meer mit guter Ausstattung, Restaurant und Pool, 4 km vor Mavrouvouni.

Camping Triton 2, 21060 Asine, Tel. 0030/2752/09 22 28, www.tritonii.gr, GPS: N37°31'54.1" E22°53'25.5"
Sehr guter Platz mit guter Ausstattung und Restaurant am Meer, 11 km nach Nauplia.

TOURIST-INFO
Griechische Zentrale für Fremdenverkehr, Holzgraben 31, 60313 Frankfurt am Main, Tel. 069/257 82 70, www.visitgreece.com.de

28 NATUR, SAND UND GESCHICHTE

Türkische Mittelmeerküste

Massentourismus am Mittelmeer? Auch, aber in der Türkei sind die goldenen Sandstrände mit blauem Wasser lang. Höhepunkte der wilden Natur sind fast leere Strände im Süden. Fluss-Deltas beherbergen einzigartige Pflanzen und Tiere. Die reiche Chronik hat große Kulturgüter hinterlassen. Eine der besten Küchen der Welt belebt den Gaumen.

Lord Byron durchschwamm im Jahr 1810 die knapp zwei Kilometer breite Meerenge der Dardanellen bis zum anderen Ufer. Heute ist mit der kurzen Fahrt auf der Fähre der Sprung über die Meerenge geschafft, und man kann die Türkei-Reise beginnen. Schon 20 Kilometer nach der quirligen Hafen- und Universitätsstadt Çanakkale ist der Höhepunkt der weltberühmten Ausgrabungsstätte Troja am Beginn der »Olivenriviera« erreicht. Zwar ist der seit dem 8. Jahrhundert v. Chr. bewohnte Hügel der Stadt als solcher erhalten, aber nur die Grundmauern und Teile der beeindruckenden, erdbebensicheren Stadtmauern sind zu sehen. Schliemanns Vorgehensweise, durch die zehn Besiedlungsschichten zu graben, ist bis heute durchaus umstritten. Aber er fand den Schatz des Priamos, wie er zumindest dachte. Schliemanns Arbeit bewies auf jeden Fall die Existenz Trojas, so wie es Homer beschrieben hatte.

GRANDIOSER BURGBERG ASSOS

Die E 87 bringt Sie weiter nach Süden. Assos ist eine der am besten erhaltenen Stadtburgen des gesamten griechischen Siedlungsgebietes und stammt aus dem 4. Jahrhundert. In römischer Zeit war Assos immer noch von Bedeutung. Deshalb biegen Sie bei Ayvacik von der E 87 nach rechts ab und kommen auf einer engen Straße durch einsames, liebliches Hügelland nach Beram. Hier beginnt der Aufstieg auf den Burgberg. Die dorischen Säulen des einstigen Tempels der Athene bilden eine wunderbare Kulisse mit Blick auf die griechische Insel Lesvos.

Blick über das bei Seglern beliebte Kaş

Links: Auf der Ebene des Zeus-Altars in Pergamon

Rechts: Die kurvige D 400 verläuft an der Südküste hoch über dem Meer.

Unterhalb des Burgbergs führt eine steile Straße hinunter zu dem kleinen Hafen Iskele mit schönen Restaurants. In alter Zeit war Iskele der Hafen von Assos. Die letzte Umkehrmöglichkeit für Wohnmobile besteht in der letzten Linkskehre.

DER GOLF VON EDREMIT, EIN WASSERPARADIES

Fahren Sie von Assos die Küste entlang nach Osten. Bei Kuçukkuyu ist wieder die E 87 erreicht. Ein Wegweiser im Ort zeigt nach links zum Zeus-Altar. Weiter oben im Dorf Adatepe beginnt ein Fußweg zum Zeus-Altar mit herrlicher Aussicht über den Golf von Edremit und zur Insel Lesvos.

Nach der Kreisstadt Edremit, die noch ein unverfälschtes Stadtzentrum mit Holzhäusern besitzt, beginnt bei dem etwas ruhigeren Ferienort Ören ein zwei Kilometer langer Sandstrand mit Campingplätzen.

Nach der verträumten Kleinstadt Ayvalik am Ende des Golfes von Edremit sollten Sie einen unglaublichen Aussichtspunkt anfahren. Dazu kurz nach Küçükköy rechts abbiegen und den Wegweisern folgen. Der sogenannte »Teufelstisch« (Seytan Sofrasi) gewährt eine einzigartige Sicht über das blaue Meer bis zur Insel Lesvos.

TEPPICHE UND BERÜHMTE RUINEN IN PERGAMON

Weiter auf der E 87 in Richtung Bergama (griechisch: Pergamon) tangiert die Straße große Salzgewinnungsflächen, in denen Flamingos nach Nahrung suchen. Die Ruinen des antiken Pergamon sind zweifellos einer der Höhepunkte jeglicher Türkei-Reise. Heutzutage fährt eine Seilbahn auf den großen Burgberg, die Akropolis von Pergamon. Die weitläufige Fläche ist besetzt mit dem großen Zeus-Altar mit unterirdischem Gewölbe. Der berühmte Fries des Tempels aber ist heute bekanntlich im Pergamon-Museum in Berlin zu sehen. Weiter unten liegen der Trajan-Tempel mit guter Aussicht über das Land und die Stadt Bergama sowie das steilste antike Theater überhaupt. In der südlichen Ebene, von oben gut

sichtbar, befindet sich das Asklepieion, der Tempel des Äskulap. Pergamon zählte darüber hinaus auch zu den berühmten Kurorten des Altertums.

Südlich von Bergama liegen mit Foça und Ceşme in der Provinz Izmir bekannte Urlaubsorte mit schönen Stränden und großem Urlaubsrummel, meist besetzt von internationalen Pauschaltouristen.

EPHESOS, AUSGRABUNGSORT MIT WELTWUNDER

Der Campingplatz Dereli am Strand bei Pamucak nahe Selçuk zählt zu den schönsten der Türkei und verspricht echte Erholung. Ein Bus fährt nach Selçuk und nahe an den Ausgrabungsstätten vorbei.

Obwohl heute von den einst über 100 Marmorsäulen nur eine einzige wieder aufgerichtet ist, wurde der Tempel der Artemis doch einst zu den Weltwundern gezählt. Für den heutigen Besucher weitaus ergiebiger ist die Ausgrabungsstätte der alten Stadt. Badeanlagen, Häuser und Brunnen reihen sich aneinander. Glanzstück ist die wiederhergestellte Fassade der Bibliothek des Celsus. Vom großen Theater aus ist die Marmorstraße zum einstigen Hafen zu sehen. Der Hafen selbst ist heute nur noch eine feuchte Stelle. Der Fluss des Kleinen Mäander hat mit seinen Ablagerungen die Küstenlinie immer weiter hinausgeschoben. Deshalb wurde Ephesus auch verlassen.

Bodrum und Marmaris weiter südlich waren einst idyllische Fischerorte und sind immer noch einen Abstecher wert. Aber in diesen Städtchen herrscht der laute Massentourismus.

AUF ZUR HERRLICHEN SÜDKÜSTE

In antiker Zeit stand an der Stelle von Fethiye die lykische Stadt Telmessos. Zeugen dieser Zeit sind eine Anzahl an Felsengräbern. Südlich von Fethiye bietet Ölüdeniz (übersetzt: Totes Meer, was sich auf die dahinterliegende Blaue Lagune bezieht) einen Strand, der zu den schönsten der Welt gezählt wird. Feiner Sand und türkisfarbenes Wasser, aber auch viele Menschen und Liegestühle finden sich hier.

Auf dem weiteren Weg über Fethiye zur Südküste liegt ein wenig östlich von der D 400 der Saklikent-Canyon. Über einen Holzsteg kann ein Teil der 300 Meter tiefen Schlucht besucht werden.

Die Wasser fließen in den Fluss Eşen Çayi, dem man hier im Prinzip bis zur Mündung folgt. Wie eine Perlenkette aufgereiht sind die antiken Orte Pinara, Sidyma, Xanthos, Letoon und Patara, die allesamt sehenswert sind. Zwischen Patara und Letoon mündet der Eşen Çayi in das Mittelmeer. Wunderbare Strände mit Dünen breiten sich hier aus, die auch von Caretta-Schildkröten zur Brut benutzt werden. Von

TEPPICHE AUS BERGAMA

Nach dem Niedergang des Teppichhandels in Europa, wohl vor allem mangels Nachfrage, kommen Orient-Teppiche mittlerweile wieder langsam in Mode. Jede Region der Türkei hat ihre Besonderheiten in Farbe, Muster und Machart der Teppiche. Auf dem Basar und auch an den Straßen in Bergama werden die bekannten farbenfrohen, handgewebten Teppiche dieser Gegend angeboten. Krapp-Rot steht dabei mit Lindgrün oder Blau im Kontrast. Die herrlichen, großen Teppiche zeigen kaukasischen Einfluss. Ganze Familien in den umliegenden Dörfern leben von der langwierigen Herstellung der Teppiche. Genossenschaften sorgen für die Vermarktung. Lassen Sie sich die Stücke bei einem Glas *çay* erklären und wählen Sie einen Teppich, der nur mit Naturfarben gefärbt ist.

der Straße aus ist ein verlandeter See des Eşen Çayi zu sehen, von dem nur noch ein Feuchtgebiet geblieben ist.

Die folgende Küste bietet Traumstrände, die von der Straße aus gut zu sehen, aber zum Teil nur zu Fuß erreichbar sind. Der typische Urlaubsort Kaş liegt wunderbar überschaubar in einer geschützten Bucht. Demre (bis 2005 noch Kale), das lykische Myra, ist wegen des früheren Bischofssitzes des heiligen Nikolaus bekannt. Nicht weniger berühmt sind die lykischen Felsengräber Myras aus dem 4. Jahrhundert.

Letzte Möglichkeiten, vor Antalya auf einem Campingplatz festzumachen, bestehen in den quirligen Badeorten Kemer oder Beldibi. Ruhiger ist ein Ausflug in den Termessos-Nationalpark westlich von Antalya. Der Park mit den Travertin-Schluchten und der antiken Bergfestung Termessos ist mit Picknickplätzen ausgestattet und kann gegen geringe Gebühr mit dem Wohnmobil befahren werden.

Die turbulente Fahrt durch die Großstadt Antalya hat schon manchen Wohnmobilfahrer Nerven gekostet. Die Altstadt um den alten Hafen Antalyas und den Uhrturm zählt trotzdem zu den schönsten Altstadtbildern der Türkei. Hier stehen noch typische osmanische Holzhäuser in engen Gassen. Reste der hellenistisch-römischen Stadtmauer mit dem Hadrianstor rahmen das Bild ein.

DIE KÜSTE ZWISCHEN ANTALYA UND ALANYA

Nach Antalya ist von der D 400 aus das Meer nicht zu sehen, und es folgen über 80 Kilometer, über den Ort Manavgat hinaus, die großen Hotels des Massentourismus. Konzentrieren Sie sich in diesem Streckenabschnitt lieber auf die üppigen Kulturgüter. Die antike Stadt Perge aus hellenistisch-römischer Zeit besitzt ein gut erhaltenes Theater und Stadion, aber die Akropolis ist zerstört.

Das am besten erhaltene Theater der Antike steht in Aspendos. Unter den Griechen gegründet, erreichte Aspendos zur Zeit der Römer die größte Blüte. Als Besonderheit ist auch die hohe Bühnenwand des

Oben: Die Burg Anamur steht an der Südspitze der Türkei.

Linke Seite oben: Blick zur Bibliothek des Celsus inmitten der Trümmer von Ephesus

Linke Seite unten: Fastfood auf Türkisch

Links: Im fantastischen Canyon von Saklikent

Rechts: Auf der Fähre sind die Dardanellen schnell überquert.

Theaters erhalten. Dieses Theater aus dem 2. Jahrhundert wird noch heute bespielt.

Das antike Side steht inmitten der Hotelburgen und des Trubels dieses touristischen Hotspots der Türkei und sollte am besten außerhalb der Saison besucht werden. Besonders die Reste des Apollon-Tempels an der Landspitze geben am Morgen und am Abend ein hervorragendes Fotomotiv ab. Am Wasserfall bei Manavgat stehen gute Restaurants an schattigen Plätzen, die auch sehr gut besucht sind. Ein Ausflug mit atemberaubender Aussicht wird die Fahrt zum Oymapinar-Stausee im Taurusgebirge oberhalb von Manavgat.

Nach den Hotelburgen gibt es bei Kizilot auch wieder einzelne Campingplätze am Meer, wie zum Beispiel der Osay Karavan Kamping.

DIE KÜSTE ZWISCHEN ALANYA UND MERSIN

Der weitere Verlauf der D 400 wird ruhiger und belohnt mit guten Aussichten über das Mittelmeer. Unbedingt sehenswert ist Alanya mit seiner Burganlage auf dem 240 Meter hohen Felsen über dem Meer. Es handelt sich um eine seldschukische Festung aus dem 13. Jahrhundert. Alanya selbst ist ein netter Ferienort mit Geschäften, Cafés und Basar.

Die D 400 wird auf dem Weg nach Anamur zu einer anspruchsvollen Kurvenstrecke. Es wird mit großem Aufwand an einer neuen Straße gebaut, deren Verlauf aber die schönsten Aussichten über das Mittelmeer ausnimmt. Die südlichste Landspitze der Türkei ist das Kap Anamur. Sehenswürdigkeiten sind das antike Anemurion direkt am Meer sowie die Burg Anamur, ein äußerst beeindruckendes Bauwerk mit Zinnen und Türmen, die zum Teil bestiegen werden können. Schön sind der Campingplatz Paradies direkt an der Burgmauer und der lange Sandstrand, der auch Brutplatz der Caretta-Schildkröten ist.

Weiter auf der D 400 tangiert man den kleinen Ort Aydincik, der mit antiken Gebäuden der Kiliker aufwartet. Danach verlangen die Ausläufer des Taurus-Gebirges wieder intensive Kurvenarbeit. Aber auch hier wird an einer neuen Straße gebaut, die schnelleres Fortkommen bringen wird. Leider sind dabei die Eingriffe in die

Natur der Bergwelt gewaltig, viele schöne Aussichten werden der Vergangenheit angehören.

Einer der schönsten Campingplätze der Türkei ist der Akçakil Camping vor Taşucu. Hier bleiben die Gäste gewöhnlich länger, um sich in der malerischen Bucht zu erholen. Bei Silifke, der Stadt mit der Kreuzritterburg, bildet der Göksu ein großes Delta mit großflächiger Dünen- und Lagunenlandschaft. Es ist eines der wichtigsten Rast- und Brutgebiete für Wasservögel im östlichen Mittelmeer.

Nach Silifke liegen an der D 400 zwei Sehenswürdigkeiten. Cennet-Cehenem (Himmel und Hölle) unweit links der Straße sind zwei begehbare, gewaltige Einsturzdolinen. Am Grund der größeren, 80 Meter tiefen Doline sind die Reste eines Klosters zu sehen. Acht Kilometer weiter auf der Küstenstraße liegt die Inselfestung Kiz Kalesi (Mädchenburg) im Meer, die ein gutes Fotomotiv abgibt.

Schon mit den Vorboten der Stadt Mersin ist dann die wilde Küste der Türkei endgültig vorbei.

TOUR-INFO KOMPAKT

KILOMETER

1550

STRECKENVERLAUF

Canakkale – Troja – Assos – Bergama – Ephesus – Bodrum – Marmaris – Fethiye – Antalya – Manavgat – Alanya – Anamur – Taşucu – Silifke – Mersin

HIGHLIGHTS

Troja, Burgberg Assos, Aussichtspunkt Seytan Sofrasi, Pergamon, Ephesos, Strand Ölüdeniz, Lykische Felsengräber Myra, Termessos-Nationalpark, Theater in Aspendos, Burg Anamur

CAMPING- UND STELLPLÄTZE

Campingplatz Troja, Troja Pension Tevikie Yolu, 17060 Tevfikie, Tel. 0090/542/263 48 39, GPS: N39°57'22" E26°15'00"
Kleiner Platz an der Straße mit magerer Ausstattung, Restaurant, 700 m vor dem Parkplatz Troja.

Campingplatz Bergama, Caravan Camping und Restaurant, Nuri Acikgöz, Atatürk Blv. D 240, 35700 Bergama, Tel. 0090/232/633 39 02, www.bergamacamping.com, GPS: N39°05'58" E27°09'22"
Schöner Wiesenplatz mit ausreichender Ausstattung, Restaurant und Pool, an der D 240 3 km vor Bergama.

Campingplatz Selçuk, Dereli Motel, Zeytinköy Köyü, 35920 Pamucak Selçuk, Tel. 0090/232/893 12 05, www.dereli-ephesus.com, GPS: N37°56'26" E27°16'37"
Sehr schöner Platz am Meer mit guter, aber nicht mehr neuer Ausstattung, gutes Restaurant, Bushaltestelle, 8 km bis zum antiken Ephesus.

Campingplatz Ölüdeniz, Camping Sugar Beach Club, Belceğiz, 48300 Ölüdeniz, Tel. 0090/252/617 00 48, www.thesugarbeachclub.com, GPS: N36°33'12" E29°06'57"
Schöner Platz mit ausreichender Ausstattung, Restaurant, 50 m zum Badestrand, 1,5 km bis zum Strand und Ort Ölüdeniz.

Campingplatz Anamur, Camping Paradies, 33630 Anamur, Tel. 0090/(0)535/290 45 35, www.campingparadiesanamur.com, rechts der D 400 direkt vor der Burg, GPS: N36°04'55" E32°53'34"
Sehr schöner Platz am Meer mit ausreichender Ausstattung, Restaurant, direkt an der Mauer an der Burg Anamur.

Campingplatz Taşucu, Akçakil Kamping, 33980 Taşucu, Tel. 0090/324/741 44 51, www.akcakil.com.tr, rechts der D 400 zwischen Straße und Meer, GPS: N36°17'52" E33°50'52"
Sehr schöner Platz am Meer mit guter Ausstattung, sehr gutes Restaurant, 5 km vor Taşucu.

TOURIST-INFO

Türkisches Kultur- und Tourismusbüro, Baseler Str. 35, 60329 Frankfurt am Main, Tel. 069/23 30 81, www.goturkey.com

REGISTER

IMPRESSUM

Verantwortlich: Kerstin Thiele
Lektorat/Hrsg.: Charlotte von Schelling
Layout: Elke Mader
Repro: Cromika, LUDWIG:media
Kartografie: Heidi Schmalfuß
Herstellung: Anna Katavic
Printed in Turkey by Ömür Printing & Packaging

★★★★★

Sind Sie mit diesem Titel zufrieden? Dann würden wir uns über Ihre Weiterempfehlung freuen. Erzählen Sie es im Freundeskreis, berichten Sie Ihrem Buchhändler, oder bewerten Sie bei Onlinekauf. Und wenn Sie Kritik, Korrekturen oder Aktualisierungen haben, freuen wir uns über Ihre Nachricht an den Bruckmann Verlag, Postfach 40 02 09, D-80702 München oder per E-Mail an lektorat@verlagshaus.de.

Unser komplettes Programm finden Sie unter www.bruckmann.de

Bildnachweis: Alle Bilder im Innenteil stammen von den Autoren der jeweiligen Kapitel, außer S. 20 shutterstock/Piotr Wawrzyniuk; S. 37 picture alliance/Arco Images GmbH, T.Schäffer; S. 42 shutterstock/Tsugulier; S. 70 shutterstock/Angus Forbes; S. 80 shutterstock/jean cuomo; S. 121 shutterstock/LPuddori.

Umschlagvorderseite: Thomas Cernak: oben: Meerenge Gimsøystraumen, Insel Vestvågøy/Lofoten,
unten: Bucht von Porto im Nordwesten Korsikas
Umschlagrückseite: shutterstock/Ekaterina Kondratova, Küste Kroatien

Die Deutsche Nationalbibliothek verzeichnet diese Publikation in der Deutschen Nationalbibliografie; detaillierte bibliografische Daten sind im Internet über http://dnb.d-nb.de abrufbar.

3. aktualisierte Auflage 2022

Infanteriestraße 11a, 80797 München
ISBN 978-3-7343-0633-4

Die Autoren

Torsten Berning wohnt in Belgien. Er ist seit 2012 Autor für Wohnmobilführer, Dokumentation, Reiseerinnerungen und Fotografie. Außerdem wandert und verreist er gerne mit seinem Hund.

Thomas Cernak ist seit 1992 freier Journalist und Fotograf. Der überzeugte Wohnmobilfahrer arbeitet für promobil und CARAVANING sowie für weitere Magazine. 2008 führte ihn die »CampChallenge« in 80 Tagen um die Welt.

Claus G. Keidel arbeitet seit 1978 als Autor und Fotograf. Seine Naturfotografien sind bei namhaften Autoren, u. a. Reinhold Messner, gefragt. Beim Bruckmann Verlag erschient 2017 »Dänemark mit dem Wohnmobil«.

Rainer D. Kröll ist seit 2002 als Reiseleiter für Wanderreisen und Wohnmobilreisen im In- und Ausland sowie als freier Autor und Fotograf für Wander- und Wohnmobilreiseführer tätig. Im Bruckmann Verlag sind von ihm bereits einige Reisebücher erschienen.

Petra Lupp ist seit einigen Jahren als freie Reisejournalistin tätig. Ihre authentischen Reisereportagen über das Leben im Ausland erfreuen sich großer Beliebtheit. Mehrmonatiges Arbeiten, Reisen und Leben im Wohnmobil gehören mittlerweile zu ihrem Alltag.

Michael Moll ist selbstständiger Reisebuchautor und zertifizierter Wanderführer. Neben der Veröffentlichung von Wohnmobilreiseführern und -artikeln veranstaltet er auch Reisevorträge und Fotoausstellungen zu Themen wie »Mit dem Wohnmobil durch Europa«. Außerdem betreibt er im Münsterland seinen eigenen Wohnmobilstellplatz.

Hans Zaglitsch lebt seit rund 30 Jahren in den Niederlanden, wo er sich auf die Reise- und Reportagefotografie spezialisiert hat. Seine Bilder sind mittlerweile in rund 130 Bildbänden, City Guides, Reise- und Kulturführer sowie in Kalendern, Zeitschriften und diversen (Reise-)Magazinen erschienen.

IRLAND
DUBLIN
Nord-irland
Londonderry
Sligo
Belfast
Galway
Dundalk
Limerick
Cork
Wexford
Glasgow
Edinburgh
Carlisle
Newcastle
Man
Middlesbrough
Liverpool
Leeds
Kingston upon Hull
Sheffield
GROSS-BRITANNIEN
Birmingham
Leicester
Norwich
Cambridge
Ipswich
Swansea
Cardiff
Bristol
LONDON
Dover
Plymouth
Southampton
Brighton
Nordsee
DÄNEMARK
Göteborg
Borås
Ålborg
Århus
KOPENHAGEN
Helsingborg
Odense
Malmö
Fünen
Seeland
Lolland
Falster
Kiel
Lübeck
Rostock
Hamburg
Emden
Bremen
AMSTERDAM
NIEDER-LANDE
Rotterdam
Hannover
BERLIN
Potsdam
Magdeburg
Brügge
Antwerpen
Calais
BRÜSSEL
Dortmund
Düsseldorf
Lille
BELGIEN
Köln
Bonn
Leipzig
Erfurt
Dresden
DEUTSCHLAND
Ärmelkanal
Cherbourg
Kanal-Inseln (brit.)
Le Havre
Amiens
Brest
LUXEMBURG
Frankfurt
Mainz
Würzburg
PRAG (PRAHA)
Pilsen
Reims
PARIS
Lorient
Rennes
Nürnberg
Le Mans
Straßburg
Stuttgart
St.-Nazaire
Nantes
Angers
Tours
Orleans
FRANKREICH
München
Linz
Dijon
Golf von Biscaya
La Rochelle
Basel
Zürich
Salzburg
LIECHTENSTEIN
Innsbruck
ÖSTERREICH
BERN
SCHWEIZ
Limoges
Clerm.-Ferrand
Genf
Alpen
Bozen
Lyon
Udine
La Coruña
Oviedo
Gijón
Bordeaux
Zentralmassiv
Grenoble
Triest
Mailand
Verona
Venedig
Santander
Bilbao
Vigo
León
San Sebastian
Toulouse
Turin
Genua
Bologna
Porto
Burgos
Nördliche Meseta
Logroño
Pyrenäen
Montpellier
Nîmes
Marseille
Toulon
Nizza
MONACO
La Spezia
Florenz
Rimini
Valladolid
Pico de Aneto
ANDORRA
Perpignan
Pisa
SAN MARINO
Coimbra
Salamanca
Zaragoza
Livorno
Ancona
Gerona
Bastia
Elba
Perugia
LISSABON
MADRID
Barcelona
Korsika (franz.)
Ajaccio
Pescara
Toledo
Tarragona
PORTUGAL
Badajoz
ROM
Apennin
SPANIEN
Castellón
Valencia
Sassari
Olbia
Neapel
ITALIEN
Albacete
Balearen
Menorca
Palma
Mallorca
Ibiza
Formentera
Huelva
Faro
Córdoba
Sevilla
Sardinien (ital.)
Salerno
Alicante
Oristano
Jerez
Murcia
Cádiz
Granada
Cagliari
Málaga
Almería
Cartagena
Algeciras
Gibraltar (brit.)
Ceuta (span.)
Mittelmeer
Alborán (span.)
ALGIER
Palermo
Messina
Marsala
Sizilien
Agrigento
Melilla (span.)
RABAT
TUNIS
Pantelleria (ital.)
ALGERIEN
Valletta
MALTA
TUNESIEN
Pelagische Inseln (ital.)
MAROKKO
ATLANTISCHER OZEAN
TSCHECHIEN
SLOWENIEN
LJUBLJANA
Rijeka
18
19
20
21
22
23
24